国家出版基金项目
NATIONAL PUBLICATION FOUNDATION

中华农耕文化精粹

授衣以文

古农书卷

唐志强◎主编
石 淼◎著

科学普及出版社
·北 京·

图书在版编目（CIP）数据

中华农耕文化精粹．古农书卷：授识以文 / 唐志强主编；石淼著．-- 北京：科学普及出版社，2025. 6.

ISBN 978-7-110-10976-2

Ⅰ. F329

中国国家版本馆 CIP 数据核字第 2025QB8049 号

总 策 划	周少敏
策划编辑	郭秋霞　孙红霞
责任编辑	孙红霞
封面设计	中文天地
正文设计	中文天地
插图绘制	王宪明
责任校对	焦　宁
责任印制	马宇晨

出　　版	科学普及出版社
发　　行	中国科学技术出版社有限公司
地　　址	北京市海淀区中关村南大街 16 号
邮　　编	100081
发行电话	010–62173865
传　　真	010–62173081
网　　址	http://www.cspbooks.com.cn

开　　本	710mm × 1000mm　1/16
字　　数	286 千字
印　　张	18.75
版　　次	2025 年 6 月第 1 版
印　　次	2025 年 6 月第 1 次印刷
印　　刷	北京顶佳世纪印刷有限公司
书　　号	ISBN 978-7-110-10976-2
定　　价	118.00 元

丛书编委会

总序

中国具有百万年的人类史、一万年的文化史、五千多年的文明史。农耕文化是中华文化的根基。中国先民在万年的农业实践中，面对各地不尽相同的农业资源，积累了丰富的农业生产知识、经验和智慧，创造了蔚为壮观的农耕文化。农耕文化是中华文化之母，对中华文明的形成、发展和延续具有至关重要的作用，对世界农业发展做出了不可磨灭的贡献。

“中华农耕文化精粹”丛书以弘扬农耕文化为目标，以历史发展进程为叙事的纵向发展主线，以社会文化内涵为横向延展的辅线，提炼并阐释中华农耕文化的智慧精华，从不同角度全面展现中华农耕文化的璀璨辉煌及其对人类文明进步发挥的重要作用。

这套丛书以磅礴的气势展现了中华农耕博大精深的制度文明、物质文明以及技术文明，以深邃的文化诠释中华农耕文明中蕴含的经济、社会、文化、生态、科技等方面的价值，以图文互证、图文互补的形式，阐释历史事实与学者解读之确谬，具有以下四个突出特点。

一是丛书融汇了多学科最新研究成果。尝试打通考古、文物、文化、历史、艺术、民俗、博物等学科领域界限，以多学科的最新研究成果为基础，从历史、社会、经济、文化、生态等多角度，全面系统展现中华农耕文明。

二是丛书汇聚了大量珍贵的农耕图像。包括岩画、壁画、耕织图、古籍插画以及其他各种载体中反映生产、生活和文化的农耕图像，如此集中、大规模地展示农耕文化图像，在国内外均不多见。以图像还原历史真实，以文字解读图像意涵，为读者打开走进中华农耕文化的新视角。

三是丛书解读的视角独具特色。以生动有趣的故事佐证缜密严谨的史实论证，以科学的思想理念解读多样的技术变迁，以丰厚的文化积淀滋润理性的科普论述，诠释中国成为唯一绵延不绝、生生不息的文明古国的内在根基，力求科学性和趣味性的水乳交融与完美呈现。

四是丛书具有很强的“烟火气”和“带入感”。观察、叙述的视角独特而细腻，铺陈、展示的维度立体而多样，以丰富的资料诠释中华农耕文化中蕴含的智慧，带领读者感受先民与自然和谐相处的生产生活情态及审美意趣，唤起深藏人们心中的民族自豪感、认同感和文化自信。

“文如看山不喜平。”这套丛书个性彰显，把学术性与通俗性相结合、物质文化与精神意趣相结合、文字论述与图像展示相结合，内容丰富多彩，文字生动有趣，而且各卷既自成一体，又力求风格一致、体例统一，深度和广度兼备，陪伴读者在上下五千年的农耕文化中徜徉，领略中华农耕文化的博大精深，撷取一丛丛闪耀着智慧光芒的农耕精华。

丛书编委会

2024年2月

序言

"仓廪实，天下安。"中国自古以来就是农业大国，劳动人民辛勤耕耘、突破革新，植五谷、饲六畜，农桑并举、耕织结合，在生产中积累了丰富的农业智慧，为中华民族的繁衍生息、发展壮大创造了雄厚的物质条件，为中华文明的传承和发展奠定了重要基础。

自从甲骨文出现以后，先民就开始用不同的文字载体记录和保存农业生产状况。随着农业生产的发展，为了满足推广农业技术、制定农业政策的需要，历朝历代知识分子将精耕细作的要诀、桑蚕养殖的窍门化作一部部传世古农书，在纸页间编织起农业文明的基因图谱。据统计，中国现存的古农书有 1000 余种，其中保存了大量珍贵的农业史料，这在世界上是绝无仅有的。

农书是农耕技术、农业政策、农桑文化、农学思想等方面的专业著作，涉及种植业、林业、畜牧业、渔业、加工业等诸多领域，堪称华夏大地的"稼穑密码本"。其中，既有系统勾勒农业全貌的通论性农书，也有精研某一领域、深耕具体环节的专门性农书；既有体现国家意志的承载政策导向的官修农书，亦有历代知识分子以笔为犁、自发撰写的私家农书。

早在 2000 年前，中国就已经产生了农书。随着农业历史的演进，古农书的内容不断丰富、范围逐渐扩大、思想日益成熟，形成了在年代上最连续、内容上最完整、地域上最广泛的古农书体系。

先秦时期，我国农业经历了从刀耕火种到铁犁牛耕的漫长演进，此时的古农书多是分布在各类著作中的农业专论，尚处于萌芽阶段，代表性著作有《夏小正》《吕氏春秋》的《上农》等四篇。秦汉、魏晋南北朝至隋唐时期，随着北方的精耕细作技术日渐成熟，古农书的内容主要聚焦黄河流域，出现了专门论述农业生产的农学著作，农书的编纂进入奠基阶段，代表性著作有《氾胜之书》《四民月令》《齐民要术》等。宋元时期，随着经济重心转移到长江以南，古农书更多地记载南方的水田农业。由于农业结构发生变化，专业性的古农书大大增加，代表性著作有《陈旉农书》《农桑辑要》《王祯农书》等。明清时期，精耕细作体系全面成熟，地区性和专业性农书大量出现，有数百种农书流传至今，占中国古农书的一多半，这一时期是古农书的全面繁荣阶段，代表性著作有《农政全书》《天工开物》《钦定授时通考》等。

“以史为鉴，可以知兴替。”作为中华优秀传统文化的重要载体，古农书记录着辉煌的中国农业发展史，其中的农耕智慧，至今仍发挥着积极作用。古农书依旧能为现代农业提供技术指导，为当下农业政策的制定提供重要参考。书中的理论契合当代生态文明建设的思想内核，蕴含的优秀农耕文化传统是宝贵的精神财富。

古农书是中华农耕文明的智慧结晶和珍贵遗产，源远流长，震古烁今。一字一句展现农业文明，一章一节彰显农业辉煌。遨游农书之海，可以领略古人卓越的农耕智慧。

石　森

2025 年 3 月

目录

第一章 先秦时期

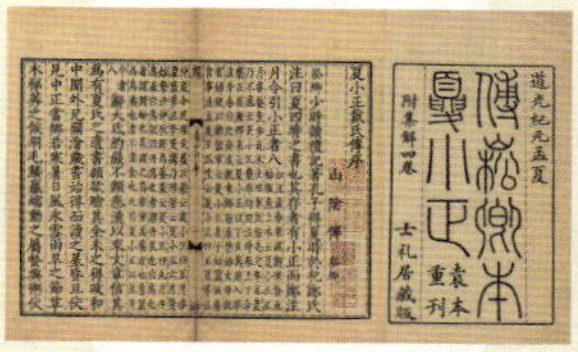

第一节
现存最早的一部物候历、农事历
——《夏小正》
物候天象，行夏之时。
003

第二节
先秦的重要农学论文
——《吕氏春秋》的《上农》等四篇
农学思想，诸子集成。
015

第二章 秦汉至隋唐时期

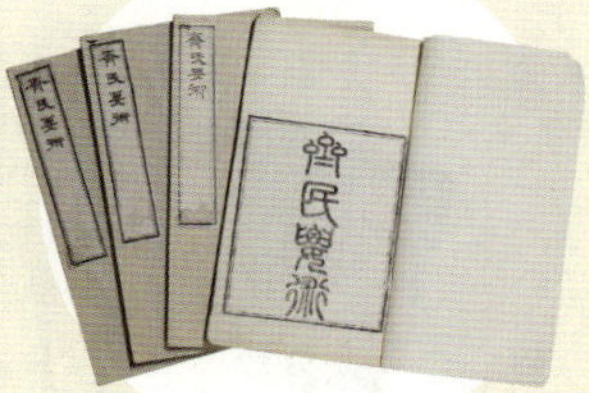

第一节
古代作物栽培理论的奠基之作
——《氾胜之书》
栽培理论，由此奠基。
029

第二节
农家月令书中最早的代表作
——《四民月令》
岁时农务，勤家理计。
041

第三节
第一部完整保存至今的大型综合性农书——《齐民要术》
百科农技，济世安民。
055

第四节
世界茶叶专著的开创之作
——《茶经》
精行俭德，茶道精髓。
071

第五节
承前启后的农家生产杂录
——《四时纂要》
失而复得，弥足珍贵。
085

第三章 宋元时期

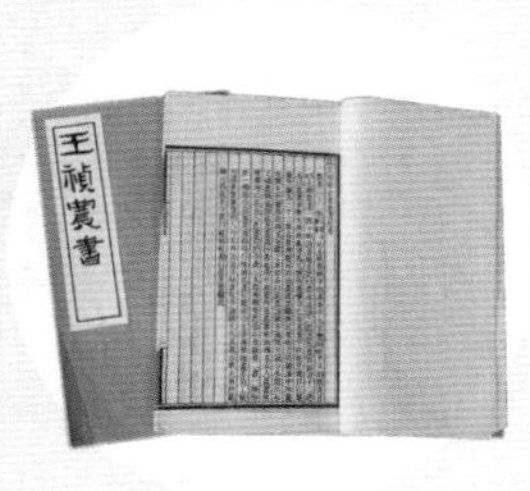

第一节
现存最早的果树栽培学专著
——《荔枝谱》
品汇培法，史志艺文。
099

第二节
现存最早的蚕业专书
——《秦观蚕书》
蚕事缫工，技传世用。
112

第三节
古代黄酒酿造的精华之作
——《北山酒经》
酿方曲法，成熟精进。
125

第四节
现存第一部南方水田农业专著
——《陈旉农书》
水田农艺，农书先河。
138

第五节
现存最早的官修农书
——《农桑辑要》
官颁重典，农桑并举。
150

第六节
农具谱录的典范之作
——《王祯农书》
农具图录，南北综论。
161

第七节
民族融合背景下的农家宝典
——《农桑衣食撮要》
要言不烦，农家宝典。
175

第四章 明清时期

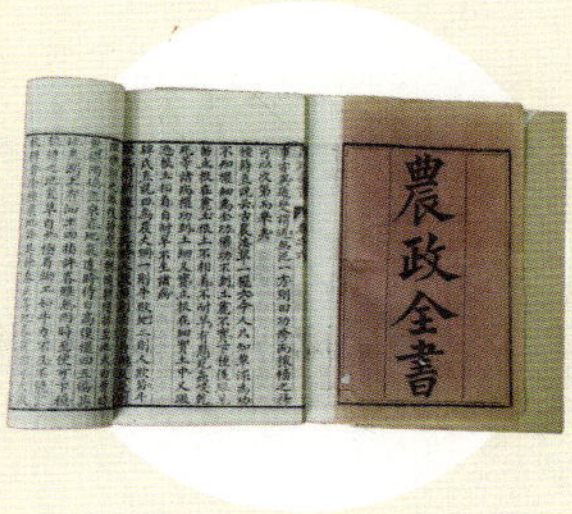

第一节
为挽救民生而作的植物志
——《救荒本草》
野菜救饥，实证济危。
189

第二节
流传最广的兽医学著作
——《元亨疗马集》
医牛疗马，对症下药。
200

第三节
17世纪的东方科技巨著
——《天工开物》
天斧之功，开成万物。
214

第四节
中国传统农学的集大成者
——《农政全书》
农为政本，政为农纲。
228

第五节
皇家绘制的农业科普画册
——《御制耕织图》
图绘其状，诗尽其情。
244

第六节
古代农学文献的宏大汇编
——《钦定授时通考》
鸿篇巨制，农学集萃。
264

历代重要古农书列表 277
参考文献 281

第一章 先秦时期

《吕氏春秋》：古先圣王之所以导其民者，先务于农。民农非徒为地利也，贵其志也。

先秦时期是中国古农书的萌芽时期。这一时期，中国古代农业经历了漫长的演变过程。新石器时代，人们多采用刀耕火种的粗放型生产方式；夏商西周时期，农业生产技术取得很大进步，开始向传统农业过渡，文献中出现了对农事活动的描述；春秋战国时期，铁犁牛耕的发明极大地推动了生产力的发展，农业在国家中的地位迅速提高，产生了一些讨论农业生产的古农书。总的来说，此时古农书数量还较少，而且大多是分布在各类著作中的农业专论。不少农书已经失传，如农家的代表性著作《神农》《野老》等。

现存这一时期古农书的代表作有《夏小正》和《吕氏春秋》的《上农》等四篇。

第一节 现存最早的一部物候历、农事历——《夏小正》

物候天象，行夏之时。

夏四时之书也，其存者有《小正》。

——东汉郑玄《礼记》注

物候，主要指动植物的生长、活动规律以及非生物的自然变化对季节交替、气候演变的反应。在生产和生活实践中，当人们认识到植物的生长荣枯、动物的来去飞鸣，与季节冷暖的周期变化之间有一定联系的时候，便获得了物候知识。农业产生于距今约一万年前的新石器时代，到了约四千年前的夏代，尽管采集渔猎的生产方式仍旧存在，但农耕生产活动已经相当普遍，农作物种类增多、耕作技术水平显著提高，人们对于农事的认识大大提升，对自然规律有了一定的把握，已经能够通过观察物候现象掌握农时。

此时我国现存最早的一部物候历、农事历《夏小正》诞生了，它是天文知识、气象转换、物候变化、农事活动的有机结合，彰显了古人按照自然规律安排生产生活的智慧光辉。

《夏小正》的书名来历

"正"字是方正不曲的意思，被看作是政治应有的特征。《左传》中说："国

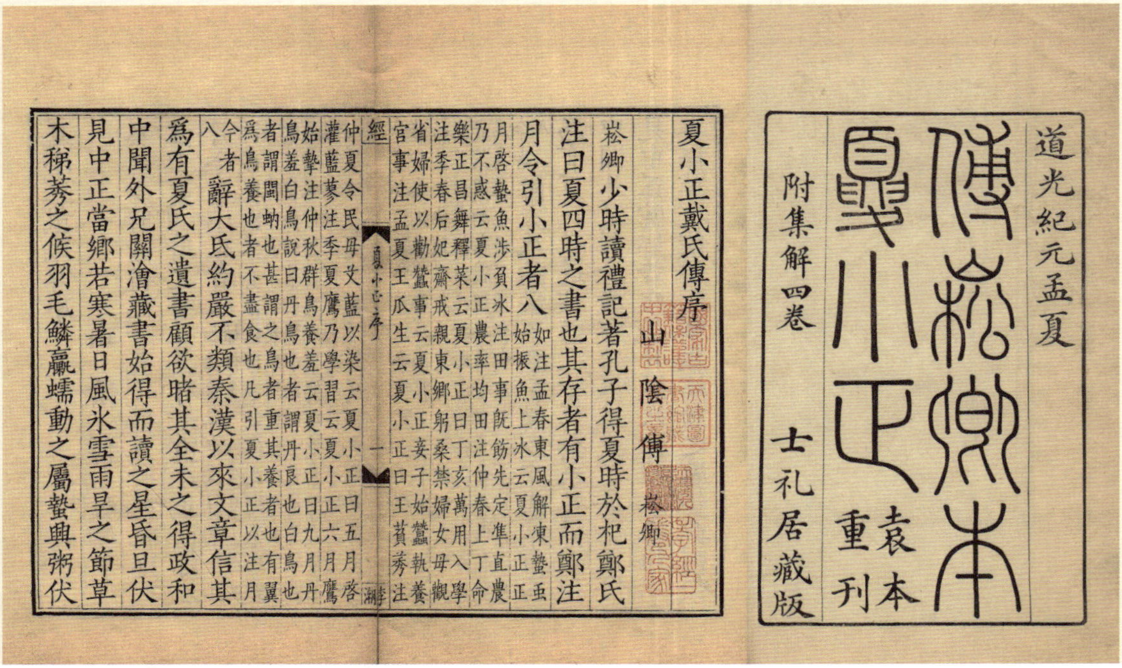

《夏小正》· 清道光《士礼居丛书》刻本

之大事，在祀与戎。”祭祀和战争这两大重要政治活动被称为“大正”，而像农事渔猎这类与生产生活密切相关的活动则称为“小正”。人们认为《夏小正》记载的是夏代的琐事，因而起了这个书名。

简奥精炼的《夏小正》

《夏小正》以一年十二个月为序，按月分别记载每月的天象、气象、物候、农事等活动，是国家统治者安排这些事务的时间表。全书分为经、传两个部分。经文部分文辞古朴简练，叙事极其简省，大多是两字、三字、三四字为一句，其文句的简奥程度甚至可与甲骨文相比，经文内容一共 118 条、400 多字。而传文部分则是后世学者对经文进行的较为详细的解释。经文、传文加起来共有 3000 多字。

关于《夏小正》的具体成书时间，古人多认为它是夏代写成的，但这个说法并不确切。目前学者基本确定《夏小正》成书于西周至春秋期间，但它确实反映了夏代的自然和社会发展状况。

《夏小正》的版本

《夏小正》起初被收录于西汉初年戴德（世称“大戴”）编纂的儒家经典著作《大戴礼记》中，为第47篇。《隋书·经籍志》中将《夏小正》列为单行本。长期以来市面流传的《夏小正》版本，内容残缺而零乱，后人加进许多注释和传文，与正文混杂在一起。宋代傅崧卿对古本进行校勘，重新编订《夏小正》四卷，名为《夏小正戴氏传》，此后读者越来越多，更多人给予注解。

《夏小正》的版本有清代孔广森《大戴礼记》注本、阮元《皇清经解》本、《通志堂经解》本、士礼居刻本等。

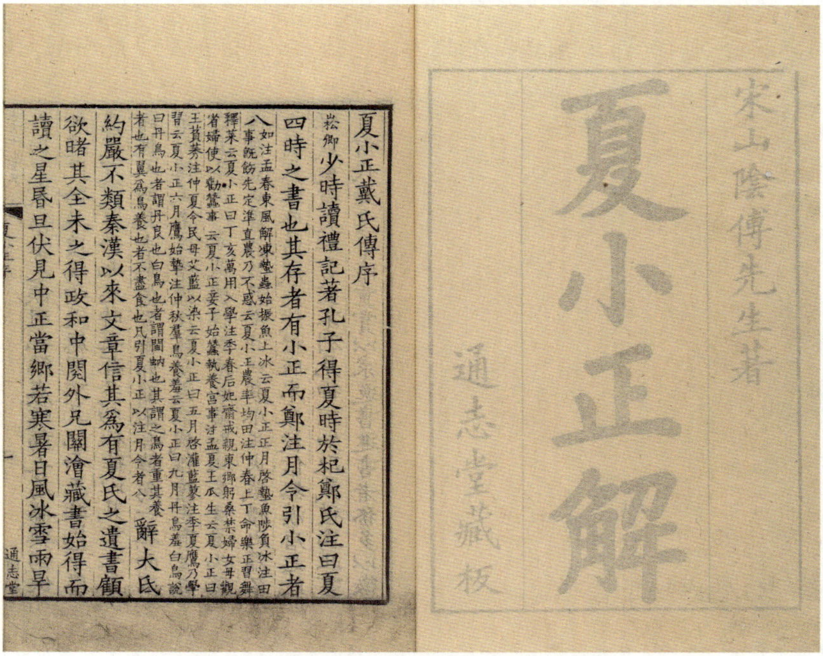
宋山陰傅先生著
夏小正解
通志堂藏板

夏小正戴氏傳序
崧卿少時讀禮記著孔子得夏時於杞鄭氏注曰夏
四時之書也其存者有小正而鄭注月令引小正者
……辭大氏
約嚴不類秦漢以來文章信其爲有夏氏之遺書頗
欲睹其全未之得政和中閲外兄關澮藏書始得而
讀之星昏旦伏見中正當鄉若寒暑日風冰雪雨旱

《夏小正》·清《通志堂经解》本

口口相传的《夏小正》

《夏小正》并没有一个确切的作者，一般认为其中的内容是由居住在淮海地区沿用夏时的杞人（夏代的后裔）口口相传、整理记录的。

相传夏禹曾经在各邦国颁行历法。春秋时期，孔子想要了解夏代的政治制度，因此带领学生到杞国考察。《史记·夏本纪》中记载："孔子正夏时，学者多传《夏小正》。"孔子本身也大力主张"行夏之时"，也就是使用夏代的历法。因此，也有人认为《夏小正》是由孔子及其弟子收集、整理成文，并流传下来的。

《夏小正》中的物候

"正月：启蛰，言始发蛰也。"启蛰即惊蛰，是二十四节气之一，标志着气候转暖，唤醒了蛰伏于地下的小动物，这个时候它们纷纷开始活动。汉武帝时期，为避景帝刘启的讳，"启蛰"被改为"惊蛰"。启蛰正是《夏小正》中记载

清代王素《春雷起蛰图》

|广东省博物馆·藏|

（此图表现的是古代人民在惊蛰时节的生活场景。扇面尺幅不大，作者没有直接画出电闪雷鸣，而是通过天上乌云密布的景象让观众产生春雷乍动的联想。画面充分营造出春日生机勃勃的氛围。）

的第一个物候。

《夏小正》的经文中有数十条物候，其中包括动物物候、植物物候、非生物物候，涉及兽类、鸟类、虫类、鱼类，草本植物、木本植物，以及风、雨、旱、冻等现象，种类繁多，内容丰富。这些物候记录对于研究我国古代动植物生态史、气象史具有特殊意义和参考价值。《夏小正》中，正月的物候超过了物候总数的三分之一，而十一月中只有“麋角解”这一个物候，并且在十二月中重复出现，各个月份之间的物候记载很不平衡。这说明当时人们虽然掌握了一定的物候知识，但对物候的观察还相当不完善。

清代董邦达《解角图》（局部）

｜旅顺博物馆·藏｜

源于《夏小正》的七十二候

战国末期到秦汉之际，关于物候的记载主要见于《吕氏春秋·十二纪》《礼记·月令》及《淮南子·时则训》中。书中收录的物候有所增加，各个月份物候数量也相对平衡。最早将一年分为七十二候，使物候与二十四节气融为一个体系的是成书于秦汉时期的《逸周书·时训解》，它以每个节气对应三个物候，形成了系统科学的节气物候历。北魏时期，朝廷更是将七十二候写入历法，作为指导农业生产生活的官方依据。

七十二侯体系的形成标志着人们对物候认识的成熟，使物候历作为官方历法，在指导农业生产方面得到了更广泛的应用。万变不离其宗，这一切，都是源于《夏小正》的记载。

七十二候中，有相当一部分来自《夏小正》，只是在说法上略有区别。例如“三月：螜则鸣”，螜（hú）即“蝼蛄”（或称蝼蝈），是啃食农作物根茎的一种害虫，它与七十二候中的立夏一候“蝼蛄鸣”同意，提醒人们在这一时节

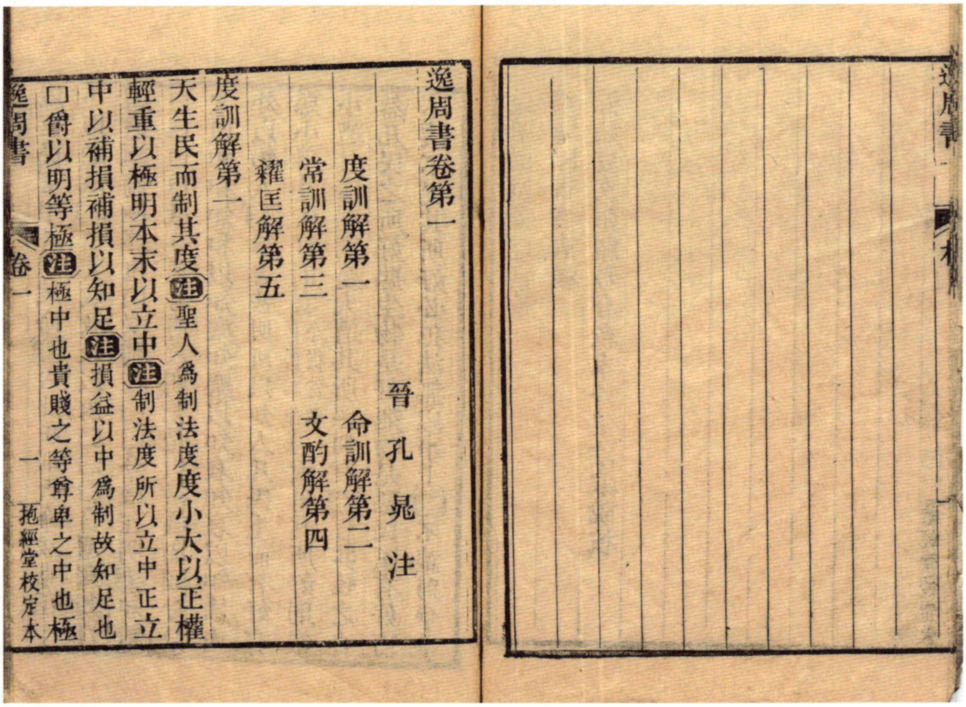
逸周書卷第一
晉 孔晁 注
度訓解第一 命訓解第二
常訓解第三 文酌解第四
糴匡解第五
度訓解第一
天生民而制其度（注）聖人爲制法度度小大以正權輕重以極明本末以立中（注）制法度所以立中正立中以補損補損以知足（注）損益以中爲制故知足也口爵以明等極（注）極中也貴賤之等尊卑之中也極
逸周書 卷一 一 抱經堂校定本

《逸周书》·清抱经堂校定本

要抓紧消灭农田中的害虫。

《夏小正》中有“二月：来降燕，乃睇”，其含义与春分三候“元（玄）鸟至”是一样的。对于这一物候，虽然后世的说法赋予了一层神秘色彩，更加富于诗意，但《夏小正》中的描述更为具体、更有深意。“睇”（dì）是“看”的意思，这里表达了人们对燕子为何在此降落的猜测。人们认为燕子是来“乃睇旧室”，也就是去看望往年在这里建造的旧房子，因为这里是燕子的老家。

淮海地区的物候描述

值得注意的是，虽然《夏小正》中不少物候与七十二候中相同或相似，但两者描述的地域却并不一致。七十二候主要记述的是黄河流域的物候变化，而《夏小正》记录的则是长江中下游、淮河地区的物候，反映了夏代江淮地区民众生活的一个侧面。

例如，十月的“玄雉入于淮，为蜃”，意思是野鸡一类的大鸟已不多见，而淮海边却可以看到外壳与野鸡的线条及颜色相似的大蛤。玄雉入的是“淮水”，表现的是淮河地区的物候。七十二候中的“雉入大

荣宝斋制刘锡玲《七十二候笺》：玄鸟至·清代光绪二十三年（1897）

（“落花人独立，微雨燕双飞”出自唐末五代诗人翁宏《春残》。）

荣宝斋制刘锡玲《七十二候笺》：雉人大水为蜃·清代光绪二十三年（1897）

（“海中倏见之神山，愿接卢敖长不老”，卢敖曾为秦始皇寻求长生仙药，据说蜃吐气能成楼阁城市，称“蜃气楼台”如仙境一般，此图将二者联系在了一起。）

水为蜃”，将“淮水”改为了泛指性的“大水”，扩大了这一物候的描述范围，在黄河流域也可以适用。

另外，二月的“剥鼍（tuó），以为鼓也”，记载了人们宰杀扬子鳄，剥皮做成鼓的活动。扬子鳄是长江中下游、淮河地区特有的动物，当前为国家一级重点保护野生动物，这也说明了《夏小正》中物候描述的是这一地域的状况。

“獭祭鱼”，还是“獭献鱼”

因最早版本已经失传，所以人们对《夏小正》中一些物候的记载内容，其实还是有一些争议的。例如,《夏小正》中正月中有物候“獭献鱼”“獭祭鱼”两个版本，人们大多认为“獭祭鱼”是正确说法，认为“献”字是“獸”（“兽”的繁体字）的错写，而“祭”字在流传中缺失了。但在《夏小正》的传文中，也有学者给出了使用“献”字的理由。

正月水獭只是将捕捉到的鱼放到岸边。因为传统习俗中的正月是祭祀的重要时间，人们这个时候看到水獭的这一行为便认为它们是在祭祀。有些学者认为，兽类的祭祀行为分为“献”和“祭”两种。十月“豺祭兽”

中豺、兽是同类，应当用“祭”，以示双方地位是平等的，体现了尊重的意味；而水獭和鱼非同类，应当用“献”，表明水獭的地位高于鱼，鱼是作为猎物被献出的。这样的解读也颇有趣味。

《夏小正》与《诗经》中的物候

《夏小正》中叙述的很多物候与《诗经》中《豳[①]（bīn）风·七月》中的物候是相同的。

如《七月》云“春日迟迟，采蘩[②]（fán）祁祁”,《夏小正》云“二月：采蘩”。

《七月》云“蚕月条桑”,《夏小正》云“三月：摄桑”。这是说砍去过于扬起的枝条，可以使养分集中，让桑树更好地成长。

《七月》云“五月鸣蜩”,《夏小正》云“五月：良蜩鸣、唐蜩鸣”。蜩（tiáo）即蝉,“唐蜩”指的是一种比较小的蝉。

据此，有人推测《豳风·七月》中的内容有可能是周人参考了《夏小正》中的物候记录写成的。因此,《夏小正》中的物候描述或许在文学领域也有一定的贡献。

清代著名学者黄本骥为《夏小正》中每一个物候都写了诗，有《獭献鱼》《鹰则为鸠》《田鼠化为駕》《鹰始挚》《雁北乡》《雉震响》等一系列作品。

雁北乡

清·黄本骥

几行宾雁过，云路影徘徊。曾记西风递（dì），仍看北乡来。
浮踪羁马柱，归梦绕龙堆。声断衡阳浦，魂招朔漠台。
三春沙碛迥，万里玉门开。塞远何时到，峰高昨夜回。
芦衔霜皜皜，爪印雪皑皑。约尔传秋信，雝[③]（yōng）鸣凤沼隈。

---

① 豳，古地名，在今陕西省旬邑西南。

② “蘩”是白蒿，一种草本植物。

③ 雝，即鹡鸰（jí líng），鸟名，又称点水雀、尾颤儿。

《夏小正》中的农事

《夏小正》中记载的农事范围十分广泛，既包括谷物、纤维、花草的种植，也包括蚕桑、畜牧、采集和渔猎等活动，我们几乎可以从中看到先秦农业生产的全貌。

当时的农业生产还处于粗放型农业生产阶段，书中说“农纬厥耒”，意思是整理农具，绑好耒耜，农业耕作主要还是依靠人力和生产工具。

《夏小正》中提到的作物和采集植物的种类有韭、芸苔（油菜）、黍、桑、麦、杏、梅、兰、桃、瓜、枣、卵蒜等。芸苔、韭、桃、杏、枣等植物的栽培首次见于文献。除了直接食用，兰、梅等还可被加工为洗染用品和调味品使用。

当时农牧结合、农桑并举的生产结构已经出现。书中关于蚕、鸡、羔羊、驹（少壮的马）、马等的记载，已经体现了一些畜牧养殖技术。例如，“颁马”是将受孕的母马与其余马匹分开放牧，既让孕马获得充足的草料，也可防止公马交配导致孕马流产。“攻驹”则是给幼马做阉割手术，控制马的自然繁殖，有益于马种的优化。

《夏小正》三月项下“摄桑，妾子始蚕，执养宫事”和五月项下“启灌蓝蓼”都是关于蚕桑技术的描述。“摄桑”说的是为桑树整枝修剪；“妾子始蚕，执养宫事”反映了夏代王室养蚕的发端，开展养蚕、治丝、织造、制衣等活动；“启灌蓝蓼”大意是五月间要分栽聚生、行间距较密的蓼蓝，育苗后再移栽，是农业生产技术上较为进步的一种措施。蓼蓝是一种重要的蓝染植物，古代常用于纺织品的染色。

在生产结构上，《夏小正》中记载了很大一部分采芸、剥瓜等采集活动，还包括“虞人入梁”（管理水泽的官员上交渔业收入的账目）和“王狩”（王率领众人打猎）等渔猎相关活动。这说明，尽管夏代的农耕活动已经十分普遍，但在《夏小正》产生之时，采集渔猎在生产生活结构中仍占相当大的比重。

在耕作制度上，从《夏小正》中可以看出，当时似乎还实行休闲耕作制。

因为在一些土地被用来种植黍、麦等粮食作物的同时，另一些正在休耕期间的土地上则生长出了荼、蓼（liǎo）等杂草。这些杂草需要在夏秋雨水比较集中的季节里清除，所以又有“取荼”和“灌荼”之类的说法，即利用夏天的大雨，淹灌荼、蓼等杂草，为秋季的小麦和来年春天的黍等作物准备适宜播种的土地。休闲耕作制使地力能够得到较快的恢复，相较于“不耕不灌，任之于天”的抛荒制，是一个很大的进步。

《夏小正》中的农事记载也反映了当时的土地制度，正月的内容中有“初服于公田”。传说有：“古有公田焉者。古者先服公田，而后服其田也。”这是古代井田制的最初形式。井田制最早出现在夏代，并在商代正式成为一种制度，到西周时逐渐发展成熟。

《夏小正》还反映了夏代的职官设置，有“鹿人”“啬人”“虞人”,《广雅·释室》说：“鹿，仓也。”夏代的“鹿人”很可能是职掌仓廪的官员。“啬”,《说文》说：“田夫谓之啬夫。”秦汉时的啬夫为乡官，掌管诉讼和赋税。那么，“啬人”在夏代可能是职掌农田事务的官人。“虞人”在上文已提及。

《夏小正》中的历法与天文

《夏小正》与农历

因为《夏小正》中所记载的历法是与农业生产的季节变化密切相关的，为农民安排各个季节的农事提供了重要依据，所以人们把夏历也叫作“农历”。现在我们每年过的春节，就是夏历年的第一天。

一般认为，夏历是一种阴阳合历，以月相周期变化来确定每个月的时间，这是阴历部分；通过设置闰月让一年的平均长度等于一个回归年（太阳围绕地球一周的时间），这是阳历部分。现在农历的这个说法虽然是起源于夏代的历法，但是在算法上已经有所差异了。

《夏小正》是几月历法

《夏小正》将一年分为十二个月，但有人认为这是经后人修改、补充的结果，原本经文中应当只有十个月的内容，并且给出了如下怀疑的理由：

《夏小正》有星象记载的月份只有一月到十月，十一月和十二月则完全没有。星象的变化每个月都存在，唯独十一月和十二月不见记载，这是非常奇怪的现象;《夏小正》载“五月：时有养日”（养，即“长”的意思，白昼最长，即夏至那一天），“十月：时有养夜”（黑夜最长，即冬至那一天），从夏至到冬至只有五个月，那么，从冬至到夏至也应该是五个月，合起来，一年正好是十个月;《夏小正》载“九月：王始裘”，王开始穿上毛皮衣，这时应当开始入冬了，所以十月的时候已经进入全年最寒冷的季节了，如果全年有 12 个月的话，显然不合常理。

这种说法就是认为夏历是十月太阳历，根据太阳绕地球一周的时间把一年分为十个月，但是因为古籍在流传、发展的过程中可能已经加入多种说法，所以难辨其真貌。

《夏小正》中的天文知识

《夏小正》按月份顺序记述了每月的星象，如清晨和黄昏出现在南方的星星，北斗斗柄的指向，银河在天空的位置，太阳到了恒星间什么地方等；用以指示时间的标准星象都是一些比较容易看到的亮星，如辰星、参星、织女星等。

中原地区一年四季都能在夜里看到明亮的北斗七星，人们有根据北斗七星星柄的旋转方位来确定季节和时间的习惯，这就是所谓观斗纲，定时令。这种观象授时的做法，相传在尧统治的时代就有了。

尽管《夏小正》反映的天文现象比较简单，但是可以看出，夏代的天文历法经过初期发展阶段，能够对人们的生产生活发挥指导作用了。

第二节 先秦的重要农学论文——《吕氏春秋》的《上农》等四篇

农学思想，诸子集成。

杂家者流，盖出于议官，兼儒墨，合名法，知国体之有此，见王治之无不贯，此其所长也。

——东汉班固《汉书·艺文志》

春秋战国时期，铁制农具和牛耕的发明与推广大大促进了农业生产的进步，大量荒地得到开垦利用，粮食亩产量产生了质的飞跃。农业发展水平在国家发展战略中的地位得到显著提升，成为诸侯争霸比拼综合国力的重要因素，各国争先恐后地进行农业改革，“耕战”的策略深入人心；在文化领域的百家争鸣之中，农家也占有一席之地。土地私有制逐渐确立，小农经济已见雏形，中国古代农学思想开始萌芽。

春秋战国时期出现了不少农书，虽然多是散落在一些著作中的相关篇章，但为理解大变革时期的农业生产状况留下了珍贵文献资料。秦国相国吕不韦主持编撰的《吕氏春秋》中《上农》等四篇就是这一时期的重要的代表性农学论文，其中蕴含着丰富的农学思想和理论，记载了不少农业技术和方法，可以说是先秦农学思想之集大成者。

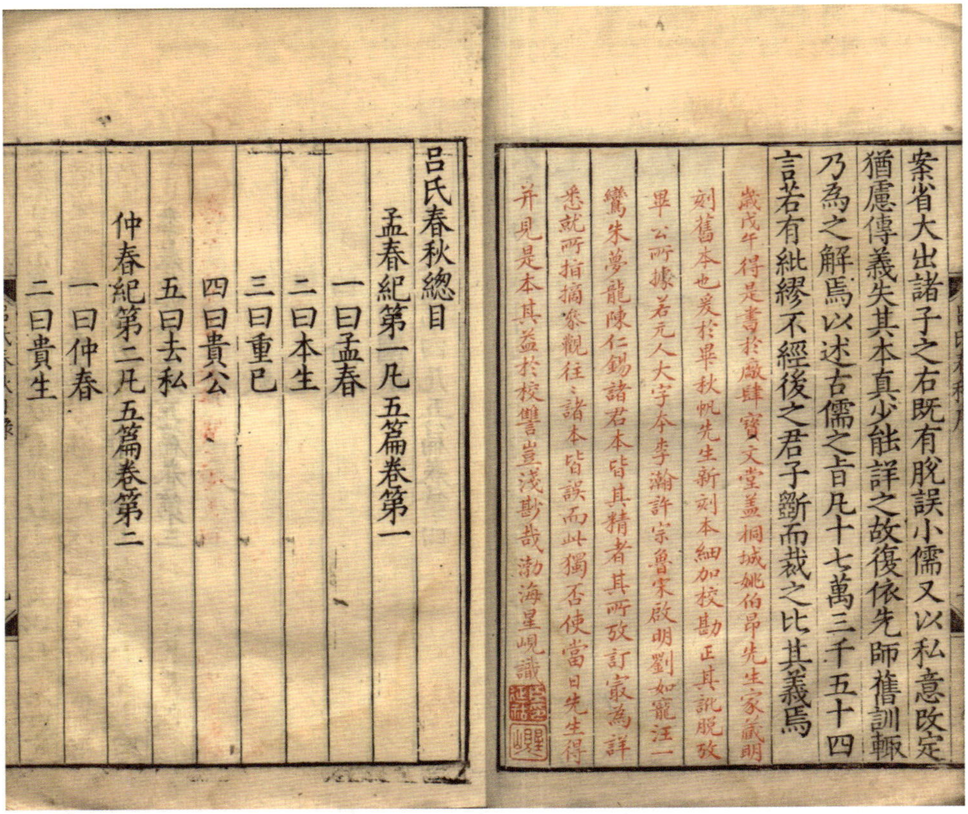

《吕氏春秋》· 明万历张登云刊本

《吕氏春秋》因何得名

“春秋”，本来是春夏秋冬的简称，代表着一年四季，而史书记载的一般是一年四季中国家发生的大事，于是“春秋”便成了史书的一种名称。秦国相邦吕不韦借门客之手撰文成书，不仅是为了让自己流芳百世，而且也是为秦国政治统治提供长久的治国方略。他认为其著作中涵盖了天地万物、古往今来的事理，所以称《吕氏春秋》。

融汇百家思想的《吕氏春秋》

《吕氏春秋》是战国末年（公元前239年前后）吕不韦组织门客集体编撰的著作，又名《吕览》，分为《十二纪》《八览》《六论》，共26卷，160篇，20余万字。全书汇聚了先秦各派学说，“兼儒墨，合名法”，有儒家、道家、墨家、法家、兵家、农家、纵横家、阴阳家等诸子百家思想，故史称“杂家”。书中《六论》的最后一论为《士容论》，其中关于农业的论述有《上农》《任地》《辨土》《审时》四篇，保存了许多珍贵的农业资料。

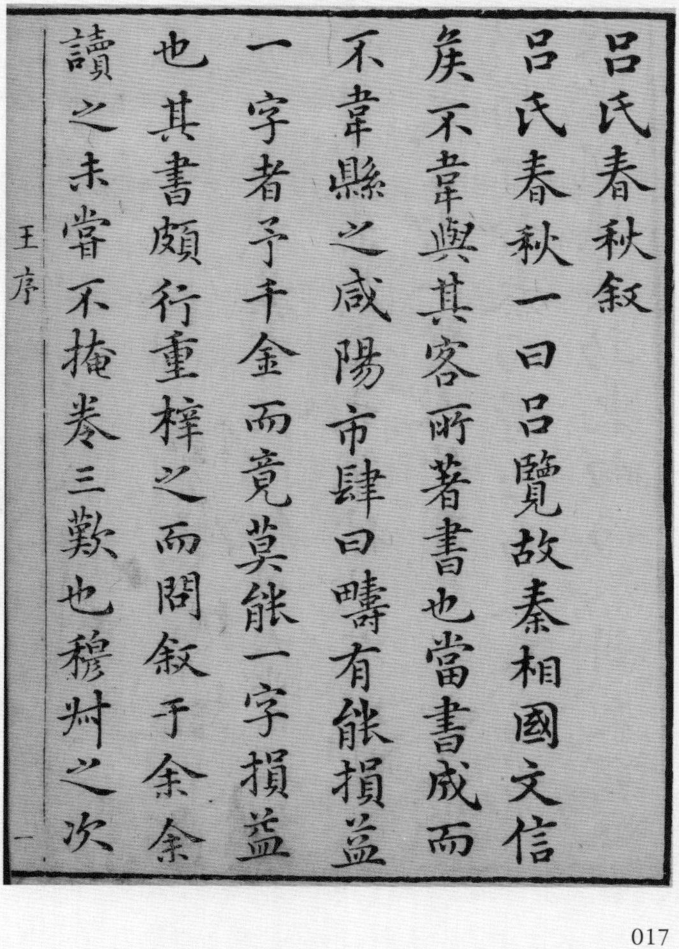
呂氏春秋叙
呂氏春秋一曰呂覽故秦相國文信
侯不韋與其客所著書也當書成而
不韋縣之咸陽市肆曰嚋有能損益
一字者予千金而竟莫能一字損益
也其書頗行重梓之而閱叙于余余
讀之未嘗不掩卷三歎也穆犲之次
王序
一

《吕氏春秋》·明万历四十八年（1620）凌氏朱墨套印本

《吕氏春秋》的版本

《吕氏春秋》成书于战国末期，宋代前以抄本流传，未见刻本。宋代开始出现刻本，有二十六卷本、二十卷本、三十六卷本三种版本流传于世。现存最早刻本为元代至正嘉兴路儒学刻本，后世众多版本都是据此而来。明代是《吕氏春秋》版本出现最多的时期，产生了许多重要版本，如弘治十一年（1498）李瀚刻本、嘉靖七年（1528）许宗鲁刻本、万历年间（1522—1620）张登云刊本、万历四十八年（1620）凌氏朱墨套印本等。清乾隆年间，毕沅根据元刻本和部分明刻本进行了比较全面的校对整理，纠正旧刻本错误多处，刊印了《吕氏春秋新校正》26卷，这是中国古代《吕氏春秋》出版史上真正的精善之作。

千古奇人吕不韦

吕不韦（公元前292—前235年），卫国濮阳（今河南省安阳市滑县）人，战国末年商人、政治家、思想家。早年经商于阳翟（今河南省禹州市），他将秦国在赵国的人质异人带回国，扶植其成为秦国国君庄襄王，被拜为丞相，封文信侯。庄襄王去世后，吕不韦迎立太子嬴政即位，被尊为“相邦”，称“仲父”，权倾天下。他带兵攻取周国、赵国、卫国土地，对秦的统一事业作出了重大贡献。后来受到嫪毐（lào ǎi）集团叛乱牵连，全家流放蜀郡，途中饮鸩自尽。

吕不韦像

魏国的信陵君、楚国的春申君、赵国的平原君和齐国的孟尝君，因礼贤下士、门客众多，被称为“战国四君子”。吕不韦仿效其行为，招募文人学士，对门下食客三千余人厚礼相待，令其广抒己见，撰文成书，即《吕氏春秋》。书中对古往今来、上下四方、天地万物、兴废治乱、士农工商、三教九流，均有所论及。书稿完成后，吕不韦为了精益求精和扩大影响，请人将书稿全部誊抄，挂于咸阳城门，声称如有谁能改动一字，即赏千金。此乃成语“一字千金”的出典。

以农为本，“上农”是国策

《吕氏春秋》中的《上农》篇论述了秦“以农为本”的国策，所谓“上农”，即“尚农”，也就是崇尚农业、重视农业。此篇论述了农业生产活动的重要性和政府重视农业生产的必要性。

重农传统来自先王

《上农》开篇就指出：“古先圣王之所以导其民者，先务于农；民农非徒为地利也，贵其志也。”上古圣王之所以能够教导百姓，因为他们首先致力于发展农业；使百姓从事农业，不仅仅是为了开发土地资源、收获粮食，更是为了提升他们的思想境界。文中提出发展农业是自古以来圣王的国策，为重农政策的来源做出了合法的解释；强调从事农业在思想境界上的作用。

“民农”可使国家安定

从事农业生产活动对国家主要有三个意义。一是“民农则朴”，百姓务农就会变得质朴、安定，那么国内就不会发生动乱，君主的地位也可以保持稳定、尊贵；二是“民农则重”，从事农事活动的百姓行为稳重、少徇私情，有助于国家公法的确立；三是“民农则其产复”，百姓从事农业生产就会财物丰厚，可以固守土地，不会轻易迁徙，而一辈子定居不动，对国家忠心不二。可见，发展农业的意义不仅在于创造财富，而且对于国家边防、法治、管理等方面都有重要作用。这是从国家治理的角度阐释了重视农业发展的必要性。

与“以农为本”相对应,《上农》还将商业视为“末业”，提出“抑末”的思想，认为如果人们放弃农业而从事商业，就会不听号令、不肯守边防，容易转移财产，一旦国家有难就会逃跑，甚至变得奸诈狡猾、搬弄是非、破坏法律，所以必须限制商业的发展。

农民“质朴易用”，商人“好智多诈”，两个群体被贴上了极端相反的标签，必须防止前者向后者转化，突出了实施重农政策的紧迫性。

不违农时，守护生态

《上农》提出了关于农业生产的各种政令，其中心思想是要不违农时，尊重客观规律，一切都要为保证农业生产而服务，否则就有亡国的危险。

> 故当时之务，不兴土功，不作师徒，庶人不冠弁①(biàn)、娶妻、嫁女、享祀，不酒醴②(lǐ)聚众，农不上闻，不敢私籍于庸，为害于时也。(《吕氏春秋》的《上农》)

在农忙时节，为了不妨碍农业生产，不仅战事、土木工程等国家重大事件，连平民的婚丧嫁娶等日常活动都必须让步。除非得到官方允许，否则不许私自雇工进行劳作，因为这可能使劳动力的分配出现不均的状况，影响农业生产的秩序。

> 然后制四时之禁：山不敢伐材下木，泽人不敢灰僇③(lù)，缳④(huán)网罝罦⑤(jū fú)不敢出于门，罛罟⑥(gū gǔ)不敢入于渊，泽非舟虞，不敢缘名，为害其时也。(《吕氏春秋》的《上农》)

① 弁是周代男子戴的一种帽子。周代至战国时期，男子成年（满二十岁）都要举行“冠礼”。

② 醴指甜酒。

③ 僇指侮辱，这里的“灰僇”指的是放火烧去草木，种植作物。

④ 缳指绳索的套子。

⑤ 罝罦：罝指古代捉兔的网，罦指捕鸟的网，泛指捕鸟兽的网。

⑥ 罛罟指渔网。

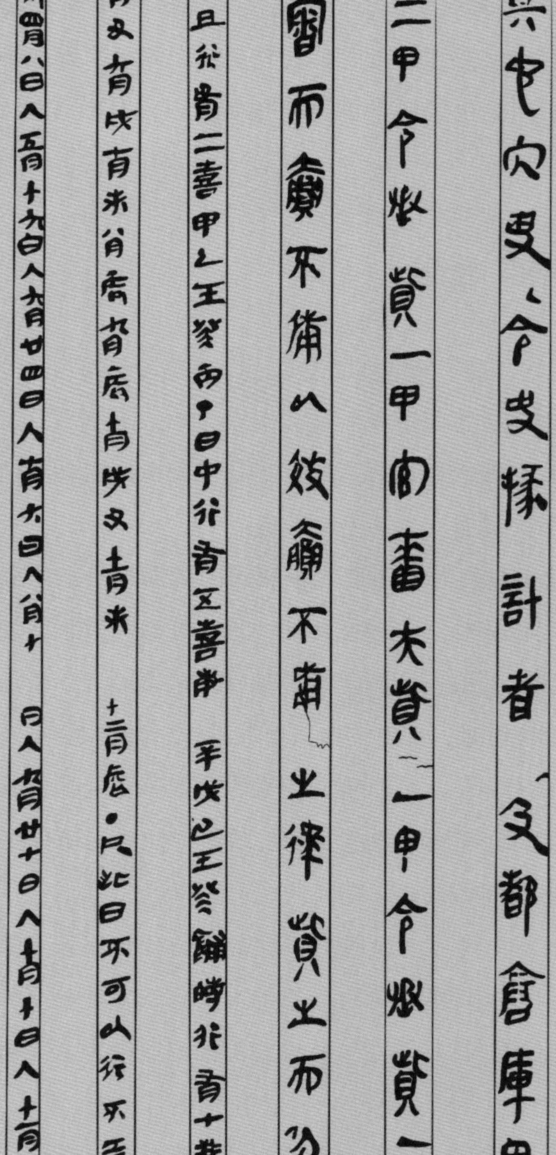

睡虎地秦简·湖北省云梦县睡虎地秦墓中出土

| 湖北省博物馆·藏 |

（睡虎地秦简中记载了秦朝时的法律制度、行政文书、医学著作等，其中《田律》一篇涉及田、赋税、牛马的重视与保护、酒禁等内容，还提出了一系列对自然的保护措施。）

为了保证农业生产有稳定的外部条件，要制定四季的禁令：山林中不得随时砍伐木材；湖泽地带不得随时火耕；不得随时将罗网等猎具带出城门打猎；不得随时将渔网放入水渊捕鱼；除了管理舟船的官员，在湖泽中谁也不得任意绕泽、横渡。《上农》对于四季生产活动的严格规定，已经体现了节约资源、实现可持续发展的现代生态理念。

中国古代的“重农抑商”思想

《吕氏春秋》中体现了浓厚的“重农抑商”思想。“重农抑商”政策是中国古代封建王朝长期实行的政策，主张重视农业，以农为本，限制私营工商业的发展。在中国两千多年农耕文明的发展过程中，尽管也曾有所松动，但这一思想始终贯穿其中，对中国历史发展产生了重大影响。

“重农抑商”思想萌芽于先秦时期，形成于战国中后期，最早由商鞅在秦国变法运动中明确提出并付诸实施。商鞅推行的“重农抑商”政策，使秦国经济实力不断增强，为后来秦始皇统一六国奠定了基础。从秦始皇二十七年（公元前220年）起，始皇巡行各地时，都要宣布“上农除末，黔首是富”（“黔首”是战国时期和秦朝对平民的称呼）。在彰显其功德的《琅琊台刻石》碑文中就写下了这句话。“重农抑商”政策被秦国定为基本国策，此后为历代王朝继承并不断发展，且由此衍生出轻商、贱商、鄙商的观念和意识。

“重农抑商”政策使中国古代社会形成了一种奇特的社会现象：虽然商人能够快速致富、牟取暴利，但是即便是家财万贯的大商贾，在社会上的地位仍不高；当商人获得巨大的利润后，其首选不是继续扩大商业行为，而是购买土地，向地主转化。因此，农业在国家中的核心地位长期不可动摇。

有趣的是,《吕氏春秋》的作者吕不韦是商人出身，然而在其著作中却如此强调限制商业发展。可见在“重农抑商”的国度里，几乎无人敢为商人争取权利和地位。

秦代琅邪刻石拓片·山东省青岛市西海岸新区琅琊镇出土
| 中国国家博物馆·藏 |

三篇先秦农业科技论文

《任地》《辩土》《审时》三篇是先秦文献中讲述农业科技最为集中、最为深入的一组论文，内容十分丰富。《任地》《辩土》两篇的总原则是“因地制宜”。

《任地》主要阐述了土壤耕作的基本原则与方法。首先，它提出了使土地肥沃、农作物生长健壮、获得高产的十个重要问题，其中注意到了耕作保墒、中耕除草等环节。其中，它对于中耕除草这一环节尤其重视，甚至要求做到“五耕五耨，必审以尽”，以达到“大草不生，又无螟蜮[①]（míng yù）。今兹

① 螟蜮指危害禾苗的两种害虫。

中耕除草画像石·河南省南阳市七里园乡出土

美禾，来兹美麦”的目的。其次，它提出了土壤耕作中存在“力”和“柔”（坚硬和黏合）、“息”和“劳”（休闲和连作）、“瘠”和“肥”等相对立的现象，并指出它们在一定条件下可以转化，可以通过劳动来改良土壤的性质，使它适于耕种。

《辩土》则主要讲述了土壤耕作和作物栽培的具体技术方法。它提出了对不同土壤的耕作顺序：要先耕水分少、干土层厚的“垆土”，把柔润的地放到后面耕，这是因为这种土地即使拖延一下也还来得及耕种，而土地一旦板结变硬就不适合进行耕作了。同时，还论述了不合理的土壤耕作和作物栽培引起的三种弊害——“地窃”（播种过稀，浪费耕地），“苗窃”（种植过密，浪费种子且影响生长）和“草窃”（杂草丛生），并针对性地提出了克服这些弊端的耕作方法，即耕作播种适时、畎亩宽窄得体、禾苗疏密有当等，使庄稼在地里形成行列整齐、通风透光、便于中耕的最佳耕作布局。

《审时》的核心是“因时制宜”。与《上农》篇重视政策管理的阐述不同，此篇主要是从作物种植角度论述如何掌握农时，针对农业劳动者提出来的。文中论述了多种作物耕种“得时、先时、后时”的结果。例如，种得适时的小麦，“称之重，食之致香以息，使人肌泽且有力”，并且不生蛆虫；种得过早的麦子，夏雨没到就发生病虫害，麦粒又瘦又小；种得太晚的麦子，麦苗弱，穗子发青，颜色暗，只是麦芒长得好。《审时》篇因此得出结论：“得时之稼兴，失时之稼约。”耕种适时是保证作物的产量、质量的关键。

《审时》中第一次将“三才”（天、地、人）思想发展成一种农学理论。书中讲道：“夫稼，为之者人也，生之者地也，养之者天也。”“稼”指农作物，“地”指土和水，“天”指季节气候。意思是说农作物的生长要靠人栽培，靠土和水生长，靠季节气候养育。而三者之中，人的因素处于第一位。这明确地指出了从事农业生产的必要条件及其在发展农业生产中的地位。

《十二纪》的农事安排

除了《上农》等四篇以外，《吕氏春秋》中的《十二纪》每纪中的首篇都为《月令》，也与农业生产相关。其中记载了一年之中每个月份必须从事的农事活动和政府的相关政策，它既是先秦时期官方农事活动的法典，也是当时农业生产经验的总结概括。《十二纪》根据自然节气的周期变化，制定适时的农事计划，主要原则是“春耕、夏耘、秋收、冬藏”，形成了周密、细致的生产规章。

> 令告民出五种。命司农计耦耕事，修耒耜，具田器。（《吕氏春秋·季冬纪》）
>
> 命田舍东郊，皆修封疆，审端径术，善相丘陵、阪险、原隰[①]（xí），土地所宜，五谷所殖，以教道民，必躬亲之。田事既饬，先定准直，农乃不惑。（《吕氏春秋·孟春纪》）

在冬季的最后一个月，君王命令有司告诉百姓从谷仓中拿出五谷，选择种子，命令负责农业的官吏，谋划耕作的事情，修整犁地的工具，准备好耕田的

① 隰指低湿的地方。

农具，为春耕做好准备。而到了春天，令管农田的小官到东郊去修整田界，修筑水渠，修好田间小路，仔细观察小山丘、高地、盆地，根据地形来种植五谷，指导百姓开展农事活动。

西汉时期“罢黜百家，独尊儒术”，儒学成为国家的统治思想。而在名儒戴圣所编的先秦典章制度选集《礼记》中专有一篇《月令》，就是整合《吕氏春秋·十二纪》的首篇。它继续作为王家政令，在古代社会发挥着重要作用。

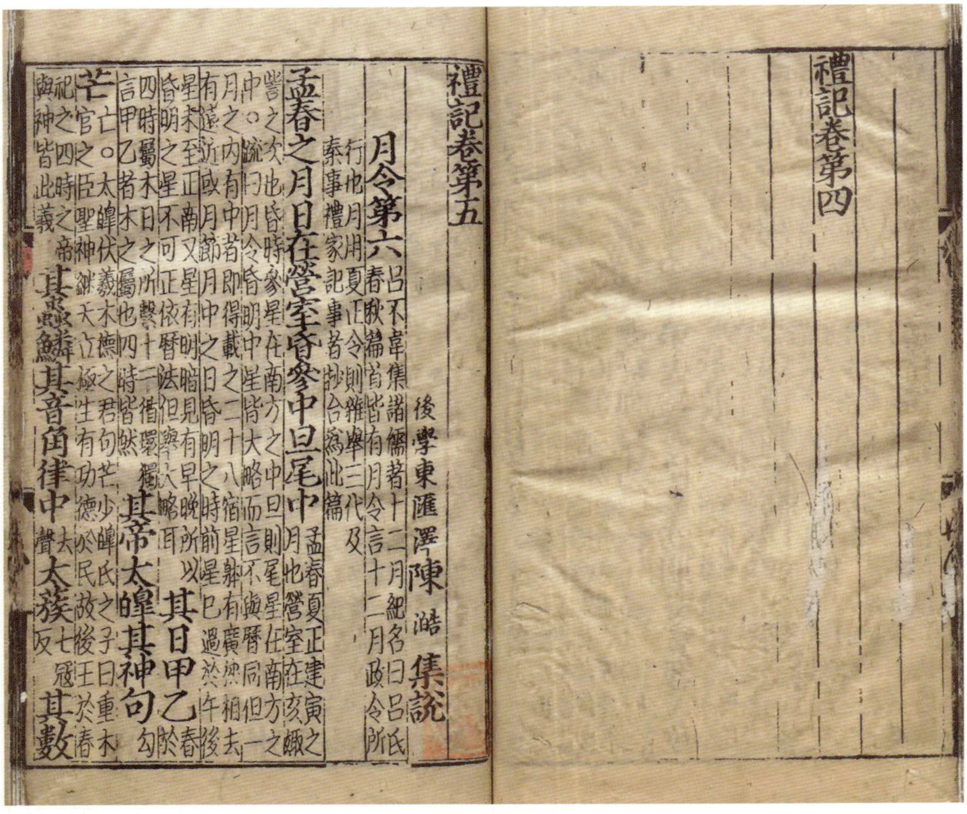

《礼记集说》· 元天历刊本

第二章 秦汉至隋唐时期

《齐民要术》：盖神农为耒耜，以利天下；尧命四子，敬授民时；舜命后稷，食为政首；禹制土田，万国作乂；殷周之盛，诗书所述，要在安民，富而教之。

秦汉、魏晋南北朝至隋唐时期是中国古农书的形成与奠基时期。

这一时期，中国各大王朝的疆域主要在北方，都城也大多设在关中平原地区。全国的经济重心主要在黄河流域，北方的农业生产十分发达。精耕细作的生产体系日渐成熟，因此农书主要反映的是黄河流域农业的生产状况，描述的是北方旱地的农业生产技术。古农书的数量较多、质量较高，开始出现了专门论述农业生产的经典综合性著作，形成了反映农家生产生活的月令体农书，还产生了一些代表性的专业性农书。古农书的编纂进入奠基阶段，成为后世农学文献发展的典范。

这一时期，现存的代表性农书有被称为古代作物栽培理论的奠基之作的《氾胜之书》、农家月令书的最早代表作《四民月令》、第一部完整保存至今的大型综合性农书《齐民要术》、世界茶叶专著的开创之作《茶经》，以及承前启后的农家生产杂录《四时纂要》。

第一节 古代作物栽培理论的奠基之作——《氾胜之书》

栽培理论，由此奠基。

土化之法，化之使美，若氾胜之术也。

——东汉郑玄《周礼》注

西汉时期，铁犁牛耕普遍推广，生产力水平迈上了一个新台阶。农耕社会传统的小农经济基本形成，但同时也面临着新的难题：一方面，不断增长的人口迫切需要生产更多粮食；另一方面，豪强地主大肆兼并土地，底层农民的生活面临严重困难。为解决这些问题，就需要进一步总结推广农业技术，提升农业发展水平,《氾胜之书》正是在这一背景下产生的。

黄河流域是中国古代农业起源的中心之一，长期以来在农业生产方面居领先地位。《氾胜之书》总结了两千多年以前关中平原和黄河中下游地区的农业生产智慧，记述了当时中国在农业生产上取得的伟大成就，反映了西汉时期中国农业科技的先进水平。它奠定了古代农作物栽培理论的基础，对中国传统农学的发展产生了深远影响。

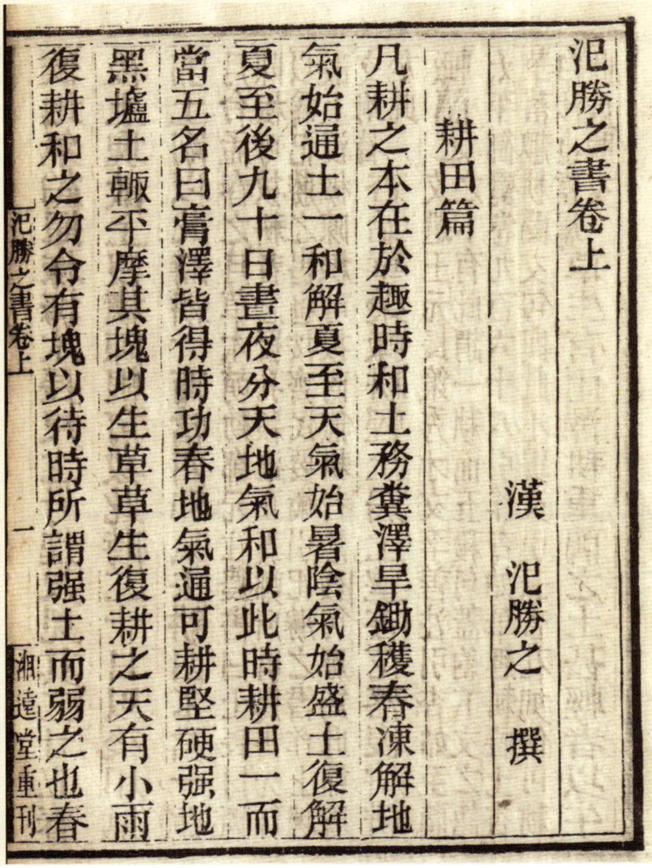
氾勝之書卷上

漢　氾勝之　撰

耕田篇

凡耕之本在於趣時和土務糞澤早鋤穫春凍解地氣始通土一和解夏至天氣始暑陰氣始盛土復解夏至後九十日晝夜分天地氣和以此時耕田一而當五名曰膏澤皆得時功春地氣通可耕堅硬強地黑壚土輒平摩其塊以生草草生復耕之天有小雨復耕和之勿令有塊以待時所謂強土而弱之也春

氾勝之書卷上　一　湘遠堂重刊

《氾胜之书》· 清光绪十年（1884）楚南书局刊本

总结农技的《氾胜之书》

《氾胜之书》成书于西汉晚期，原书已经失传，现存的《氾胜之书》是从《齐民要术》等一些古农书中摘录的原文辑集而成，3000 余字，共 2 卷 18 篇。

《氾胜之书》记述了关中地区的农业生产经验，包括农业生产的总原则、北方旱地的农业生产方法，以及十多种农作物的栽培技术。通行版的 18 篇分别为：耕田、收种、溲种法、区田法、禾、黍、麦、稻、稗、大豆、小豆、枲、麻、瓜、瓠、芋、桑和杂项。

《氾胜之书》的版本

《汉书·艺文志》的农家中有“氾胜之十八篇”。《氾胜之书》一名最早出现于《隋书·经籍志》《旧唐书·经籍志》《新唐书·艺文志》和宋代郑樵《通志》中，北魏《齐民要术》及唐宋时期的一些类书，如《北堂书钞》《艺文类聚》《太平御览》中也对此书内容多加征引。而宋代以后官私目录中再也没有提到《氾胜之书》，可见此书大约在两宋之际失传。

到了清代，洪颐煊、宋葆淳、马国翰等先后从各书中辑出有关的文字，编成了《氾胜之书》辑佚本。其中，马国翰辑本收录在《玉函山房辑佚书》子部农家类，有光绪长沙嫏嬛馆刊本、章丘李氏重印本、楚南书局刊本等。

一代农师氾胜之

氾胜之是西汉成帝时人，在《汉书》中没有关于他的籍贯、生卒年月记载。据说他原来的祖先姓凡，在秦朝时为避战乱，迁移到氾水流域，于是改姓氾。氾水是济水的支流，流经山东曹县，一般认为这里是氾胜之的故乡。

氾胜之曾出任过议郎，负责一些顾问应对之事。后来他在三辅地区（西汉的首都长安及附近的关中平原地区）发展农业，尤其是推广冬小麦种植，取得了大丰收，因而被提拔为御史，也被百姓尊为农师。

> 神农之教，虽有石城汤池，带甲百万，而又无粟者，弗能守也，夫谷帛实天下之命。（《氾胜之书·杂项》）

从《氾胜之书》中关于神农的相关论述中可以看到，氾胜之具有突出的重农思想。传说神农是中华民族的人文始祖，他创始农耕，发明耒耜，教百姓种植，养活了无数中华儿女。氾胜之认识到了粮食是决定战争胜负的主要因素，甚至是统治天下、关系到国家生死存亡的根本。于是，他借神农之口，述

神农：明代郭诩《人物图册》

| 上海博物馆 · 藏 |

氾胜之像

说“谷帛实天下之命”。曾有一名卫尉献上养蚕、务农之法，氾胜之称他为“忠国爱民之至”，把推广农业技术提升到了“忠国爱民”的高度。正是抱着这样的情怀，他身体力行，将当时各种作物的栽培技术加以总结、提炼，写成了《氾胜之书》。

经典不朽的农业生产总原则

“凡耕之本，在于趣时，和土，务粪泽，早锄早获。”《氾胜之书》中最为经典的部分，莫过于提出了指导耕作栽培以实现丰产丰收的总原则，这短短的十七个字，包括六个相互关联、不可或缺的环节，体现了作物栽培的整体观念。即便到了今天，在中国北方，尤其是关中地区，这些原则也仍然适用。

“趣时”中的“趣”即“趋”，是赶上、趁着的意思，指各项农事活动都要赶上最佳时间，不违农时，这是农耕活动最根本的要求；“和土”是指通过耕、耙等手段，改善土壤的结构状况，使其达到疏松柔和的状态，为农作物的生长发育创造一个良好的土壤环境；“务粪泽”是指重视施肥和灌溉，使农作物有足够的水肥供应，获得充足的营养，茁壮成长；“早锄”是指要趁早清除杂草，同时切断土壤表层的毛细血管，减少水分蒸发；“早获”是指作物成熟后收获要趁早，避免脱粒，防止发芽，以保证丰产丰收、颗粒归仓。

这一因时耕作、因土耕作、精耕细作的农业技术要领，一直为后世所遵循。黄河中下游地区属于温带季风气候，冬春季干旱多发，因此采取正确耕作措施，保蓄土壤水分，对北方旱作农业来说，不只是关系到收成多少，而且是决定有无收成的大问题。抓紧时令，与耕作技术配合得好，可以收到“以一当五”的功效；错过农时，耕耙不适，也会遭到“五不当一”的失败。

掌握农时，及时耕作

> 春冻解，地气始通，土一和解。夏至，天气始暑，阴气始盛，土复解。夏至后九十日，昼夜分，天地气和。以此时耕田，一而当五，名曰膏泽，皆得时功。（《氾胜之书·耕田》）

书中提出，初春土壤解冻时，空气和水分开始通达，土壤处于首次和解的状态；夏至时，天气开始热起来，雨水也开始多起来，土壤水分充足，又一次疏松和解；夏至后的约第九十天（秋分节气），昼夜长短相等，气候和土壤都呈现出最好的状态。

氾胜之通过观察总结出在这三个时候耕地，土地肥沃润泽，可以大大增加产量。而春耕的耕期是比较短暂的，更需要抓紧时机。为此，他提出了一个精准掌握春耕时间的方法，即将一个一尺二寸（古制1尺约23.1厘米，1寸约2.31厘米）长的木桩，埋一尺在地里，留二寸在地面。等到立春以后，土块解冻，变得疏松膨胀，散开的土壤把地面上的木桩盖没，同时去年留在地里的陈根，也可以用手拔出来了。从这个时候开始的二十天内，就是春耕的适宜时期。二十天后，“和气”消失，土地就会变得坚硬，到那时再耕种就为时已晚了。

重视节气，种养得宜

在《氾胜之书》中，多次将二十四节气作为指导农事生产的时间标志，而其中又以“夏至”节气出现的次数最多。

“日北至，日长之至，日影短至，故曰夏至。至者，极也。”（清代陈希龄《恪遵宪度抄本》）。在二十四节气之中，夏至日太阳直射地面的位置到达一年的最北端，中华大地的白昼达到一年中最长，气温也与日俱增。光与热是农业生产必不可少的条件，因而夏至对于农事指导的重要性不言而喻。

如上文所言，夏至节气是夏耕的最佳时间。除此之外，《氾胜之书》中还论述了夏至在作物种植、田间管理、农业气象预报、农产品加工方面的指导作用。

> 种黍：“黍者暑也，种者必待暑。先夏至二十日，此时有雨，强土可种黍。一亩三升。黍心未生，雨灌其心，心伤无实。”
>
> 田间管理：“始种稻欲温、温者缺其塍，令水道相直；夏至后大热，令水道错。”
>
> 农业气象预报：“稙禾，夏至后八十九十日，常夜半候之，天有霜若白露下……”
>
> 农产品加工：“夏至后二十日沤枲，枲和如丝。”

水稻的播种需要较高的水温，但在生长时水温若过高又会不利于其生长。在刚刚播种的时候，为了保持较高的水温，将田埂中的入水口和出水口安排在一边，使田中的水流动较少，以保持其温度；而当夏至日来临之后，则将进水口和出水口错开，增加田内水的流动性，相对降低稻田水温，以适应水稻生长发育的需要。

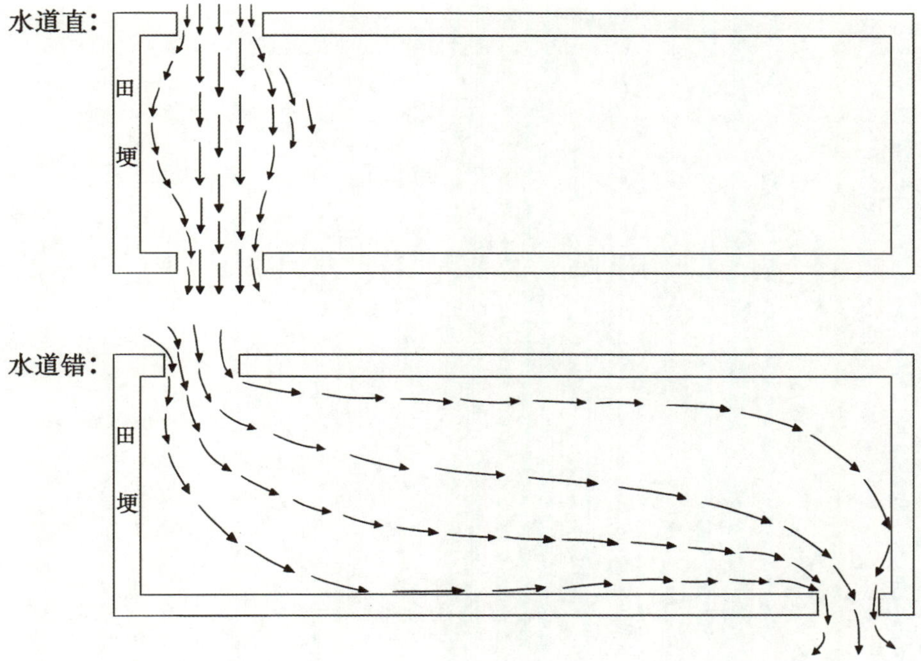

稻田水温调节示意图

颗粒归仓，毫不浪费

为了做到颗粒归仓，不浪费粮食，《氾胜之书》强调“获不可不速，常以急疾为务”。书中总结了劳动人民根据不同作物成熟期的表现征兆及时收获的经验。其中收大豆的方法最为经典，大豆要在“荚黑而茎苍”“青荚在上，黑荚在下”时收获，如果等到豆荚快脱落的时候再去摘取，豆荚可能会爆开落地，就会受到损失；大豆具有“后熟”的特性，收取后在收获场上放置一段时间，自然会慢慢成熟，这就是“豆熟于场”的方法。而其他作物，如谷子要在“芒张叶黄”时毫不犹豫地抢收，麻和瓠在初霜时就得动手收获，而枲在穗上花粉散如灰末时就要拔起来了。

东汉弋射收获画像砖

| 成都博物馆 · 藏 |

因地制宜区田法

西汉初期，关中地区土地兼并问题严重，大量自耕农破产。大规模的铁犁牛耕在这一地区不能适用。针对这种情况，氾胜之发明了适于在小块土地上耕作的区[1]（ōu）田法。

区田法是《氾胜之书》中一个非常突出的部分，讲述的是一种十分特殊的提高作物产量的土地利用方式。

这种耕作方法分为两种形式：其一是开沟点播。将一亩[2]长方形土地，横分为十五町（长条状，长宽相等），町与町间一条行道，每町一条沟，将作物点播在沟内；其二是坑穴点播。根据土质好坏和作物品种的不同，将土地分为上农夫区、中农夫区、下农夫区三种，分别深挖作区，每种土地中坑的大小、深浅、方圆、距离各不相同。将作物点播在坑内。每一块小区，四周打上土埂，中间整平，调和土壤，以增强土壤的保墒保肥能力。

区田法的本质是在小块耕地上，集中使用人力物力，实行精耕细作，以争取提高产量，但由于土地呈分散状态，并不适合大规模耕作。自氾胜之之后，历史上不断有关于推行、试验和讨论区田法的记载，但始终推而不能广。中华人民共和国成立以后，在自然环境较差的陕北某些地区，以及山东某些山阜地区，当地人还有以类似方法进行生产的。可见，这种古老的耕作方式，虽然在运用上有很大的局限性，但也还在发挥作用。

先进的农业生产技术

《氾胜之书》中记载了农作物的具体栽培方法。例如，在种子处理方面有溲种法，在选种方面有穗选法，在嫁接方面有种瓠法。书中还针对稻、麦、桑、麻等作物的特性，结合气候和土壤条件，提出了相应的播种期、播种量、播种密度等。这些技术在当时具有先进性，在中国农业发展史上具有开创性，极大地推动了农业生产的进步。

---

① 区，是指向地平面以下洼陷进去。

② 在汉代，一大亩约等于现在的 0.7 亩（465 平方米），一小亩约等于现在的 0.3 亩（193 平方米）。

溲种法

《氾胜之书》中提出了“溲种法”，即用骨汁或雪汁，蚕粪、羊粪、麋鹿粪，以及附子等材料来浸泡作物种子，制成肥料衣。马、牛、羊等畜骨煮出的骨胶具有黏合剂的作用，雪汁则能够提升作物的耐旱性，各类畜粪是高肥效的种肥，而附子是一种热性、有毒的药物，有驱虫作用。这种方法具有早苗、全苗、壮苗，以及防虫、抗旱、增产的效果，从而提升农作物产量。可以说，溲种法处理后的种子是现代包衣种子的萌芽。

穗选法

> 取麦种，候熟可获。择穗大强者，斩束立场中之高燥处，曝使极燥……顺时种之，则收常倍。取禾种，择高大者，斩一节下，把悬高燥处，苗则不败。(《氾胜之书·收种》)

关于选种，中国古代劳动人民很早就认识到选择优良品种或在同一品种中选择优良个体对来年丰产的重要意义。《氾胜之书》中记载在禾、麦成熟之后，选择植株健壮、穗大粒饱的种子，通过暴晒使其干燥，可以大大提高产量以及抗风抗旱的能力，这是中国古代关于穗选法的最早记载。

种瓠法

“种瓠法”中记载了利用嫁接技术获取大瓠瓜的方法：先挖坑松土、深翻施肥，每坑种十粒种子；等瓠苗生长到二尺多长时，把苗蔓缠扎在一起，用泥土封好，使它们一同生长；然后在其中选择长得最茁壮的一棵留下，把其余九棵掐去。这样，十棵瓠根在地下吸收养料，集中供给一条茎的生长需要，结出的瓠瓜特大。种瓠法开创了依据人们的需要改变植物生长状况的新途径，为后世嫁接果木、培育植物的新品种开辟了广阔的前景。

两千年前的作物结构

《氾胜之书》中提到了十三种作物，分别是禾（谷子、小米）、黍（黄米）、麦、稻、稗（稗草）、大豆、小豆、枲（纤维用大麻）、麻（粮食用大麻）、瓜、瓠（葫芦）、芋和桑。

中国古代的“五谷”有不同说法：一种分别是稻、黍、稷（粟）、麦、菽（豆）；另一种指麻、黍、稷（粟）、麦、菽。关于“稷”指的是哪种作物，历来有争议。有人认为“稷”与“粟”同物异名，都是小米，另一种说法则认为“稷”与“黍”同类，是不黏的黄米。现在普遍比较认可的是前一种说法。

《氾胜之书》中已经记载了“五谷”代表的所有作物。其中，粟和黍的耐旱性强，在古代很长一段时间内都是北方最重要的粮食作物；在南方，稻是最重要的粮食作物，早在三四千年前，北方有灌溉条件的地方已经种植水稻，但还不普遍；《氾胜之书》中说的麦包括大麦和小麦两种，在黄河中下游地区种植较晚，可能是后来引种的；大豆、小豆、麻都原产于中国，本来都是重要的粮食作物，后来大豆转变为副食品，而麻则完全用于织布，不再作为粮食了。

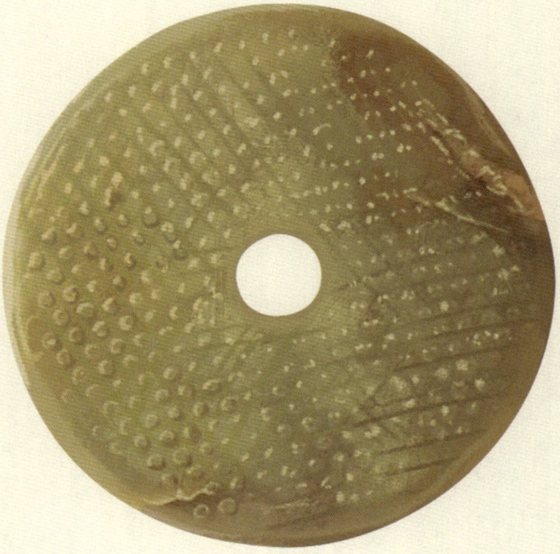

西汉谷纹玉璧·陕西省周至县出土

| 陕西历史博物馆·藏 |

（谷璧是谷纹和玉璧的结合。鉴于重农桑的观念与最高的礼玉规格，谷璧用于朝聘。皇帝用谷来作为授予爵位的信物纹样，寄予了“五谷丰登，天下富饶”的寓意。）

《氾胜之书》中提到的作物中大部分在我们今天生活中还占有重要地位，但是有一些已经不再种植了。比如稗,《氾胜之书》中记载,“宜种之备凶年”。可见，当时偶有种稗草，但不过是为了在粮食歉收的凶年备荒之用。因为稗的产量低，米粒很小，作为粮食的价值不大，它的籽粒成熟后很容易从植株上脱落，收获也很不方便，还会影响水稻的生长。因此，后世不再将稗当作粮食种植，而是当成田中杂草必须除去了。

第二节 农家月令书中最早的代表作——《四民月令》

岁时农务，勤家理计。

夫春生夏长，秋收冬藏，此天道之大经也。

——西汉司马迁《史记·太史公自序》

“以时系事”，体现了人们遵循自然节律安排社会活动、生产生活的思想观念。农家月令中蕴含了古人对农业生产与自然之间关系的认识。东汉地主豪强势力兴盛，农业生产是支撑庄园经营发展的物质基础，按照符合自然规律的时令安排农事活动尤为重要。

《四民月令》是东汉后期叙述一年例行农事活动的专书，是东汉大尚书崔寔（shí）（约 103—170），模仿古时月令体裁所创作的农业著作，也是农家月令书最早的代表作。作为东汉到北魏数百年间为数不多的古农书之一，尽管该书有关操作技术的记述十分简略，而且散佚不全，但它仍为后人研究当时的农业生产提供了重要史料。

“四民”“月令”是什么

“四民”指士（学者）、农、工、商，是中国古代对平民职业的基本划分，这一概念在春秋战国时期就已产生。在先秦学术著作《管子》中就曾提出过

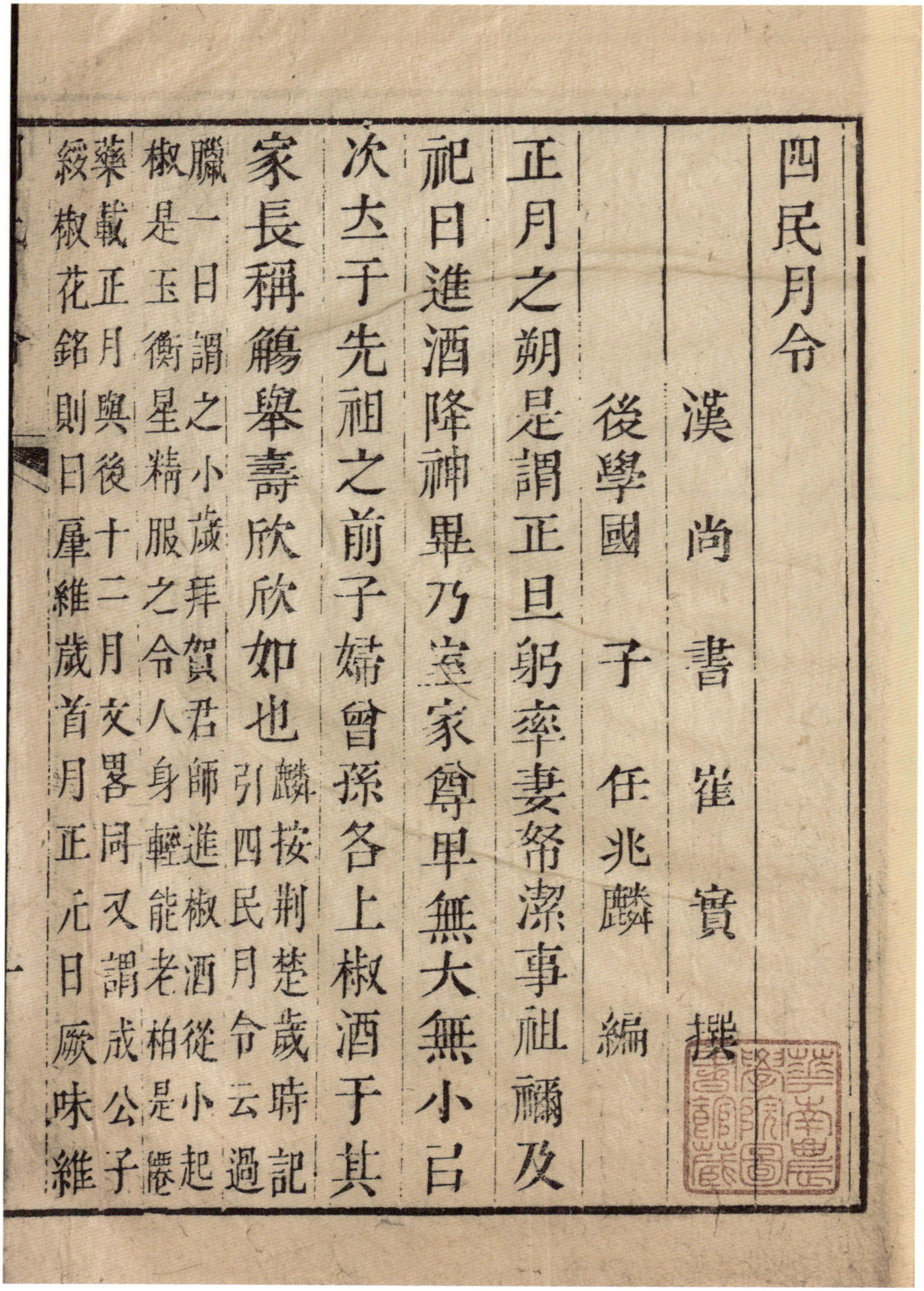

四民月令

漢尚書崔寔撰

後學國子任兆麟編

正月之朔是謂正旦躬率妻帑潔事祖禰及祀日進酒降神畢乃室家尊卑無大無小以次坐于先祖之前子婦曾孫各上椒酒于其家長稱觴舉壽欣欣如也麟按荆楚歲時記引四民月令云過臘一日謂之小歲拜賀君師進椒酒從小起椒是玉衡星精服之令人身輕能老柏是僊藥載正月與後十二月文畧同又謂正成公子綏椒花銘則曰肁維歲首月正元日厥味維

《四民月令》· 清任兆麟辑本

“四民分业论”。管仲主张将被统治的广大群众分为士、农、工、商四大社会阶层，认为将四民分业定居，使其不杂处，按职业“群萃而州处”，可以使“其父兄之教不肃而成，其子弟之学不劳而能”。《汉书·食货志》载“学以居位曰士，辟土殖谷曰农，作巧成器曰工，通财鬻[①]（yù）货曰商”，进一步明晰了四民的定义。

“四民社会”是传统中国社会的形态特征。其中，士为四民之首，社会地位最高，农民、手工业者居于次要地位，而商人的地位最为低微。越南、朝鲜、日本等受中国文化影响的国家，皆在不同程度上沿袭了“士农工商”四民的划分。

“月令”是古代礼制的重要组成部分，是上古的一种文章体裁。按照一年十二个月的时令，记述朝廷的祭祀礼仪、职务、法令和禁令等，从时间进程的角度规定了王朝的统治秩序，由官方颁布。《礼记·月令》《吕氏春秋·十二纪》就是其中的代表。

东汉末年，国家政治腐败，王权衰微，社会动荡，传统礼法制度崩解，作为王朝政制的月令，日益丧失了它对社会秩序的约束力。随着地方割据势力逐渐强大，世家大族崛起，庄园林立，地方贵族制定庄园时序分担了官方月令规范与服务社会的职能。崔寔的《四民月令》就是适应世族庄园生活这一时序的记述，实现了从“官方月令”到“农家月令”的转换，使“月令”的实施由强制性变为指导性。唐末的《四时纂要》、元代的《农桑衣食撮要》等农书，都受到此书的深刻影响。

以时系事的《四民月令》

《四民月令》现存2000余字，记述了东汉晚期一个拥有相当数量田产的世族地主庄园在一年十二个月的家庭事务安排。我们从中可以看出，在洛阳地

---

① 鬻指卖。

士农工商图

商工農士

区一个以农为主兼及手工业、商业的士大夫家庭在生产经营和生活各方面的情况，以及东汉时期地主庄园经济的农业生产结构。

书中的内容包括：祭祀、家礼教育以及维持和改进家庭和社会上的新旧关系；依照时令气候，安排耕种和收获粮食、油料、蔬菜；养蚕、纺绩织染、漂练、裁制、浣洗、改制等“女红（gōng，旧时指代从事纺织、缝纫、刺绣等工作的女性工作者）”；食品加工及酿造；修建住宅及农田水利工程；收集野生植物，特别是药材，并配制“法药”；保存收藏家中大小各项用具；粮食的买进和卖出；其他杂事，如“保养卫生”等。

《四民月令》的版本

《四民月令》成书以来，被各类典籍引用。如农书有北魏贾思勰的《齐民要术》、唐末韩鄂的《四时纂要》，史书有《隋书·经籍志》《旧唐书·经籍志》《新唐书·艺文志》，类书如北周杜台卿的《玉烛宝典》和《北堂书钞》《艺文类聚》《太平御览》等。大约南宋末年，《四民月令》原书在战火中散失。

清代以来，学者对《四民月令》开展了辑佚工作。乾隆年间有任兆麟、王谟两种辑佚本，嘉庆年间有严可均辑本；民国时期唐鸿学以《玉烛宝典》材料为基础辑《四民月令》，收入《古逸丛书》中。

《玉烛宝典》这部书对于《四民月令》的保存和流传产生了重要作用。这本书是我国中古时期出现的一部岁时民俗文献资料汇编。书中按月为次，每月各为一卷，每卷卷首均冠以《礼记·月令》原文，其后征引多种文献，详载对应月份出现的天文气象、鸟兽活动、草木变化、四时节俗、文娱生活等。《四民月令》是这本书的重要资料来源，也正因此，我们如今才得以窥见《四民月令》的部分样貌。

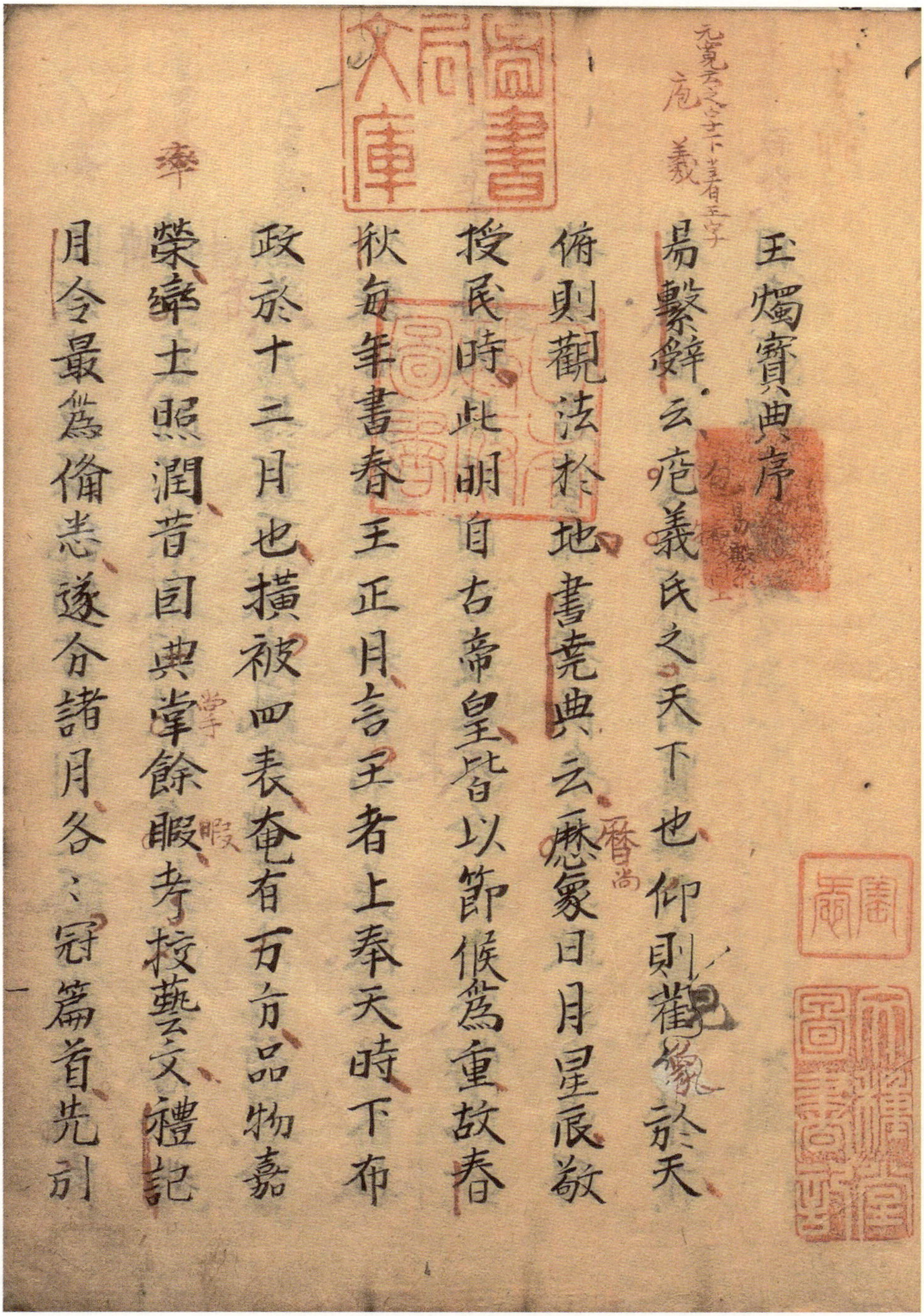

《玉烛宝典》· 日本江户时代抄本

胸怀天下崔子真

崔寔，字子真，东汉冀州安平（今河北省安平县）人。出身于名门高第、世家地主家庭。秦朝大夫、汉东莱侯崔意如有二子，崔业、崔仲牟，兄弟二人在西汉初年分别定居于清河郡东武城县（今河北省故城县南部）与涿郡安平县（今河北省安平县），崔氏家族遂分为清河崔氏与博陵崔氏两支。崔寔出自博陵崔氏。唐初官员修订《氏族志》时，曾将博陵崔氏列为天下第一门第。

崔寔从小受父亲崔瑗的影响很大。崔瑗是当时有名的书法家，并且懂得天文历法和术数，做过河内汲县（今河南省新乡市卫辉市）县令，很有政绩，尤其重视农业生产，曾“为人开稻田数百顷”。他的言行对崔寔产生了一定的影响。

崔寔青年时性格内向，爱读书。成年后，在桓帝时曾两次被朝廷召拜为议郎，历任五原（今内蒙古自治区包头市西北）太守、辽东太守，官至尚书。任五原太守期间，他曾购买纺织用具，劝导百姓种麻，还招聘技术人员传授纺织技术。崔寔一生留下《政论》《答讥》《四民月令》三部重要著作。

国以民为根，民以谷为命。命尽则根拔，根拔则本颠。此最国家之毒忧。（《政论》）

崔寔像

作为名门后代，崔寔具有极强的社会责任感。他在《政论》中指出，东汉末年社会存在三大祸患：一是奢靡僭越。富商大贾、地方豪绅的妻妾穿戴与皇宫嫔妃没有区别，以下僭上，尊卑无制，引发了地方豪绅为富不仁、贪得无厌的乱象；二是放弃农业。由于土地兼并日益加剧，许多人弃农经商，务农者越来越少，而经商者越来越多，使得国家仓廪空虚，一旦遇到天灾，则饿殍遍野、民不聊生；三是厚葬风行。为了给死者修建墓冢，王公贵族聚敛民财，砍伐大量树木，用作黄肠题凑（皇室墓葬的形制）。百姓为了厚葬死者，也不惜倾家荡产，加剧了民生的困顿。

汉代，士人阶层秉承传统的“重政务，轻自然”的儒学思想，崔寔却能兼顾，未落入世俗的窠臼，难能可贵。

“地主”的农业经营思想

在崔寔年轻时，曾经家势盛大的崔家已经开始出现衰败的迹象。他也因而亲自从事农业生产，以维持家族运转。在多年的农庄经营实践中，他逐渐认识到：农业生产经营必须考虑农作物生长的季节性，在此之上加以合理、妥善的

东汉庄园生产画像石·四川省成都市曾家包汉墓出土

| 成都博物馆·藏 |

安排，才可获得较多收益，并以此形成了一套综合统筹的农业管理思想，这也是《四民月令》的重要特色。

通过商业活动稳定农业生产

在农业经营方面，《四民月令》对家庭农产品的买卖活动做了详细记载。例如，在上年的十一月、十二月购进大豆、小豆，等第二年的五月、六月、七月卖出；在五月购进败絮（破旧的丝绵或棉絮）、布帛，同年十月再售出。其中买进多在收获季节或价低的时段，卖出多在青黄不接或需求旺盛的时候，这些买卖活动明显具有商业盈利目的。可以说，古代家庭农业经营中的商品经济活动在《四民月令》中有明显的体现。

《四民月令》中的商品交易虽然是为了获取利润，但仍是为农业生产服务的。在当时社会不稳、物价波动的背景下，既重视农耕生产增加农作物产量，也重视通过商业活动增加农产品的流通量，并不是囤积居奇以牟取暴利。这种方式不仅不会加剧贫富分化、扰乱民生，而恰恰是缓和社会矛盾、改善民生、稳定农业发展的措施。

东汉庄园生活画像石·四川省成都市曾家包汉墓出土

｜成都博物馆·藏｜

采取多种经营，重视劳动力调节

在经营管理方面，《四民月令》以农业为主，手工业和商业为辅，采取多种经营方式。在农业方面又以粮食生产为中心，将种植业、林业、蚕桑、副食品与调味加工、畜牧业等都囊括在内，使庄园能够供应各种所需生产生活资料，既满足自身需求，又可以向市场流通。

庄园采取适当的措施提高农业生产效率。第一，分工细致，实现劳动专门化，有“典馈”（专管饮食和酿造的）、蚕妾、女红（负责纺织）等专门的劳动者，他们能够各司其职，专注于自己的工作，提升工作质量和产量。第二，重视对劳动力使用的调节，例如，在农闲时要“休农息役”，实现劳逸结合，在农忙前夕“选任田者，以俟农事之起”，即挑选擅长种庄稼、具有丰富生产经验的劳动者，为明年的农活做准备；进入农业生产环节之后则加强管理，“有不顺命，罚之无疑”。

东汉庖厨画像砖

| 四川博物院・藏 |

东汉酒肆画像砖

| 四川博物院·藏 |

仗义恩施，量力而为

《四民月令》中在论述农事活动的同时，也不忘提醒世家大族肩负起社会责任，救济贫苦人家。

> 三月：冬谷或尽，椹、麦未熟，乃顺阳布德，振赡匮乏，务先九族，自亲者始。无或蕴财，忍人之穷。无或利名，罄家继富。度入为出，处厥中焉。
>
> 十月：五谷既登，家储蓄积，乃顺时令，敕丧纪，同宗有贫窭[①]（jù）久丧不堪葬者，则纠合宗人，共兴举之，以亲疏贫富为差，正心平敛，毋或逾越，务先自竭，以率不随。

三月正是冬粮将尽、作物未熟之时，十月正值丰收过后，富贵人家储粮丰富。在这两个时段，富贵人家都应当顺时布恩施惠，救济贫乏。不能只顾守财，置穷苦之人于不顾。但也应当由亲及疏，量力而为，切不可为了名声而倾家荡产。

---

① 窭指贫困。

《四民月令》的重要农业技术

《四民月令》是最早记述“别稻”（水稻移栽）和“掩树枝”（树木压条繁殖）的书籍。别稻技术有利于合理布局水稻种植安排，使其充分生长，提高复种指数，对当时粮食增产有着重要意义。掩树枝则可以增加树木的繁殖速度，使其成活率很高，可在短时间内培育出更多需要的植物个体。

《四民月令》按月记述农事活动，将二十四节气和物候现象作为安排各个生产事项的时间节点和标志。

“八月：凡种大小麦，得白露节，可种薄田；秋分，种中田；后十日，种美田。”根据土地肥瘠程度的不同，将农田分为薄、中、美三种，播种的迟早有所差异。为了全面获得丰收，薄田宜早种，美田可晚种。白露、秋分节气是大小麦种植的重要时间节点。

“三月：是月也，杏花盛，可菑[①]（zī）沙白轻土之田。”三月杏花盛开这一物候的出现，表明沙土、白土、土质松软的田地已经到了耕翻灭茬的时候。

与《氾胜之书》的对比

《四民月令》记载的农业生产内容主要以《氾胜之书》为依据，又有所发展，在某些技术上有所进步，但对农业技术的记载十分简略，在农学理论水平上要逊于《氾胜之书》。

崔寔与氾胜之社会身份的不同是造成这两部著作差异的原因之一。氾胜之总领过一个地区的农业生产，对农业生产技术融会贯通，形成了一个整体思想体系，是一个具有很高理论水平的农业技术专家。崔寔则是一个地主田庄的农业经营管理专家，他从家族土地管理的角度出发，利用自己长期经营庄园所积累的经验写成《四民月令》，虽在农学理论方面不及氾胜之，但在农业管理方面有着更深刻的见解，两人可谓各有千秋。

① 菑指开荒、耕种。

因材因时的庄园教育

《四民月令》把学习与教育的对象分为两类：一类是 9 ～ 14 岁的幼童，另一类是 15 ～ 20 岁的青年人（当时将 15 岁至 20 岁称为成童）。和学习与教育的对象相一致，将学习的内容也分为两类：9 ～ 14 岁的幼童则主要学习识字和计数知识；15 ～ 20 岁成童学的是《五经》，通过学习《五经》，掌握哲学、历史、典章制度等内容，更好地为他们以后的生产生活提供指导。此外，以农事为基础，《四民月令》对学习与教育的时间也有明确规定，其中正月是幼童和成童的学习时间，因为，对幼童来说“研冻释”，对成童来说“农事未起”。即砚台上不再结冰。八月暑热消退，幼童开学；十月农活做完，成童再入学学习。

《四民月令》的汉代春节习俗

《四民月令》记载了诸多中国古代的节日习俗，如清明节、重阳节、端午节等。春节是中国第一大节日，书中对于汉代春节的祭礼、禁忌、习俗等也有相关描述。

> 正月之旦，是谓正日，躬率妻孥[①]（nú），洁祀祖祢[②]（mí）……及祀日，进酒降神毕，乃室家尊卑，无小无大，以次列坐先祖之前。子、妇、孙、曾，各上椒酒于其家长，称觞[③]（shāng）举寿，欣欣如也。

这段文字描述了汉代正月初一祭祖的时候，全体家族成员在祭祀结束后坐于祖先牌位之前，互相举杯，庆贺新年的场景。这里的椒酒是一种用花椒籽浸制的酒。之所以用椒酒祝寿，是因为花椒籽实繁多，是多子多孙的象征，也寄托了晚辈对长辈长寿的祝福。

---

① 孥指儿女。

② 祢指奉祀亡父的宗庙。

③ 觞指酒杯。

第三节 第一部完整保存至今的大型综合性农书——《齐民要术》

百科农技，济世安民。

殷周之盛，《诗》《书》所述，要在安民，富而教之。

——北魏贾思勰《齐民要术·序》

魏晋南北朝时期，中国北方的精耕细作体系臻于成熟，经过长期的发展与沉淀，农、林、牧、副、渔、加工等各个领域的技术都达到了一个较高的水平。然而此时国家政权更迭不断，分裂割据严重，社会动荡，战乱频仍，“通原遥畛，田芜罕耘，连村接闬[1]（hàn），蚕饥莫食”（《魏书》），百姓生活极为困苦。因此，通过总结农业生产技术，指导民众恢复和发展生产，保障人民生活、稳定社会发展迫在眉睫。正是在这样的时代背景之下，《齐民要术》应运而生。

《齐民要术》是北魏杰出农学家贾思勰所著的一部综合性农书。它系统全面地总结了6世纪以前黄河中下游地区的先进农业科学技术成就，对动乱时期国家农业生产的发展起到了重要的指导作用，在中国古代农学史上有着举足轻重的地位，是一部具有极高科学价值的农业百科全书。

---

① 闬指里巷的门。

包罗万象的《齐民要术》

全书分为 10 卷，共 92 篇，又有自序和杂说各 1 篇，共 11 万字，其中正文约 7 万字，注释约 4 万字。“序”广泛摘引圣君贤相、有识之士等重视农业的事例与取得的成就；“杂说”则一般认为是后人补入的总纲，包括全书的指导思想、内容范围、资料来源和写作目的。

《齐民要术》内容丰富，涉及面极广，前五卷介绍农耕生产的基本环节和技术以及粮食、油料、染料作物、蔬菜、果树和桑等的栽培技术；第六卷讲禽畜和鱼类养殖；第七到第九卷讲农副产品加工、储运，包括酿造、果品加工、烹饪和制糖等；第十卷记载了有关农作物的异闻及中原以外的一些植物品种。

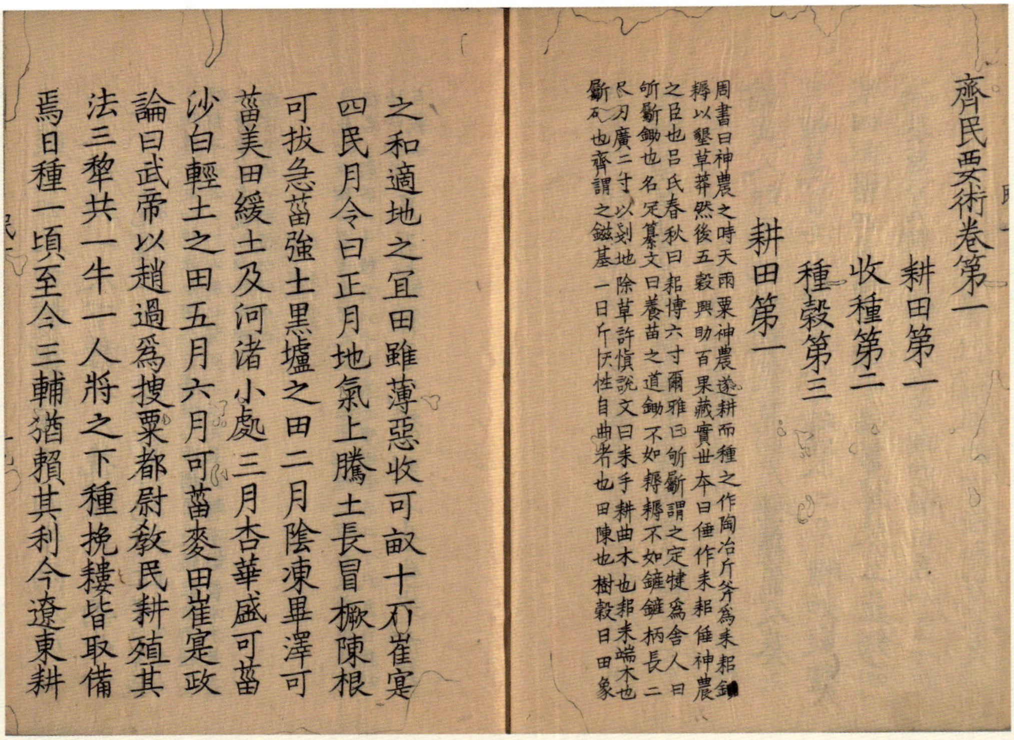
齊民要術卷第一
耕田第一
收種第二
種穀第三
耕田第一
周書曰神農之時天雨粟神農遂耕而種之作陶冶斤斧為耒耜鉏
耨以墾草莽然後五穀興助百果藏實世本曰倕作耒耜倕神農
之臣也呂氏春秋曰耜博六寸爾雅曰斪斸謂之定犍為舍人曰
斪斸鋤也名定纂文曰養苗之道鋤不如耨耨不如鏟鏟柄長二
尺刃廣二寸以剗地除草許慎說文曰耒手耕曲木也耜耒端木也
斸斫也齊謂之鎡基一曰斤柄性自曲者也田陳也樹穀曰田象

之和適地之宜田雖薄惡收可畝十石崔寔
四民月令曰正月地氣上騰土長冒橛陳根
可拔急菑強土黑壚之田二月陰凍畢澤可
菑美田緩土及河渚小處三月杏華盛可菑
沙白輕土之田五月六月可菑麥田崔寔政
論曰武帝以趙過為搜粟都尉教民耕殖其
法三犂共一牛一人將之下種挽耬皆取備
焉日種一頃至今三輔猶賴其利今遼東耕

《齐民要术》· 日本江户时代影抄高山寺宋本

《齐民要术》的版本

据不完全统计,《齐民要术》版本有50余种，在各家农书之中位居前列。《齐民要术》成书后，由于当时还没有雕版技术，因而没有刻本，长期靠手抄流传。从文献记载和现存版本可知，最早的《齐民要术》刻本，是刊于北宋天圣年间（1023—1032）的崇文院刻本，为《齐民要术》的祖本，现仅存第五卷、第八卷，而且保存在日本。南宋有绍兴本，又称龙舒本、张麟本，但原本已经失传，幸运的是明代有这一版本的抄本流传了下来。另外，明代有马直卿刊湖湘本、胡震亨的《秘册汇函》本、华亭沈氏竹东书舍刻本、毛氏汲古阁刊本。清代以后版本大增，有《四库全书》本、《学津讨原》本、《浙西村舍丛刊》本、民国《四部丛刊》本、《万有文库》本、《丛书集成》本等。

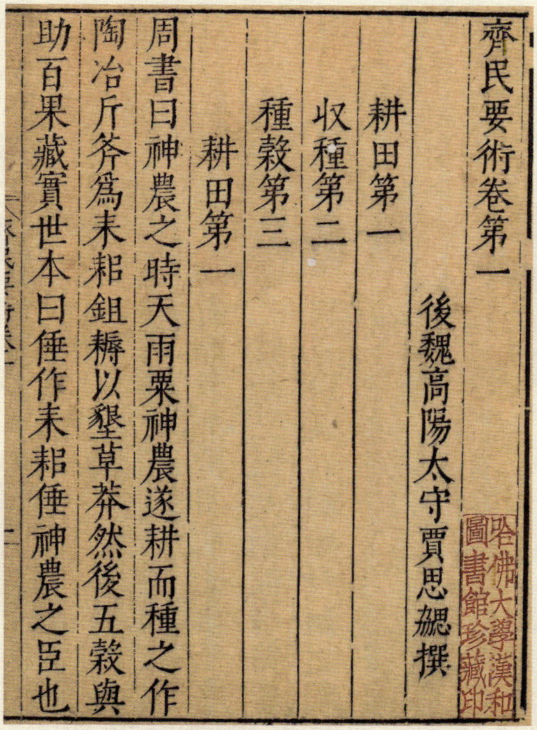
齊民要術卷第一　後魏高陽太守賈思勰撰
耕田第一
收種第二
種穀第三
耕田第一
周書曰神農之時天雨粟神農遂耕而種之作
陶冶斤斧爲耒耜鉏耨以墾草莽然後五穀興
助百果藏實世本曰倕作耒耜倕神農之臣也

《齐民要术》· 明崇祯汲古阁刊本

躬耕农事贾思勰

贾思勰，生卒年月不详，青州益都（今山东省寿光市）人，北魏、东魏时期为官，中国古代杰出的农学家。据清代学者考证，贾思勰可能是西汉名臣贾谊的后人。他生于书香门第，家中有大量藏书，自幼攻读，学识渊博。成年后走上仕途，曾任高阳太守等官职。北魏时期有两个高阳郡，分别位于今山东省临淄一带和河北省保定，贾思勰为官的地区尚无定论。除山东外，他还遍历河北、河南、山西等许多地方。

贾思勰大约出生于北魏孝文帝拓跋宏积极推行改革的时期，国力较为强盛。但好景不长，孝文帝死后，他的后继者生活荒淫奢靡，朝政黑暗，社会

贾思勰著书：收集资料、请教老农、实际耕作（从左到右）

矛盾激化，终于引发了六镇戍卒和北方各地民众的大起义，北魏进入动乱衰败时期。贾思勰对于战乱造成农业生产的破坏感到非常痛心，因此十分注重对农业生产经验技术的总结，开始致力于农学研究。

《齐民要术》序中讲到“要在安民，富而教之”。这一思想最早出自《论语》和《管子》，意味着要确保人民安居乐业、富足安康，并且受到良好的教育。这不仅是一种社会理念，更是一种国家治理的目标和责任。在战乱年代，贾思勰仍然能坚持倡导“以农为本、营农求利”的治生理念，写成注重实用的农学著作，实在是难能可贵。

“采捃（jùn）经传，爰（yuán）及歌谣，询之老成，验之行事。”贾思勰刻苦钻研农业知识，博览群书，收集当时流行的农谚和歌谣，经常向有经验的

老农请教；为了解耕作和种植技术，他亲自到田间地头参加生产实践；为探索放牧技术，他饲养两百只羊进行观察总结。经过数十年的努力，在翔实的文献资料和丰富的生产经验基础上，他终于写成了《齐民要术》这部伟大的农学著作，在国内外产生了巨大影响，因此被人们尊称为“农学之父”。

民以食为天，书为民而作

《齐民要术》的“齐民”一词，一般是指平民，也可理解为狭义的农民；“要术”二字则是指重要的生产技术及谋生方法。

“齐民无盖藏”，“齐，无贵贱，故谓之齐民者，若今言平民也。”贾思勰引用《史记·平准书》及三国曹魏如淳注中的这段话，为“齐民”做了注解。“盖藏”是指蓄积储藏，意思是“齐民”不分贵贱，都是没有（很多）积蓄的普通人家。

书的自序不仅论证了农业经营和农业技术的重要性，还在最后说：“鄙意晓示家童，未敢闻之有识。”表明写这本书是为了教导家中从事生产劳动的人，不是写给有学识的人看的。这并不是故作谦虚，而是由农业技术著作的服务对象所决定的。作者撰写农书并不浮于辞藻，而是要实实在在地帮助平民百姓提高农业生产效益，谋生求利。

> 谚曰：“智如禹汤，不如尝更。”是以樊迟请学稼，孔子答曰：“吾不如老农。”然则圣贤之智，犹有所未达，而况于凡庸者乎？（《齐民要术·序》）

《齐民要术》是为服务农民生产而作，其内容也就离不开农民的日常生产实践，用之于农，也取之于农。贾思勰高度赞誉了农民的劳动生产智慧，认为即便是先古圣贤，也不能凭空创造出农业生产技术，必须要向农民学习，才能真正推动农业发展进步。

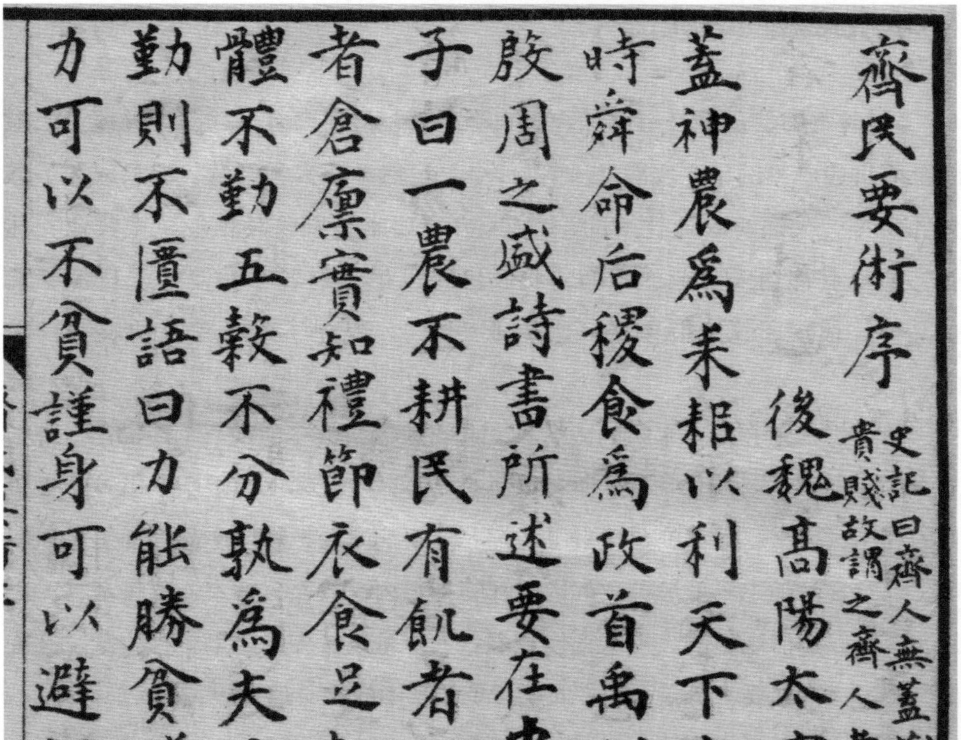
齊民要術序
後魏高陽太守賈思勰撰
史記曰齊人無蓋藏如淳注曰齊無貴賤故謂之齊人者古今言
蓋神農爲耒耜以利天下堯命四子敬授民
時舜命后稷食爲政首禹制土田萬國作乂
殷周之盛詩書所述要在安民富而教之管
子曰一農不耕民有飢者一女不織民有寒
者倉廩實知禮節衣食足知榮辱丈人曰四
體不勤五穀不分孰爲夫子傳曰人生在勤
勤則不匱語曰力能勝貧謹能勝禍蓋言勤
力可以不貧謹身可以避禍故李悝爲魏文

《齐民要术·序》·民国《四部丛刊》本

“大农业思想”的确立

《氾胜之书》虽然是一部综合性农学专著，但在内容上局限于种植业，未能全面讲述农民的生产实践。《四民月令》虽然涉及多种经营，但只叙述了事务性安排，欠缺对农业技术的记述。《齐民要术》则将种植业、畜牧业、林业、加工业都纳入农业的范畴，将农民赖以生存的各项农业生产技术都囊括其中，体现了恢宏壮阔的“大农业思想”，建立了比较完整的农业科学体系。

贾思勰称《齐民要术》的内容是“起自耕农，终于醯醢[1]（xī hǎi），资生之业，靡不毕书”。书中将各种农作物的栽培，经济林木的生产，以及野生植物的利用，家禽、家畜、鱼、蚕等的饲养和疾病防治，农副产品的加工（如酿造）以及食品加工等形形色色的内容都囊括在内，故而有“农业百科全书”之称。唐宋以后涌现出的大量综合性农书，大多是以《齐民要术》为典范。这些都说明了《齐民要术》在中国古农书传承体系中的核心地位。

农业技术远超西方

《齐民要术》所记农业技术涉及方方面面，如作物轮栽的广泛应用、留种田的设置、作物品种的合理分类、梨树的早熟嫁接、树苗的多种繁殖方法、家畜家禽的去势和肥育技术及各种农产品的加工等。无论是在种类上还是在水平上都远远超越了同时期西方简单朴素的农业技术，并且在很长时间内处于世界引领地位。

> 凡美田之法，绿豆为上，小豆、胡麻次之。悉皆五、六月中穊[2]（jì）种，七月、八月犁稀杀之，为春谷田，则亩收十石，其美与蚕矢

① 醯醢，鱼肉做成的酱，泛指佐餐调料。

② 穊，同（概），稠密。

熟粪同。(《齐民要术 · 耕田》)

“绿肥轮作法”指的是利用夏天闲下来的土地种植短期绿肥，然后在七、八月翻埋土中，用这种翻压绿肥的地种植春谷，能获得每亩十石的高产丰收。绿肥的肥效之高，能与优质蚕矢或腐熟的人畜粪尿相媲美。这一技术的发明比欧洲早了 1200 多年。

在论述种麻时,《齐民要术》提出了选种的秘诀。“凡种麻，用白麻子”，白麻子是雄麻，可以获得上好的纤维用大麻；而如果要收取麻的籽实，则要“种斑黑麻子”，因为“斑黑者饶实”，是籽实丰饶的雌麻。这是根据种子的外形颜色来判别未来植株的雌雄。大麻是雌雄异株植物，书中明确指出“放勃”——雄花为雌花授粉是结实的必要条件,“若未放勃去雄者，则不成籽实”。1000 多年之后，在 17 世纪末，德国的卡梅拉留斯才以蓖麻、玉米进行了相似实践。

魏晋南北朝时期,“耕、耙、耢（耱）”相结合和土壤耕作体系在中国广大北方地区逐渐确立起来，有效地实现了抗旱保墒的目的。《齐民要术 · 耕田第

魏晋犁地图壁画砖 · 甘肃省嘉峪关市新城魏晋壁画墓

| 嘉峪关市新城魏晋壁画墓博物馆 · 藏 |

一》中记载了这一技术体系："耕荒毕，以铁齿鳎楱再遍杷之，漫掷黍稷，劳亦再遍。"其工序是用铁犁耕翻土壤，再用耙破碎土块，然后用耢（糖）将土壤进一步磨得细碎，磨平田面，以减少水分的蒸发。

不可多得的"美食宝典"

《齐民要术》不仅记载了农业生产劳动的内容，还记载了大量的食物加工方法，不仅有 8 ~ 9 卷专门针对美食加工的论述，在前述 1 ~ 6 卷关于农业、畜牧业和水产养殖中，也多在种养技术之后讲述相关食品的制作方法，可以说是公元 5 世纪及以前的美食宝典。

丰富多样的家常菜

我们现在吃得很多种食物，早在公元 5 世纪的北魏时期，就已经开始被人们食用了。凉拌木耳、拌萝卜、酸汤猪蹄、煮羊血肠、蜜汁蒸藕、炒鸡蛋，等等，各种炒、拌、煎、煮、烤成的菜肴，跟我们现在的吃法基本差不多。如果我们摆上这样一桌宴席，邀请公元 5 世纪的北魏人和生活在当下的现代人同桌就餐，彼此也一点不会感到惊奇或者陌生，倒像是来到家中吃了一顿家常菜一般，亲切而熟悉。

五花八门的烧烤

烧烤是一种具有悠久历史的烹饪方式，其起源可以追溯到人类最早使用火的时候，相传是伏羲发明的。《齐民要术》中专门列有《炙法》篇，记载了多达 21 种烤肉的方式，包括什么样的肉用什么样的材料烤制，叙述得十分详尽，可谓是一部丰富的烤肉文化史。《齐民要术》中制作烧烤很重视腌制入味，书中涉及的烧烤有烤乳猪、烤肉棒、烤肉饼、烤鱼，等等。书中用于腌制的材料十分丰富，包括了葱、姜、蒜、橘皮、酱瓜等食材，也包含了醋、盐、豆豉等调料，并且对于腌制的时间也有一定的要求。可以说，那个时候人们吃烧烤已经十分讲究了。

魏晋烤肉煮肉图壁画砖 · 甘肃省嘉峪关市新城魏晋壁画墓

| 甘肃省博物馆 · 藏 |

饼食与胡汉饮食文化碰撞融合

北魏是由鲜卑族建立的王朝。自北魏孝文帝推行改革以后，民族融合的进程加快。贾思勰虽是汉人，却能够重视少数民族对农业生产的重要贡献，做到兼收并蓄，这也体现在了《齐民要术》的饮食内容上。

以饼食为例，书中记载有名称的“饼”共 15 种。这里“饼”的概念较今天更加广泛，几乎涵盖所有的面食种类。其中，“烧饼”是一种具有游牧民族风味的饼食，类似于今天新疆地区的“烤包子”。其制作方法是将羊肉切碎，加入葱白等炒熟，包入发面饼皮中，直接在火上烤熟，故名“烧饼”。这种羊肉烧饼，无论从原料还是做法来看，都具有胡风特色，是南北朝时期民族融合在饮食文化上的体现。

著述有心，编纂有意

《齐民要术》之所以能够成为中国古代农书之首，不仅仅是因为其全面、丰富的内容，还在于贾思勰写作态度的严谨、方法的精妙以及内涵的深邃，字里行间渗透着他为创作这本著作倾注的巨大心力和真挚情感。

有角者喜相觝觸腸胎所由也供厨者宜刺之刺法十餘十日用布裹齒[redacted]碎也羊必須老人及心性宛順者起居以時調其宜適卜式云牧民何異於是者若使急性人及小兒者欄約不得必有打傷之災或勞戲不看則有狼犬之害懶不驅行無肥充之理將息失所有羔死之患也唯遠水爲良二日一飲頻飲則傷水而鼻膿緩驅行勿停息息則不食而羊瘦急行則坌塵而[redacted]顙也春夏早放秋冬晚出春夏氣軟所以宜早秋冬霜露所以宜晚養生經云春夏早起與雞俱興秋冬晏起必待日光此其義也夏月盛暑須得陰凉若日中不避熱則塵汗相漸秋冬之間必致癬疥七月以後霜氣降後必須日出霜露晞解然後放之不爾則逢毒氣令羊口瘡腹脹也圈不厭近

《齐民要术》正文・明崇祯汲古阁刊本

文注结合，严谨细致

在写作体例上，《齐民要术》将正文与注释结合运用，主次分明，详略得当。正文部分主要介绍农业生产技术的各项要点，也就是怎么做；而注释部分更多的是解释这些技术之中蕴含的道理和一些鲜活的例子。

例如，《养羊》中谈放羊时间的时候，提到“春夏早放，秋冬晚出”，而注释中进一步解释道，“春夏气软，所以宜早；秋冬霜露，所以宜晚”，“夏日盛暑，须得阴凉，若日中不避热，则尘汗相渐，秋冬之间，必致癣疥……”，因为春夏的气温比较暖和，入秋之后霜冻和露水较多，夏天中午天气过于炎热，放羊的时间应当据此进行调整。正文直接讲述放羊时间的把握，而注释则进一步阐述应当秉持温度适宜的原则，以及违反这一原则的严重后果。

有了这本书，只要打开目录，找到指定条目，阅读正文，按照其中的要领去做，基本上就可以保证丰产丰收；而研读注释部分，就可以明白其中的原理，从而在不同的生产情境下举一反三，遇到新问题也可以据理解决。

援引经典，趣味解释

《齐民要术》中引用了农谚三十多条，生动地描述了当时民间农业生产的状况，对农业生产天气和时间的把握、农业生产过程中的细节做了指导。例如，“湿耕泽锄，不如归去”，地太湿就去翻耕，会增加土壤黏性，使土地板结变硬，还不如不翻，直接回家；“耕而不劳，不如作暴”，耕了地面却不把它平整好，还不如让它荒着；“锄头三寸泽”中的“泽”指水分，通过锄地可以减少水分蒸发，有利于保持土壤湿度。

除了引用农谚，贾思勰还运用各种生动的比喻，使人们能够直观地理解书中记载的农业技术。例如，《栽树》中记述了各种树木移栽的适宜时机，当枣树、槐树、桑树的叶芽分别呈现“鸡口、兔目、蛤蟆眼”的时候，就可以移栽了。将树木的叶芽比喻成不同动物的器官，体现了贾思勰对作物生长的观察无比细致，这种写作手法既直观又令人一目了然，读起来生动有趣。

文以载道，以农释理

“农业是治国之本”，这一思想已经深深刻在了贾思勰的骨子里。在他心中，农业生产的重要性远远超越了经济层面的意义，而上升到了人生、政治、社会的高度。在《齐民要术》阐释的农业技术中，随处可见作者对世间百态的观点，体现了他博大的胸怀。

> 此物性不耐寒，阳中之树，冬须草裹，不裹即死。其生小阴中者，少禀寒气，则不用裹。（所谓“习以性成”。一木之性，寒暑异容；若朱、蓝之染，能不易质？故“观邻识士，见友知人”也。）
>
> （《齐民要术·种椒》）

“种椒篇”中讲到不同生长环境下的椒苗习性相异，冬天须酌情选择是否用草包裹。正所谓“浸染成性”，寒暑环境下椒的习性全然不同，人的品性也是如此，“近朱者赤，近墨者黑”。所以通过观察一个人的邻居和朋友的言语和行为，就可以判断这个人的本质。通过种椒技术，阐释识人道理，贾思勰将对“农”与“人”的观察完美地融合在一起。

保存的古籍内容弥足珍贵

从文献价值来看，《齐民要术》继承了战国以来的中国农学遗产。书中引用前人著作达一百五六十种之多，也保存了许多失传的古籍，对于前人的优秀成果做了系统的梳理和总结，为后人提供了重要的研究史料。例如，《齐民要术》卷十所征引的资料，出自《南方草木状》《博物志》《临海异物志》《神异经》《神仙传》《异苑》《风俗通》《尔雅》等几十部文献。尤其是书中所引用的南方植物文献，后世几乎全部失传，使得《齐民要术》卷十成为后世仅存的中国早期南方植物综录，在保存佚书方面可谓功不可没。

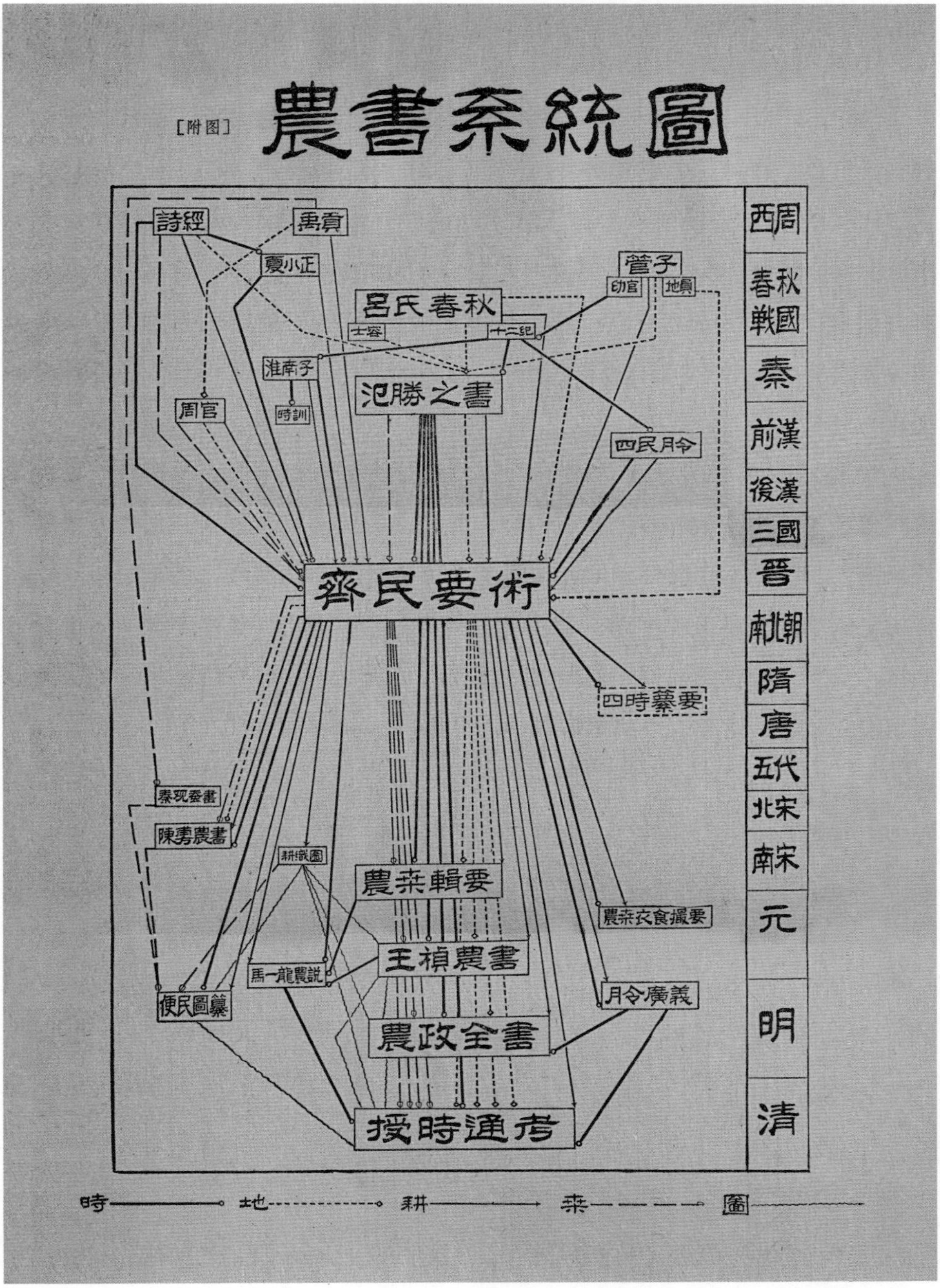

农书系统图

| 图片出处：石声汉著《中国古代农书评介》|

走出国门享誉海外

《齐民要术》对后世中国古农书的编纂产生了深远的影响，所载农业技术领先于世界，在国际上享有盛名。

唐代晚期,《齐民要术》传入日本。由于日本的气候、地理条件和农业生产状况与中国极为相似,《齐民要术》很快成为广受日本农学界和国民欢迎的经典，引发了巨大的学术热情，甚至促进了“贾学”（研究贾思勰的学科，即关于《齐民要术》的学问）这样一个专门学科的诞生，推动了中日文化和技术的交流与进步。

19世纪,《齐民要术》传到了欧洲。英国生物学家达尔文在创立生物进化论时参考了其中畜牧养殖的相关内容，并将《齐民要术》称为“古代中国的百科全书”。现代,《齐民要术》在国际学术界仍受到广泛关注，在英国科学家和科学史家李约瑟所著《中国科学技术史》第六卷中，将《齐民要术》作为重要的参考资料，德国赫茨博士将全书内容翻译成德文……《齐民要术》的影响力溢出农学领域，跨越时空闪烁着科学的光辉。

第四节 世界茶叶专著的开创之作——《茶经》

精行俭德，茶道精髓。

夫茶之著书自羽始，其用于世亦自羽始。羽诚有功于茶者也。

——宋代陈师道《茶经·序》

中国是茶的故乡，中国人饮茶已经有几千年的历史。传说神农氏最先饮茶，远古先民将茶当作蔬菜和药来食用。据文献记载，战国、秦汉时期已有茶树栽培。魏晋南北朝时期，茶开始成为一种日常饮品。到了唐代，饮茶风尚遍及全国，茶叶成为主要的农产品之一。“滂时浸俗，盛于国朝，两都并荆俞间，以为比屋之饮。”南方和两京（长安、洛阳）几乎是家家户户都饮茶。唐代茶风的空前盛行，促成了《茶经》的诞生。

《茶经》由中国茶道的奠基人陆羽所著，是中国乃至世界现存最早、最完整、最全面介绍茶的一部茶叶专著。《茶经》系统地记录了唐代及以前的茶事，总结了茶叶的采制和饮用经验，全面论述了有关茶叶起源、生产、饮用等各方面的问题，传播了茶学知识，促进了茶叶生产的发展，开辟了世界茶道的先河，被誉为茶叶百科全书。

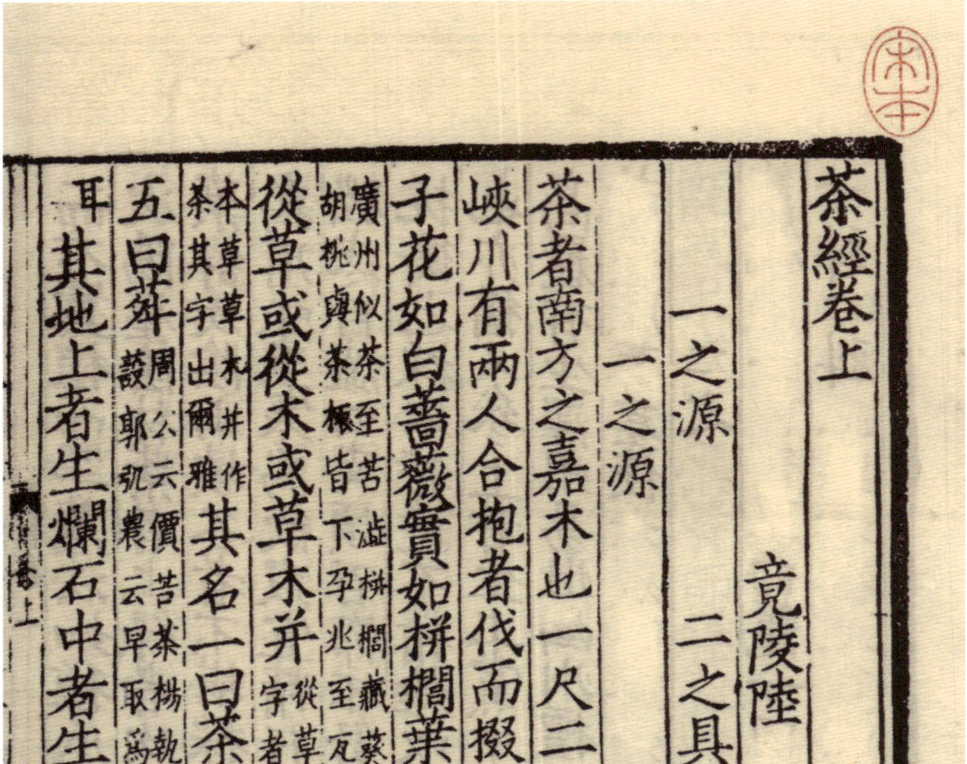
茶經卷上

竟陵陸　羽撰

一之源　二之具　三之造

一之源

茶者南方之嘉木也一尺二尺迺至數十尺其巴山峽川有兩人合抱者伐而掇之其樹如瓜蘆葉如梔子花如白薔薇實如栟櫚葉如丁香根如胡桃瓜蘆木出廣州似茶至苦澁栟櫚蒲葵之屬其子似茶胡桃與茶根皆下孕兆至瓦礫苗木上抽其字或從草或從木或草木并從草當作茶其字出開元文字音義從木當作梌其字出本草草木并作荼其字出爾雅其名一曰茶二曰檟三曰蔎四曰茗五曰荈周公云檟苦荼揚執戟云蜀西南人謂茶曰蔎郭弘農云早取爲茶晚取爲茗或一曰荈耳其地上者生爛石中者生櫟壤下者生黃土凡藝

茶經卷上　一

《茶经》·宋《百川学海》本

总论茶法的《茶经》

《茶经》分上、中、下3卷，共10节，约7000字。

卷上:《一之源》讲述茶的起源、名称与茶树种植方法;《二之具》谈有关采茶、制茶的工具;《三之造》讲茶叶种类和采制方法。

卷中:《四之器》写煮茶、饮茶的各种器皿。

卷下:《五之煮》论煮茶的方法和各地水质的好坏;《六之饮》讲饮茶风俗，叙述饮茶风尚的起源、传播和习俗;《七之事》叙述古今有关茶的故事、产地和茶的药效;《八之出》谈各地所产茶叶品质的优劣;《九之略》谈哪些茶具、茶器、制茶环节可精简;《十之图》提出把《茶经》所述内容写在素绢上挂在座旁，内容便可一目了然。

《茶经》的版本

《茶经》约成于唐乾元三年（760）至建中元年（780），版本较多，南宋咸淳九年（1273）的《百川学海》本是现存最早的版本；通行本除《百川学海》本外，还有明《说郛》本、《格致丛书》本、《茶书全集》本，清《四库全书》本、《学津讨原》本等。有些版本还将宋代《茶具图赞》附在《茶经》之后。

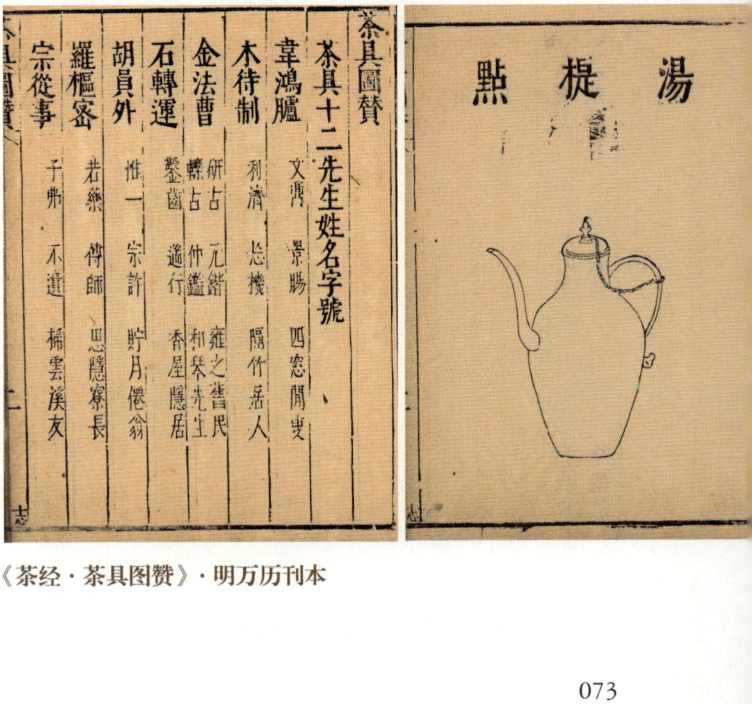

《茶经·茶具图赞》·明万历刊本

以茶会友陆鸿渐

陆羽（733—约 804），字鸿渐，唐代复州竟陵（今湖北省天门市）人。陆羽出生后便被父母遗弃河边，由龙盖寺的智积禅师收养。陆羽在寺中长大，不但学识字，而且学会了茶技。他虽然容貌不佳，说话有点口吃，但是聪颖好学，幽默机智。因为是孤儿，无姓无名，他的姓、名和字皆取自《易经》卦辞“鸿渐于陆，其羽可用为仪”，意思是说大雁渐渐飞到陆地上，它的羽毛可用于礼仪饰品，是吉利之兆。

陆羽十三岁时得到竟陵太守李齐物的赏识，不但获赠诗书，还被推荐到火门山的邹夫子处学习；十九岁时学成下山，常与好友诗人崔国辅一起出游，品茶鉴水，谈诗论文，与颜真卿、张志和等一批名士相交甚笃。陆羽对当官毫无兴趣，唯独嗜茶如命。二十一岁时为了研究茶的品种和特性，他离开竟陵，游历天下，遍尝各地的名水和名茶，常亲身攀藤附葛，深入产地，采茶制茶，一心扑在研究茶上。760 年，为避安史之乱，陆羽隐居浙江苕溪（今浙江省湖州市）。其间，他亲身调查、实践，悉心研究前人和当时茶叶的生产经验，并加以总结，写成了举世闻名的《茶经》，被尊为“茶圣”“茶神”和“茶仙”。

漫漫采茶路

送陆鸿渐栖霞寺采茶

唐・皇甫冉

采茶非采菉[1]（lù），远远上层崖。
布叶春风暖，盈筐白日斜。
旧知山寺路，时宿野人家。
借问王孙草，何时泛椀花。

---

① 菉，一种草名，生长于山坡、草地和阴湿处。

陆羽曾南游到太湖之滨，在周围地区进行采茶活动，并与时任无锡尉的皇甫冉结为好友。皇甫冉作此诗记述两人的友谊，诗的前三联写作者送陆羽前往高山之上采茶，想象着陆羽采茶不易，采满一筐时日已西下，于是借宿在山野人家的情景。尾联向陆羽深情地问道："我何时才能烹饮你采的茶呢？"巧妙地抒发了与友人分别之际依依不舍、期盼重逢的心情。

茶之笋者，生烂石沃土，长四五寸，若薇蕨[①]始抽，凌露采焉。茶之芽者，发于丛薄之上，有三枝、四枝、五枝者，选其中枝颖拔者采焉。(《茶经·三之造》)

陆羽在《茶经》中讲到，那些壮实的茶芽生长在碎石沃土之中，为了采到新发的嫩长细枝，要在天刚刚破晓之时，踏着早晨的露水上山；很多细小的茶芽生在杂草丛生之处，必须倍加小心，精心挑选其中枝挺拔的采摘。可见采茶

陆羽像

① 薇蕨是野生多年生草本植物，可食用。

之事，着实不易。

重视水品，鉴水如神

陆羽对煮茶用水特别有研究，《茶经·五之煮》中专门讨论了各地煮茶水质的好坏。唐代诗人温庭筠的《采茶录》记载了一则故事，展现了陆羽“鉴水如神”的本领。

一天，湖州刺史李季卿来到淮扬办事。他早就听说陆羽身怀煮茶绝技，便

元代赵原《陆羽烹茶图》

| 台北故宫博物院·藏 |

请陆羽用扬子江的南零水为他煮茶，陆羽欣然应允。李季卿吩咐手下军士带着水桶驾着小船到扬子江去取水。这边，陆羽准备好了煮茶工具，只等南零水一到，就开煮。不久，水取回来了。陆羽却说这并不全是南零水，他把桶里的水倒去一半，又用勺舀了些水扬了扬，说：“从这儿往下才是南零水。”军士听了大吃一惊，忙磕头谢罪。原来他从南零取水回来，到岸边时发现桶里的水晃荡出了一半，怕受责备，就用岸边的水舀满来凑数。李季卿听罢十分惊奇，由衷赞叹陆羽鉴水的能力果真出神入化。

茶越众饮而独高

唐代以前，人们多采用烹煮的方法制作茶汤，但是长时间的烧煮令茶叶中的许多有益成分流失，茶汤的色泽、香气、味道也都受到一定的影响。

陆羽对茶叶的烹煮方法进行改进，发明了“煎茶法”。

首先在无异味的文火（用炭，而不用异味重的木材）上烤炙茶饼，翻动使其受火均匀，要避免风吹导致茶饼受热不均。烤出像蛤蟆背一样的小疙瘩后，放入特定的容器中冷却。然后将烤好的茶饼碾成粉末状，过茶罗使其更加精细。

取好水之后，需用滤水囊过滤掉泥淀杂质，放在水方之中。将木炭打碎投入风炉中点燃煮水。在水略微沸腾，有“鱼目气泡”时放入少量的盐来调味；第二次沸腾如“涌泉连珠”时投入茶末，并环形搅拌；待第三次沸腾如“腾鼓波浪”时，茶汤就煎好了。将煮好的茶汤均匀地分到各个茶碗中，每碗的浮沫要均匀，趁热饮用，以品尝茶的鲜醇浓烈芳香。通过一系列系统、考究的步

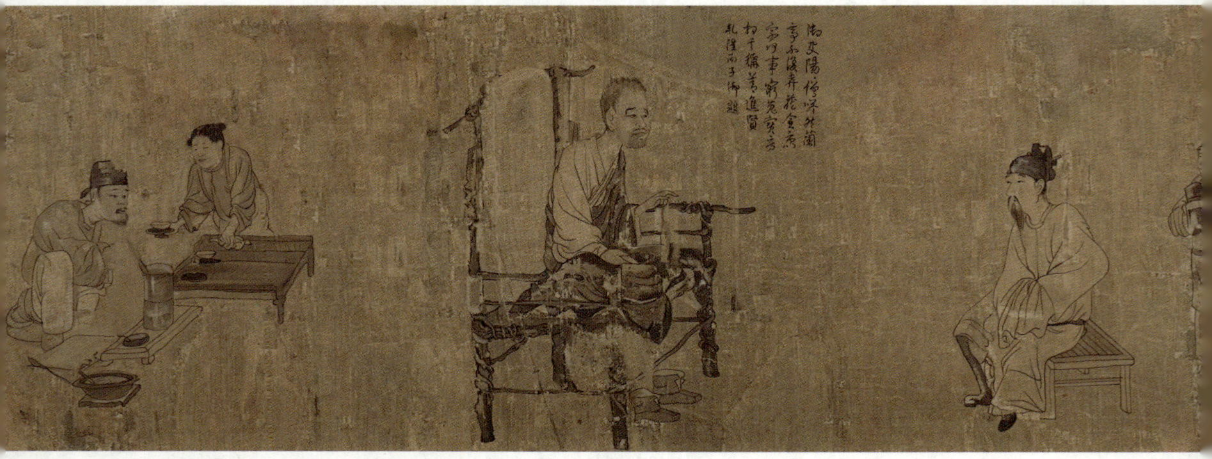

唐代阎立本《萧翼赚兰亭图》· 北宋摹本

| 辽宁省博物馆 · 藏 |

（《萧翼赚兰亭图》讲述的是萧翼为唐太宗从辩才和尚那里骗取王羲之《兰亭序》墨宝的故事。画面左下有一老仆人蹲在风炉旁，炉上置一锅，锅中水已煮沸；另一旁，有一童子弯腰，手持茶托盘，小心翼翼地准备“分茶”。）

骤，缩短了茶叶煎煮的时间，使茶汤的品质得到了很大提升。

陆羽主张用第二沸时的水煮茶，而不用第三沸以后的水，并称三沸“已上水老，不可食也”。这一合理论断，是从长期煮制茶汤的经验中总结出来的，具有一定的科学性。根据科学实验分析，第二沸时，茶汤的氨基酸、咖啡因含量比“一沸”和“三沸”时高，茶汤鲜爽，汤色、滋味和香气更好。

“煎茶法”使茶汤成色更美、品饮更可口，为饮茶之事赋予了清新隽永的文化韵味，将茶提升到了“参百品而不混，越众饮而独高”的文化地位。

《茶经》与“茶道”精髓

《茶经》不仅是一部农学著作，也是一部阐述茶文化的专业书籍。它为此前平凡的茶事赋予一种唯美的文化内涵，推动了中国茶文化的发展，成为中国茶文化发展到一定阶段的重要标志。

《茶经》出现之前，人们饮茶仅仅是为了养生或解渴;《茶经》出现之后，饮茶被提升到了宗教和艺术的高度。从宗教的角度讲，采茶和造茶就像坐禅一样，是一场精益求精而陶然忘我的修炼。从艺术的角度讲，饮茶和品茶就像审美体验一样，是一种摆脱世俗而出神入化的境界。于是，自陆羽之后，文人墨客品茶、赏茶、咏茶之习蔚然成风，皎然、卢仝（tóng）、皇甫冉、白居易和杜牧等人均以茶入诗，所谓“饮，诗人之通趣矣”中的饮字，便不只是饮酒，也包括饮茶。

“茶之为用，味至寒，为饮最宜精行俭德之人。”《茶经》在开篇的“一之源”中提出全书的思想核心——“精行俭德”，并贯穿于《茶经》全文，倡导一种“茶人之德”。“精行俭德”四字的本身含义：行为专诚，德行谦卑，不放纵自己。这是陆羽一生的行为准则，寄寓着他的人格精神。以茶示俭，以茶示廉，反映了陆羽淡泊明志、宁静致远的精神境界。

陆羽倡导“天育万物，皆有至妙”的烹茶、饮茶艺术。茶汤之美、茶味之真、茶色之清、茶器之精和精行俭德、质朴求真的思想，正是中国茶道的真谛，也是陆羽《茶经》的精髓所在。

唐代长沙窑绿釉茶釜，白釉煮茶器

| 中国茶叶博物馆・藏 |

《茶经》中的茶诗与茶事

娇女诗

西晋・左思

吾家有娇女，皎皎颇白皙。
小字为纨素，口齿自清历。
有姊字惠芳，眉目粲如画。
驰骛翔园林，果下皆生摘。
贪华风雨中，倏忽数百适。
心为茶荈[①]（chuǎn）剧，吹嘘对鼎䥶[②]（lì）。

① 荈指茶的老叶，即粗茶。

② 䥶指鼎、锅一类的器物。

陆羽《茶经》中摘录了西晋左思所作《娇女诗》中的12句，它可能是有记载以来中国最早的茶诗。这首诗生动地描绘了一对娇女调皮可爱的神态：她们在森林中游玩，果子尚未成熟就被她们摘了下来；虽有风雨，她们仍流连花下，一会儿就追逐奔跑了好多圈；口渴难熬，她们只好急忙跑回家，模仿大人的样子，用嘴吹炉火，盼望快点煮好茶水来解渴。

《茶经》引述了晋代王浮所撰《神异记》里的一个故事，为采茶之事赋予了一层神秘色彩。古时候，在浙江余姚有一个叫虞洪的人。一天，他进山采药时偶遇一名道士，牵着三头青牛。道士带领虞洪来到瀑布山，对他说："我是丹丘子，听说你善于做茶饮，想请你送我一些品尝。我以这山里的大茶树回赠你，请你日后煮茶时，将茶器中的余茶送给我吧。"虞洪回到家后，为丹丘子设立灵位，并常以烹好的佳茗祭祀。又让家人进山寻觅，终于获得了品位极高的大茶树。

《茶经》确立茶为"茶"

先秦古籍里本没有"茶"字，成书于东汉的《说文解字》里也不见"茶"字。也就是说，即便在茶已经广泛传播的汉代，尚未用"茶"字来承载和代表茶的含义。那时表示"茶"概念的文字不少，其中，"茶""茗"最为常用。

长期以来，人们根据各种茶叶煮出茶汤味道的不同，甚至因温度不同，对其称谓也不同。到了唐代，为避免混淆含义，将"茶"字去掉一横改为"茶"。陆羽在《茶经》中统一使用"茶"字，自此茶的文字符号被确立下来，并沿用至今。

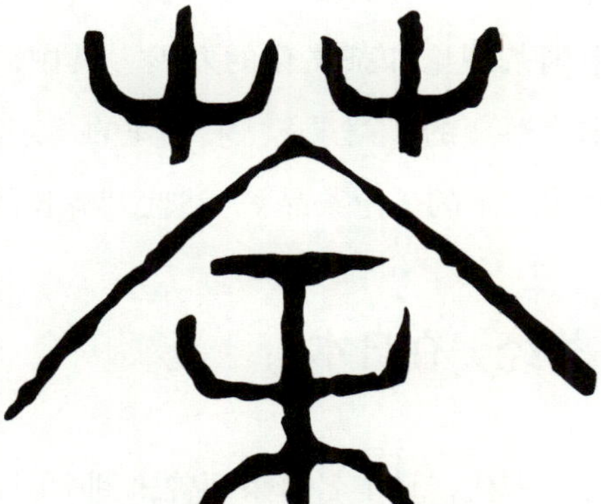

"茶"字·《说文解字》

一部《茶经》换得良马千匹

唐末，藩镇割据，战乱不已。唐朝皇帝为实施军事战略，急需战马，而北方的回纥国出产宝马却无茶叶。一个有茶无马，另一个有马无茶，于是双方每年都要进行“以茶换马”的交易。这一年，回纥使者带了千余匹宝马来到边关，唐使也带了一千多担好茶，等待互换。但是这一次回纥却不要茶叶，而是要换《茶经》。皇帝听说湖州陆羽所著《茶经》后，立即派人寻找。使者经多番周折，仍未找到此书，正准备返回复命，当地著名文学家、爱茶人士皮日休将自己收藏的《茶经》捧出。这样，以《茶经》换千匹良马的交易终于达成，《茶经》则传到了回纥，并转而传播出去。这一故事充分说明了《茶经》的重要价值。

《茶经》引领茶著繁荣

《茶经》引领了中国古代茶叶著作的创作风潮。自陆羽著《茶经》之后，许多茶叶专著陆续问世。这使中国古代的茶叶著作多达百余种，极大地推动了中国茶理论和茶文化的发展。其中，代表作品有唐代张又新的《煎茶水记》、宋代蔡襄的《茶录》、宋子安的《东溪试茶录》、宋徽宗赵佶的《大观茶论》、明代高濂的《论茶品》、清代刘源长的《茶史》，等等。

《茶经》在日本

宋代，日本名僧荣西曾来到中国，潜心研究《茶经》。返回日本后，荣西结合《茶经》与日本民族的饮茶经验，以汉语和日语编成《吃茶养生记》一书。该书受到日本国民的高度称赞，对日本茶道文化产生了深远的影响，荣西也被日本人称为“茶祖”。1774 年大典禅师著《茶经详说》指出，“陆羽言茶性俭，不宜广，又曰茶宜精行俭德之人，这应该为茶道所重，宜归僧家风流之道。”

千宗室是日本茶道最大流派里千家第十五代家祖，夏威夷大学和京都学园大学教授。他曾撰写著作《〈茶经〉与日本茶道的历史意义》，书中对《茶经》给予了极高的赞誉："中国的茶文化是日本茶道的源头，被后世称之'茶圣'的唐代陆羽的《茶经》，是中日两国茶人所供奉之最早和水平最高的经典著作。"

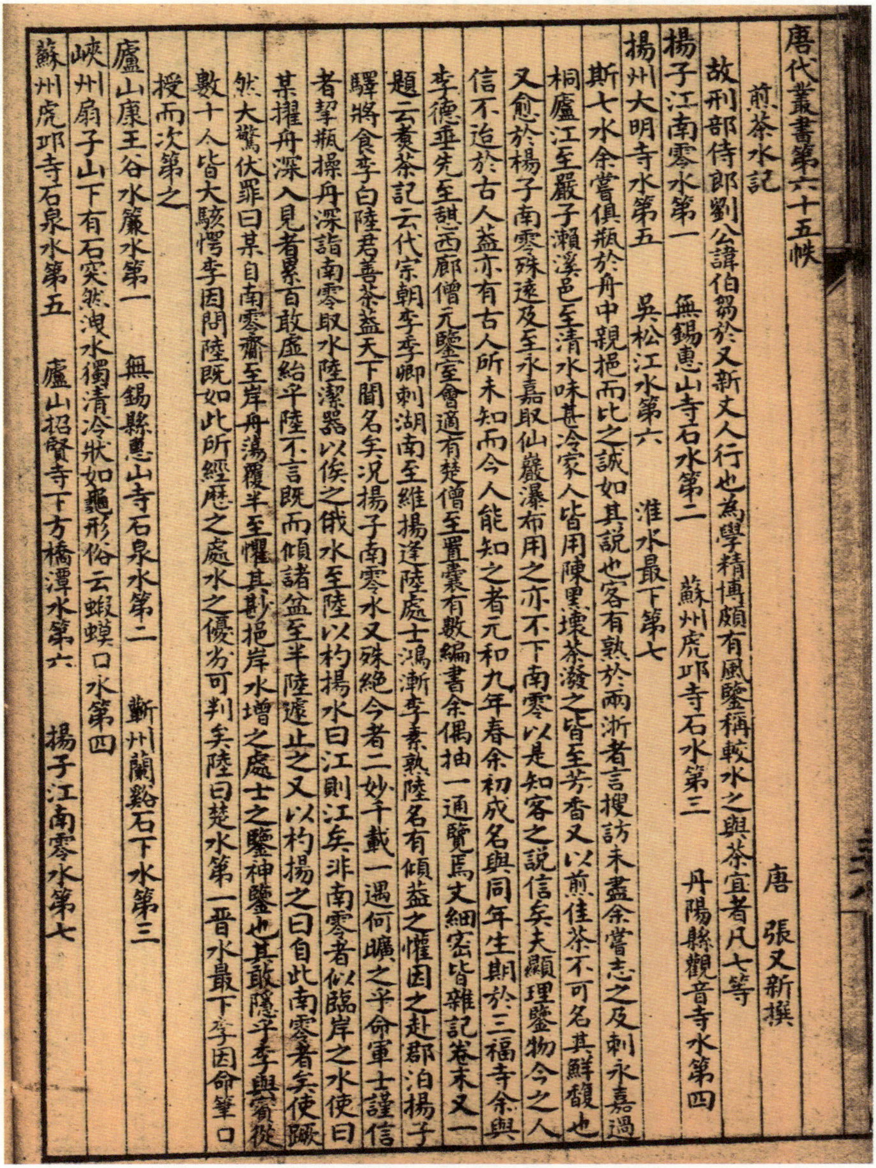
唐代叢書第六十五帙
煎茶水記　唐　張又新撰
故刑部侍郎劉公諱伯芻於又新丈人行也為學精博頗有風鑒稱較水之與茶宜者凡七等
揚子江南零水第一　無錫惠山寺石水第二　蘇州虎邱寺石水第三　丹陽縣觀音寺水第四
揚州大明寺水第五　吳松江水第六　淮水最下第七
斯七水余嘗俱瓶於舟中親挹而比之誠如其說也客有熟於兩浙者言搜訪未盡余嘗志之及刺永嘉過桐廬江至嚴子瀨溪色至清水味甚冷家人皆用陳黑壞茶潑之皆至芳香又以煎佳茶不可名其鮮馥也又愈於揚子南零殊遠及至永嘉取仙巖瀑布用之亦不下南零以是知客之說信矣夫顯理鑒物今之人信不迨於古人蓋亦有古人所未知而今人能知之者元和九年春余初成名與同年生期於三福寺余與李德垂先至憩西廊僧元鑒室會適有楚僧至置囊有數編書余偶抽一通覽焉文細密皆雜記卷末又一題云煮茶記云代宗朝李季卿刺湖南至維揚逢陸處士鴻漸李素熟陸名有傾蓋之懽因之赴郡泊揚子驛將食李曰陸君善茶蓋天下聞名矣況揚子南零水又殊絕今者二妙千載一遇何曠之乎命軍士謹信者挈瓶操舟深詣南零取水陸潔器以俟之俄水至陸以杓揚水曰江則江矣非南零者似臨岸之水使曰某擢舟深入見者累百敢虛紿乎陸不言既而傾諸盆至半陸遽止之又以杓揚之曰自此南零者矣使蹶然大驚伏罪曰某自南零齎至岸舟蕩覆半至懼其尠挹岸水增之處士之鑒神鑒也其敢隱乎李與賓從數十人皆大駭愕李因問陸既如此所經歷之處水之優劣可判矣陸曰楚水第一晉水最下李因命筆口授而次第之
廬山康王谷水簾水第一　無錫縣惠山寺石泉水第二　蘄州蘭谿石下水第三
峽州扇子山下有石突然洩水獨清冷狀如龜形俗云蝦蟇口水第四
蘇州虎邱寺石泉水第五　廬山招賢寺下方橋潭水第六　揚子江南零水第七

张又新《煎茶水记》·清《唐代丛书》本

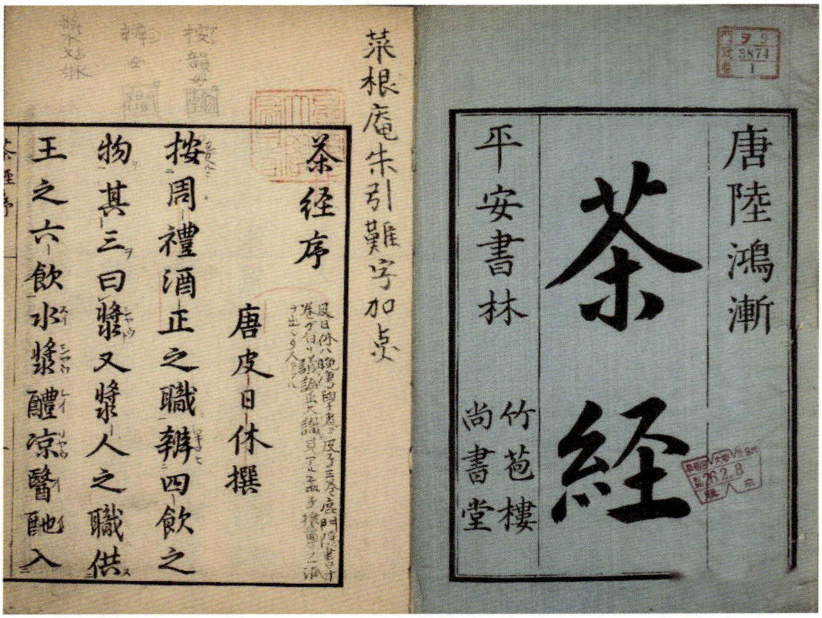

《茶经》· 日本平安竹苞楼藏本

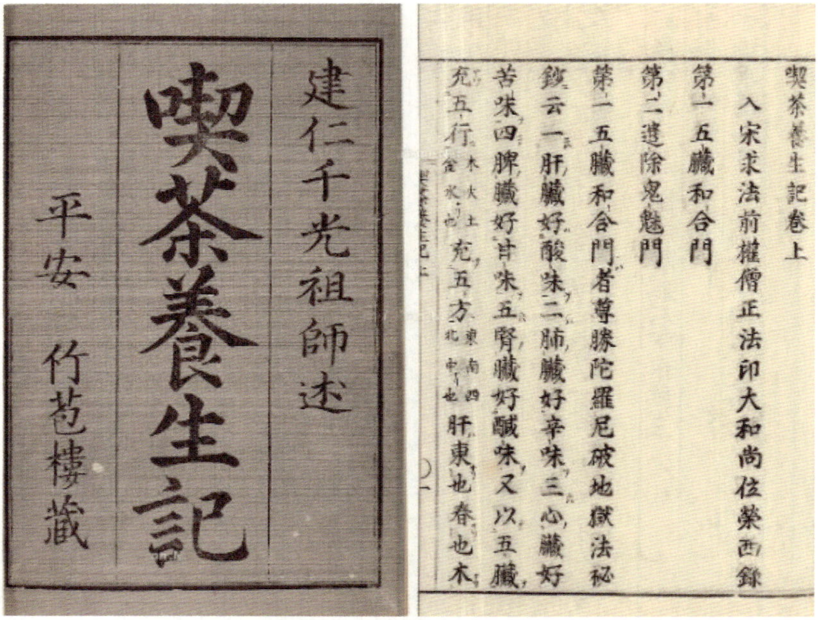

荣西《吃茶养生记》· 日本平安竹苞楼藏本

第五节 承前启后的农家生产杂录——《四时纂要》

失而复得，弥足珍贵。

事出千门，编成五卷，虽惭老农老圃，但冀传子传孙。

——唐代韩鄂《四时纂要·序》

魏晋南北朝的战乱平息之后，中国在隋唐时期重新进入了大一统时代，社会安定。国家固定徭役、轻徭薄赋、保证农时，提高了农民的生产积极性；鼓励农民兴修水利，改进生产工具，大量开垦荒地，“耕者益力，四海之内，高山绝壑，耒耜亦满”，“人家粮储，皆及数岁”(《元次山集·问进士》)。农业经济发展进入一个空前繁盛的阶段。农业生产技术水平总体上都较前代有了很大的飞跃。

隋唐时期的农业著作较为丰富，然而这一时期的农书，尤其是综合性农书大部分都已失传，这对农史学界来说是巨大的损失。韩鄂所著《四时纂要》的原书也早已佚失。幸运的是，1960 年日本人山本敬太郎发现了明万历十八年（1590）的朝鲜刻本，并将其出版。《四时纂要》详细记载了隋唐至五代时期中国农业技术发展史和社会经济史，为研究这一时期的农业生产状况提供了珍贵的资料。

保存珍本的《四时纂要》

《四时纂要》是一部月令体农书，全书5卷，春为2卷，夏、秋、冬各1卷，共698条，42000余字。书中按月列举农家应做之事，内容除占候、祈禳、禁忌外，可分为农业生产、农副产品加工和制造、医药卫生、器物修造和保藏、商业经营和教育文化六大类。书中引用的唐代农书《保生月录》《山居要术》《地利经》等原书均已佚失，《四时纂要》保存了这些珍贵的古籍资料。

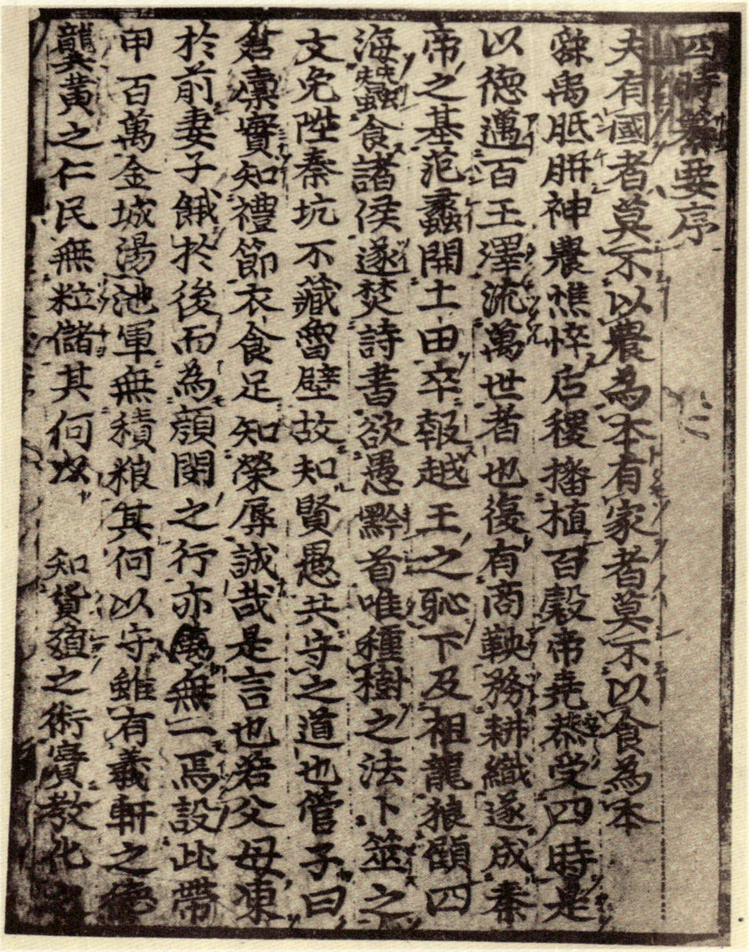

四時纂要序

夫有國者莫不以農為本有家者莫不以食為本
故禹胝胼神農樵悴后稷播植百穀帝堯敬授四時是
以德邁百王澤流萬世者也後有商鞅務耕織遂成秦
帝之基范蠡開土田卒報越王之恥下及祖龍狼顧四
海蠶食諸侯遂焚詩書欲愚黔首唯種樹之法卜筮之
文免陛秦坑不藏魯壁故知賢愚共守之道也管子曰
倉廩實知禮節衣食足知榮辱誠哉是言也若父母凍
於前妻子餓於後而為顏閔之行亦萬無一焉設比帶
甲百萬金城湯池軍無積糧其何以守雖有羲軒之德
龔黃之仁民無粒儲其何以　知貨殖之術實教化

《四时纂要·序》·明万历十八年（1590）朝鲜刻本

《四时纂要》的版本

《四时纂要》初刊于北宋至道二年（996），在《新唐书·艺文志》中有收录。日本学者松崎鹤雄认为,《四时纂要》曾辑入《永乐大典》中。到了清代，江西萍乡（今江西省萍乡市）的文廷式仍珍藏着这个《大典》本，文廷式死后，他的后人将它售卖，从此《四时纂要》在国内失传。1960 年在日本发现了明万历十八年（1590）朝鲜重刻的《四时纂要》。1981 年，农史学家缪启愉所著《四时纂要校释》得以出版。

韩鄂其人

韩鄂，一题作韩谔。史书上没有关于他生平的详细记载，不过《新唐书》卷七十三《宰相世系表》上有韩鄂和韩谔两个名字。前者是唐玄宗时宰相韩休的兄长韩偲（cāi）的玄孙；后者是韩休的弟弟韩倩的玄孙。二人同祖、同辈。据农史研究者推测，史书记载或许存在错乱，两者可能是同一人，生活在唐末五代时期。

据《四时纂要》记载，韩鄂曾“买驴马京中”，他居住的地方离京城不远，是北方人。当时驴马在南方并不常见，古籍中多是对牛、猪、家禽的记载。

唐初曾实行“均田制”，按人口分配土地，部分土地在耕作一定年限后归其所有，部分土地在其死后归还官府。而唐中后期均田制彻底遭到破坏，庄田盛行。除了官员，普通富人多拥有大量田地，方圆十余里的大型庄园并不罕见，庄园内植花木万株，或引泉水或河水灌溉良田数十顷。韩鄂家应当就是这种小庄田主，生活比较优裕。

韩鄂“遍阅农书，搜罗杂诀,《广雅》《尔雅》则定其土产,《月令》《家令》则叙彼时宜，采氾胜种树之书，掇崔寔试谷之法”，集各家之长，著成《四时纂要》。除此之外，他还写了一本名为《岁华纪丽》的书。书中以四时节候划

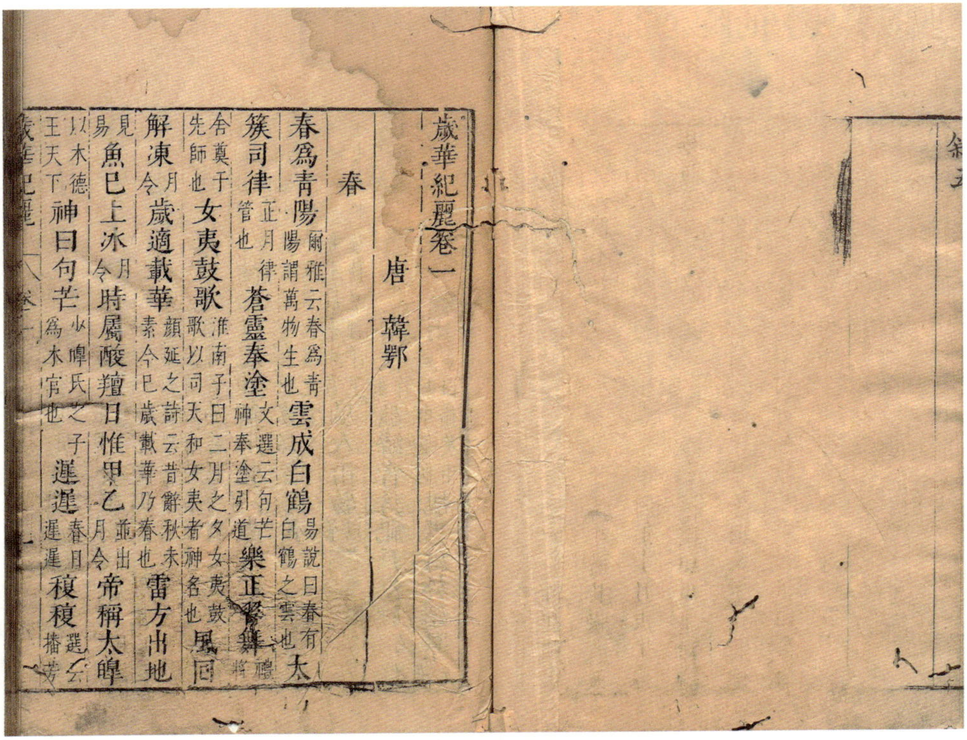

《岁华纪丽》· 明刊本

分时间，用骈句（对偶句）记事，介绍了四川地区的节日和民俗，是一部具有文学价值的地方风土志。

重技术而轻经营

《四时纂要》是继《四民月令》之后又一部著名的月令体农书。虽然此书的作者韩鄂也是地主出身，但其中的庄园经营色彩不像《四民月令》那样浓厚。尽管书中也涉及了不少农业经营管理方面的内容，但更加注重对各项农业技术的具体描述。

在粮食作物种植方面，书中记述了较之前时代有所发展的果树嫁接、合接大葫芦、苜蓿（金花菜）与麦的混种技术等；在食品加工方面，记载了果酒和药酒的酿造、植物淀粉的提取等；在经济作物种植方面，记录了茶树的栽培和药物的种植；在畜牧饲养方面，记载了诸多兽医方剂，还有最早的养蜂记录……通过多样化的农业技术，《四时纂要》全面地展现了隋唐五代时期农村百姓的日常生活。

植物淀粉加工技术

淀粉是食物的重要组成部分，在烹饪中适当利用淀粉可以大大提升菜肴的口感，还可用来制作各种美味的汤羹、调味汁等。《四时纂要》中记录了各种植物淀粉的提取方法，包括谷物和蔬菜根茎的淀粉提制，如藕、莲、薯蓣、芡、荸荠、葛、百合、茯苓、泽泻和蒺藜等，几乎涵盖了当时能见到的所有淀粉类植物，体现了唐代淀粉提取加工技术的高超水平。

> 八月：作诸粉，藕不限多少，净洗，捣取浓汁，生布滤，澄取粉。芡、莲、凫茈[①]（fú cí）、泽泻、葛、蒺藜、茯苓、署药、百合，并皆去黑，逐色各捣，水浸，澄取为粉。以上当服，补益去疾，不可名言。又不妨备厨馔。

人工培养食用菌技术

唐代，人们对菌类的可食性已有了解，并且具备丰富的食用经验。

《四时纂要》最早记载了食用菌的栽培，包括两种方法：一种是取发烂的构木（或称楮木，一种桑科树木）及叶子，埋在地里，常用泔水浇灌，保持湿度，两三天就可以长出菌子；另一种是在畦中下烂粪，再将长六七尺（古制 1 尺约 30.3 厘米）的横木截断捣碎，像种菜一样在畦中均匀播撒，然后用土盖上，种植之后要经常浇水以保持土壤湿润。前两次长出的菌子先要推掉，这样第三次长出的菌子就会特别大，可以采收食用。

可见，当时食用菌人工培养水平已相当高，尽管当时人们还不懂人工接种和分离菌种的方法，但是他们已经从实践中总结出培养食用菌需要保持一定的

---

① 凫茈指荸荠。

温湿度，并需选择适当的树种，且掌握了简单的扩大菌种的方法。

药用植物栽培技术

《四时纂要》收录了很多药用植物的栽培技术。此前也有一些著作论述药物的实用价值，却往往忽略了对药用植物种植方法的探讨，《四时纂要》首先涉及了这一领域。

在书中记载的植物中，专门指出其药用功能的有苜蓿、地黄、枸杞、黄精、决明子和艾草等；没明确指出其药用功能但详述其栽培技术，且该植物可以入药的有牛蒡、百合和罂粟等；在药方里有使用或是饮食中具有防病治病效果的植物则更多，有甘草、人参、黄连、当归和茯苓等。《四时纂要》记载了药用植物选地、育苗、移栽和采收等种植环节，对于它们的生长习性、栽培技术和采摘方法有着科学合理的认识。

> 十月：候春，先熟地，作畦。畦中去却五寸土，匀作五垅。垅中缚草稕[①]（zhùn）如臂，长短如畦，即以泥涂草稕上，裹令遍通。即以枸杞子布于泥上，令稀稠得所，即以细土盖一重，令遍。又以烂牛粪一重，又以一重土，令畦平。

以枸杞为例，它具有明目安神、补精气不足的功效，唐代盛行服食。《四时纂要》详细记载了枸杞的种植技术。通过在“草稕”上涂满泥，将枸杞子撒在上面，使种子均匀散布，方便施加底肥。在选种方面，书中又给出了“良种”的特征，即味道甘甜或根叶厚大无刺，那些刺叶小的是“枸棘”，而非枸杞，种出来的果实很不好，不必下种。

《四时纂要》中记载了治病方剂26条，分汤剂、散剂、丸剂、片剂、膏剂、酒剂等种类，有治疗、预防和养生滋补等功效，涵盖了乡村日常生活中常见的诸类疾病。其中有不少方剂在我们今天生活中仍很常用，例如，肾沥汤可治五劳七伤、风湿、肾脏虚竭、耳目聋暗，茵陈丸可治瘴疫、赤白痢，乌金膏可治恶疮肿等。

---

① 稕指秆扎成的耙子。

宋代崔悫《杞实鹌鹑图》

| 台北故宫博物院·藏 |

（林野中的某个角落，一株枸杞以及禾草旁，有只鹌鹑正眈眈地望着地上的蝼蛄。蝼蛄从土穴中爬出后，在地上恍恍惚惚地游走，没有察觉大难即将临头。）

养蜂采蜜技术

我国食用蜂蜜历史悠久，东汉时期开始人工养蜂割蜜，到了唐朝，尽管人们食用的主要还是野生蜂蜜，但人工养蜂取蜜的技术也有了长足的进步。《四时纂要》把“开蜜”列为六月的一项农事——“开蜜：以此月为上。若韭花开后，蜂采则蜜恶而不耐久”，对于采蜜的适宜时间有了更加深刻的认识。当时还出现了专门的“养蜂人”，如河东人裴明礼就是一个养蜂高手。

占候、祈禳、禁忌中的农业民俗

《四时纂要》中关于占候、祈禳、禁忌等内容篇幅很大，这与唐代佛教、巫术和道教的流行有关，这也往往被认为是本书的不足之处。但这些内容也体现了古代劳动人民对丰收的渴望，同时展现了当时农村的民俗风貌。

辛勤耕作的农民渴望丰收，他们通过各种方式祈求风调雨顺；农作物的病虫害是农业生产的大敌，他们也用不同的方式攘除。

书中记载祈福的风俗有以下几种：一是在正月三日这天，买四个竹筒置于家中四壁，可令“田蚕万倍，钱财自来”；二是仿效南北朝时期的做法，在正月望日（指月圆的那天，即农历每月十五日，有时是十六日或十七日）以糕糜（油炸糕点）、白粥祭地神，以求“蚕桑万倍”，这叫“豁钱财”；三是在四月收蚕沙于宅内的亥地，也就是西北的偏北方向，埋起来，可“令人大富，得蚕”。

攘灾的对象主要是老鼠和各种害虫。老鼠是农作物的头号天敌。《四时纂要》记载了唐代一种攘除鼠害的仪式：在农历十二月捕捉老鼠，然后斩下鼠尾，等到来年正月一日这天，由一家之长在蚕室中祝曰：“制断鼠尾，切不得行。”三祝（祝人寿、富、多男子）后将鼠尾置于墙壁上，祈祷永无鼠暴。

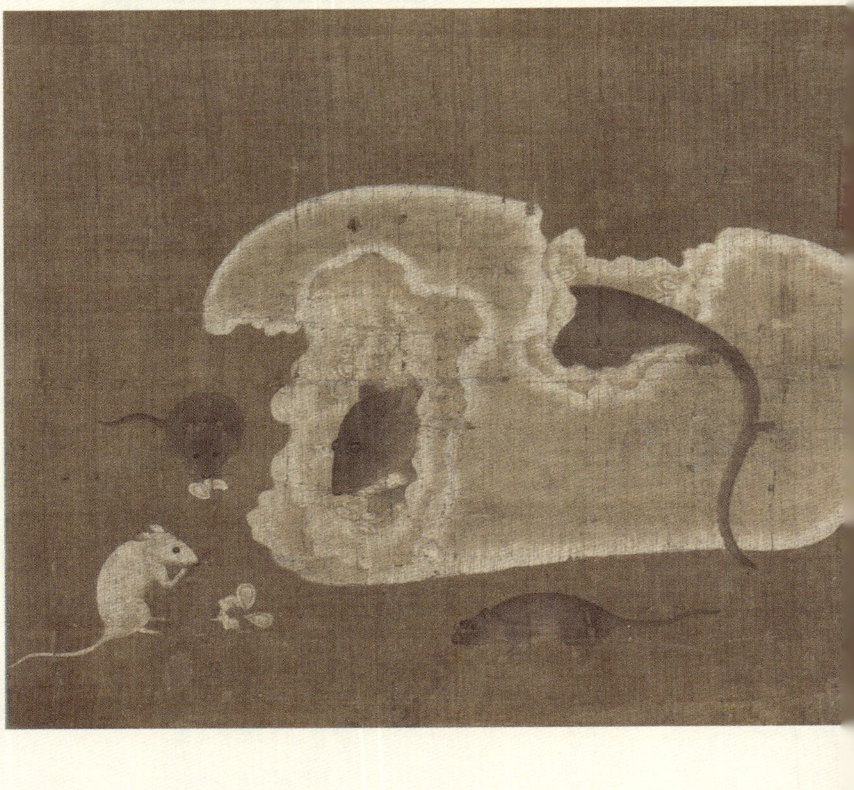

元代钱选（传）《鼠图》

| 东京国立博物馆・藏 |

隋唐时期农作物种植结构的优化

《四时纂要》记载的作物品种比《齐民要术》有所增加，其中粮食作物除传统的粟、麦、稻、黍和菽，又有薯蓣、荞麦和薏苡。这三种作物在唐以前可能就已种植，由于栽培面积小或者食用范围小，没有引起过多关注，如荞麦在陕西咸阳的汉墓中曾有出土，但是到了唐代才见于文献记载。由此可知，这三种作物在唐代可能已有较大面积种植。

传统粮食作物粟、麦、稻、黍和菽的地位也发生了较大变化。在《齐民要术》中，粟居首位，麦、稻则稍后于粟。而在《四时纂要》中，则是粟、麦、稻并称，说明这个时期，稻、麦的种植比前代更加普遍。

隋唐时期，中国原产蔬菜品种进一步优化，从域外引入的品种得到本土驯化，不断开发出新品种。人们利用各种有利条件进行蔬菜栽培，园圃种植极大发展。据《四时纂要》记载，唐代蔬菜主要有葵、萝卜、蒜、韭、瓠、胡荽（suī，香菜）、莲藕、苜蓿、莴苣、牛蒡、蜀芥、薤（xiè）和冬瓜等35种，其中四分之一种类的人工栽培是唐代才开始出现的。此外，旱芹、菠菜等域外品种也在这一时期传入中土。

仓廪实，知礼节

“仓廪实而知礼节，衣食足而知荣辱”出自《管子·牧民》。韩鄂非常重视农业生产对于教化社会大众的重要性。他在《四时纂要》的序中写道：“虽有羲轩之德，龚黄之仁，民无粒储，其何以教？知货殖之术，实教化之先。”直言即便有先圣伏羲氏和轩辕氏的圣德，汉代著名循吏龚遂与黄霸的仁爱之心，若是储粮全无，也是没有办法教育百姓的。所以说，“货殖之术”（主要指农业生产，也包含农产品交换）实在是教化的基础。这充分体现了“仓廪实，知礼节”的重农思想。

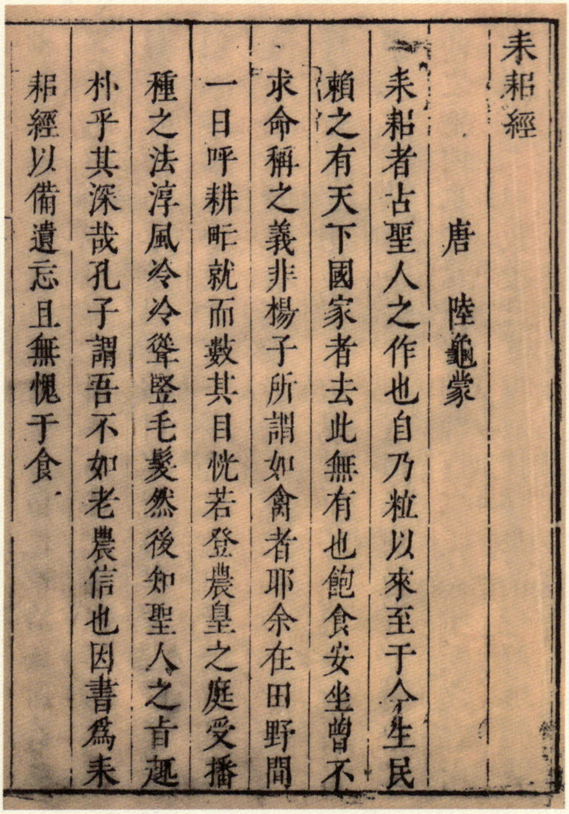

耒耜經

唐　陸龜蒙

耒耜者古聖人之作也自乃粒以來至于今生民賴之有天下國家者去此無有也飽食安坐曾不求命稱之義非楊子所謂如禽者耶余在田野間一日呼耕甿就而數其目恍若登農皇之庭受播種之法淳風泠泠聳豎毛髮然後知聖人之旨趣朴乎其深哉孔子謂吾不如老農信也因書爲耒耜經以備遺忘且無愧于食

《耒耜经》·《居家必备》明刻本

唐代的另一部农书《耒耜经》也记载：“耒耜者，古圣人之作也。自乃粒以来至于今，生民赖之。有天下国家者，去此无有也！”该书从农业生产工具的角度论述农业在国家治理中不可替代的地位。

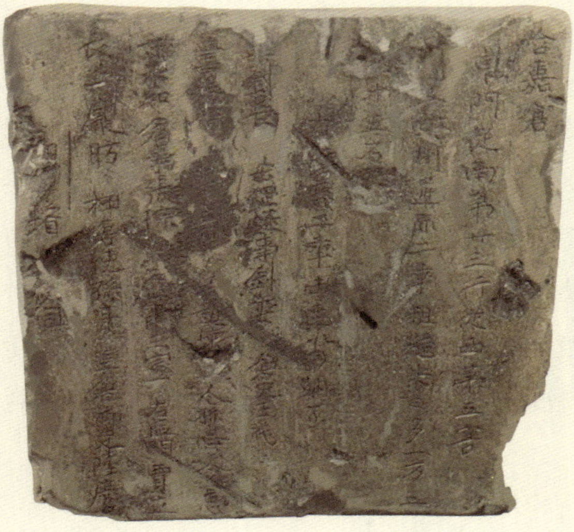

唐代含嘉仓刻铭砖

| 洛阳博物馆 · 藏 |

（含嘉仓是唐代国家粮仓，是中国古代最大的粮仓，面积将近43万平方米，已发现仓窖300多座，有“天下第一大仓”的盛誉。这块一尺见方的刻铭砖，正面刻铭文10行110多字，记载了仓窖的皇家背景、面食来源、仓窖管理人员等信息。）

耕读结合，重视教育

唐朝至五代时期的教育颇为发达，有官学和私学两类系统。官学系统在中央有国子监、崇文馆、弘文馆、宫内习艺馆、太常寺等，地方则有州县设立的各级学校。私学系统有家学、乡村启蒙学校、私人讲学、隐居游学、寺学等。农村教育及农村文化的传承方面，主要依靠学校教育和老人传幼少。

唐朝至五代时期农村普遍设有学校。韩鄂强调他编写此书的目的是希望这些知识能够传子传孙，并提到自己家里就有“家传立效之方书”。《四时纂要》正月载：“命童子入学之暇，习方术，止博弈。”八月“杂事”条称：“习射，命童子入学。”另外，七月、八月的“杂事”中都有曝晒书的记载，看来只要条件允许，农家亦会有一定量的藏书。这也就说明唐朝至五代时期农人对文化教育的重视。

唐代的“七夕节”活动

男耕女织是中国古代社会家庭的自然分工方式，也是社会生产的主要结构模式。七夕节，又称乞巧节。传说女性在这一天向天上的“七姐”乞求传授心灵手巧的手艺，蕴含着“女织”这一部分对整个社会生产的重要意义，是农耕文化在节日民俗上的重要体现。

《四时纂要》中生动地记载了唐代七夕节的民俗活动。

> 七月：乞巧、乞富贵，随人所愿，三年必应。……是夕于家庭内设筵席，伺河鼓、织女二星。见天河中奕奕白气、光明五色者，便拜，乞贵子。穿七孔针以求巧、乞聪慧。

“穿七孔针”是唐代长安流行的一种民间习俗。在七夕夜这一天，女性会用五色线来穿七孔针。因月光很微弱，而且针孔很细，所以穿孔的难度非常大。所以如果哪位女性能顺利穿过针孔，意味着她心灵手巧，会受到人们的称赞。

北宋佚名《唐宫七夕乞巧图》

| 美国纽约大都会艺术博物馆·藏 |

第三章 宋元时期

《陈旉农书》：古者四民，农处其一。洪范八政，食货居其二。食谓嘉谷可食，货谓布帛可衣，盖以生民之本，衣食为先，而王化之源，饱暖为务也。

宋元时期是中国古农书的发展突破时期。

这一时期，中国的经济重心完全转移到了长江以南地区。随着农业疆域的扩展，农业生产的生态环境、作物种类、生产技术等都发生了巨大改变，农书的内容也随之发生变化。一方面，农书开始更多关注南方水田农业的生产状况，首次出现了南北兼顾的农书；另一方面，专业性的农书大大增多，分科更细，内容更专，涵盖了蚕桑、园艺、加工等诸多方面。这一阶段还出现了一批劝农文和耕织图，具有农业推广性质，是中国古农书的一种新形式。另外，在宋元时期，由于印刷技术的突破，刊刻书籍变得比较便利易行，农书刊印的数量相较前代大大增加。

这一时期的代表性农书有现存最早的果树栽培学专著《荔枝谱》、现存最早的蚕业专书《秦观蚕书》、古代黄酒酿造的精华之作《北山酒经》、现存第一部南方水田农业专著《陈旉农书》、现存最早的官修农书《农桑辑要》、农具谱录的典范之作《王祯农书》、民族融合背景下的农家宝典《农桑衣食撮要》。

第一节 现存最早的果树栽培学专著——《荔枝谱》

品汇培法，史志艺文。

一骑红尘妃子笑，无人知是荔枝来。

——唐代杜牧《过华清宫绝句三首·其一》

中国古代果木、瓜菜、花草等园艺作物栽培的历史悠久，瓜菜、水果的食用丰富了人们的餐桌，花草的培养满足了人们的审美情趣，因此园艺技术也得到了长足的发展。宋代手工业、商业十分发达，城镇的数量大大增加，社会经济生活也是空前繁荣，无论是富家大户还是市井平民，对于果菜品质的要求随之提高，花草在社会文化中的地位也日趋凸显。在这样的背景下，园艺种植规模不断扩大，栽培技术突飞猛进，一大批关于园艺作物的专业农书开始涌现，蔡襄所作《荔枝谱》就是其中的代表作。

中国是世界上栽培荔枝最早的国家，自古以来即享誉海内外。由于色、香、形、味俱佳，荔枝被称为“果中珍品”，成为古代宫廷中的名贵果品。《荔枝谱》是中国现存最早的一部果树栽培学专著，全面阐述了福建地区荔枝的历史、分布、生物学特性等，引领了中国古代“荔枝学”研究的风潮。

闽产名录《荔枝谱》

《荔枝谱》是一部全面介绍福建荔枝品种、种植、加工等内容的著作，较为系统、全面地概括和总结了前人和蔡襄本人对荔枝的科学认识及与荔枝有关的社会历史状况。书中所记以福州、兴化、漳州、泉州四郡生产的荔枝为主。

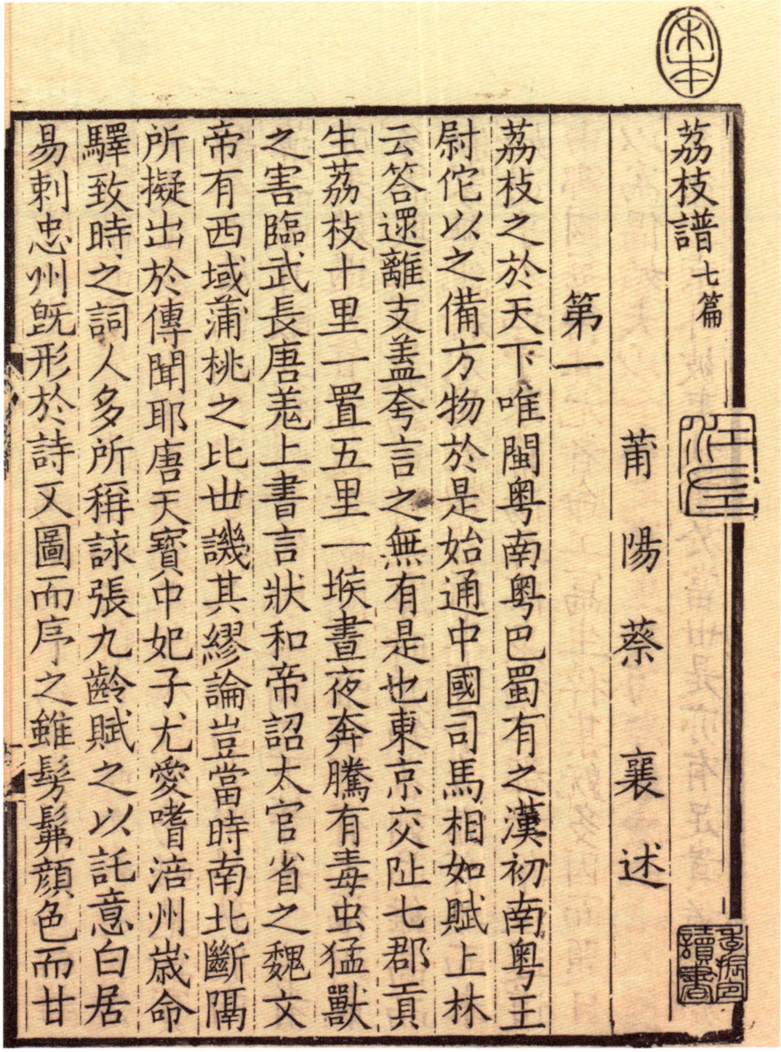
荔枝譜　七篇
第一　莆陽蔡襄述
荔枝之於天下唯閩粵南粵巴蜀有之漢初南粵王尉佗以之備方物於是始通中國司馬相如賦上林云答遝離支盖夸言之無有是也東京交阯七郡貢生荔枝十里一置五里一堠晝夜奔騰有毒虫猛獸之害臨武長唐羌上書言狀和帝詔太官省之魏文帝有西域蒲桃之比世譏其繆論豈當時南北斷隔所擬出於傳聞耶唐天寶中妃子尤愛嗜涪州歲命驛致時之詞人多所稱詠張九齡賦之以託意白居易刺忠州既形於詩又圖而序之雖髣髴顏色而甘

《荔枝谱》·宋《百川学海》本

这四郡在当时被称为“下四州”，范围大致在现在福建省东南沿海一带，属亚热带湿润气候区，适宜荔枝的生长。

全书近 3000 字，共 7 篇，分别是：

《原本始》记录了荔枝在中国的分布及人们食用荔枝的历史。

《标尤异》记录了作者家乡所产的荔枝优良品种“陈紫”的特点。

《志贾鬻》记录了当时福州大量种植荔枝的美景和盛况，还叙述了荔枝交易和产销的繁荣景象。

《明服食》记录了荔枝的生物特性和食用荔枝的作用。

《慎护养》记录了荔枝的栽培、养护技术和生长习性。

《时法制》记录了荔枝的干制加工贮藏技术。

《别种类》记录了闽产荔枝的 32 个品种，并对其外形、特点、品种来源和得名原因等做出了较为翔实的描述。

《荔枝谱》的版本

《荔枝谱》成书于北宋嘉佑四年（1059），蔡襄曾手写刻之。本书原收在作者《端明集》（又称《蔡忠惠公集》）中，后流传广泛。《文献通考·经籍考·农家类》著录本书，《宋史·艺文志》则列在小说类。主要版本还有宋《百川学海》本、明《说郛》本、《艺圃蒐奇》本、清《四库全书》本、《古今说部丛书》本及民国《丛书集成》本等。

心系家乡蔡君谟

蔡襄（1012—1067），字君谟，兴化仙游（今福建省莆田市仙游县）人。他从小受到外祖父的严格教育，具有很深的书法造诣。其楷书端重，行书温媚。《宋史·蔡襄传》称：“襄工于手书，为当世第一，仁宗尤爱之。”蔡襄擅长正楷、行书和草书，与苏轼、黄庭坚、米芾（fú）并称“宋四家”。

蔡襄像

在政治上，蔡襄刚正不阿，曾作为朝廷谏官的他敢于针砭时弊，直言不讳。然而在庆历新政失败之后，他对朝廷深感失望，于是以母亲年迈为由辞官归乡，致力于家乡建设。他先后出任福州知州、福建转运使等官职，大力兴学堂、修桥梁、破陋俗、课农桑，向朝廷反映地方民生疾苦，上奏灌溉农田、减轻税负，为改善家乡人民生活做出了巨大的努力。

蔡襄对家乡的深情厚谊也体现在他对当地特产——荔枝的情感当中。他不仅提倡、鼓励家乡人民种植荔枝，而且还经常咏颂荔枝和宣传荔枝。一次，他在净众院品尝过家乡的荔枝后，即兴挥毫作诗：

净众院尝荔支

宋・蔡襄

霞树珠林暑后新，直疑天意别留春。
京华百世争鲜贵，自是芳根着海滨。

蔡襄一遇到特别优质的荔枝树，就请人写生记下，日久渐多，终于将积累的荔枝相关知识写成了《荔枝谱》。该书极力将地方名产推广出去，推动了家乡经济的发展，体现了他“恤民心”的民本思想。

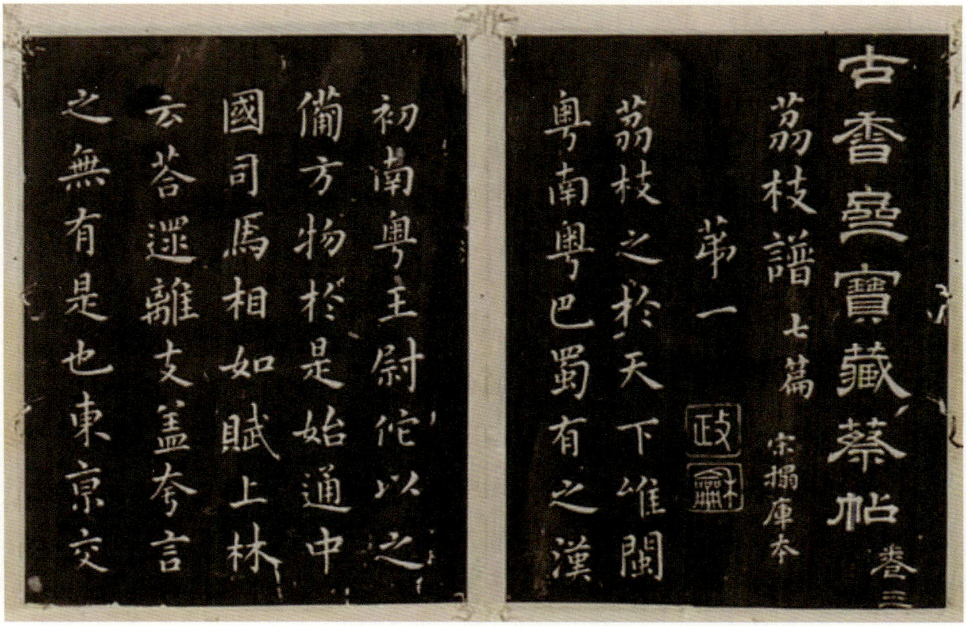

蔡襄《荔枝谱》· 拓本

为“真荔枝”作谱

> 洛阳取于岭南，长安来于巴蜀，虽曰鲜献，而传置之速、腐烂之余，色香味之存者亡几矣。是生荔枝，中国未始见之也。(《荔枝谱·原本始》)

《荔枝谱》第一节讨论了人们食用荔枝的历史，认为人们大多数都没有见过真正的荔枝。荔枝产自南方，虽然是以飞快的速度运往北方宫廷，但运到时几乎失去了原本的色、香、味，已不再是当初的荔枝了。

那么“真荔枝”产自哪里？古代荔枝的产地只有闽粤、南粤、巴蜀三地（福建、广东、四川一带）。蔡襄认为张九龄、白居易等人虽然见过新鲜荔枝，但都产于广东、四川等地，这些地方的荔枝大多早熟，肉薄而味酸，不算是真正的荔枝。“真荔枝”必产自蔡襄的家乡——福建。

> 列品虽高，而寂寥无纪……夫以一木之实，生于海濒岩险之远，而能名彻上京，外被夷狄，重于当世，是亦有足贵者。其于果品，卓然第一。然性畏高寒，不堪移植，而又道里辽绝，曾不得斑（班）于卢橘、江橙之右，少发光采。此所以为之叹惜而不可不述也！（《荔枝谱·原本始》）

蔡襄对家乡出产的荔枝怀有浓厚的自豪之情。然而古代文献中关于这些优质荔枝的记载却寥寥无几，加上地处偏远、难以移植，天下人只知闽南有上好荔枝，至于其品质、品种等细节则一无所知。他对此感到非常惋惜，因而专门作《荔枝谱》向世人传播福建的这一名产。

宋徽宗《写生翎毛图》（局部）

| 大英博物馆·藏 |

兴化名品，“陈紫”为先

兴化的荔枝以“陈紫”这一品种最为尊贵。“陈紫”是姓陈人家培养出的荔枝，因其色泽鲜紫而得名。每年果熟之时，有钱人家若没能吃到“陈紫”，则“虽别品千计”亦“不为满意”。陈家摘果的时候总是关闭门户，欲购者“隔墙入钱”，而“得者自以为幸，不敢较其值之多少也”。

> 荔枝以甘为味，虽百千树，莫有同者。过甘与淡，失味之中。唯陈紫之于色香味，自拔其类。此所以为天下第一也。（《荔枝谱·标尤异》）

“陈紫”之所以格外名贵，是因为“其树晚熟，其实广上而圆下，大可径寸有五分，香气清远，色泽鲜紫，壳薄而平，瓤厚而莹”“剥之凝如水精，食之消如绛雪”。且甜度适中，恰到好处，所以为“天下第一”。

“陈紫”还成为蔡襄品评荔枝的标杆。他认为闽中荔枝的上品仅有“陈紫”一种，而荔枝的皮、膜、形、色只要其一能与“陈紫”相同，即可称为中品，而那些“厚皮尖刺，肌理黄色，附核而赤，食之有渣，食已而涩，虽无酢（cù）味[①]”的，就只能归入下等了。

福州荔枝美景如画

福州是中国古代荔枝种植最为丰饶之地，每年荔枝成熟时节，商人采购后运往京师，还远销漠北、西夏，甚至海运到新罗（今朝鲜半岛东南部）、日本、琉球、大食（今阿拉伯）等地，成为中国乃至亚洲荔枝供应的中枢。

> 暑雨初霁[②]（jì），晚日照曜，绛囊翠叶，鲜明蔽映，数里之间，

---

① 酢味，即酸味。

② 霁指雨雪后天色放晴。

焜[1]如星火，非名画之可得，而精思之可述。观揽之胜，无与为比。（《荔枝谱·志贯鬻》）

除了食用，荔枝的观赏性也很强。广泛种植的荔枝在福州成为一道独特的风景，“烟火万家，荔荫十里”。翠叶与红果相映，辗转绵延，如诗如画，美不胜收，成为当地无与伦比的观光胜景。

南宋赵大亨《荔院闲眠图》（局部）

| 辽宁省博物馆·藏 |

（画上凉亭一间，庭院中有一棵荔枝树，一翁卧于榻上，似苦思冥想，四周红花绿叶，姹紫嫣红，远处层峦叠嶂，郁郁葱葱，远近景观展示出一个幽静恬适的午后。）

① 焜指明亮。

种存得法

有间岁生者，谓之歇枝；有仍岁生者，半生半歇也。春花之际，傍生新叶，其色红白。六七月时，色已变绿，此明年开花者也。今年实者，明年歇枝也。(《荔枝谱·慎护养》)

在种植方面，蔡襄注意到荔枝结果的“歇枝”现象。隔年才结果一次为“歇枝”，每年都能结果但产量只有一半的为“半生半歇”。这其实就是我们现在所说的“大小年”，如果某一年结果特别多，那么下一年就不会结果，或者结果的数量锐减，这是因为过于丰产消耗了荔枝树体内大量的养分，需要休养生息。他的这一发现，为后来人们通过“疏花”“断根”等方式稳定荔枝产量奠定了基础。

现在来看，荔枝的产量会每 4 到 5 年出现一次“小年”。荔枝的管护难度比较大。几乎一年到头荔枝都需要果农管理，除了及时耕土、施肥，还要控梢促花、修剪、授粉等。荔枝“小年”会挫伤果农生产的积极性。荔枝与梨、苹果不同，供应地比较集中而且产量相对有限，一个省份甚至一个地级市的产量增减，都会明显影响到整个市场，这样对于消费者的“荔枝自由”也是不小的打击。如今，科学家正在加快育种攻关，培养产量稳定的品种，并且通过水肥和植物生长调节等技术减少“大小年”的影响。

除此之外，书中还最早揭示了核种导致荔枝品种变异现象。在北宋时期，荔枝幼苗还是用荔枝核培育出来的。核种法是一种有性繁殖法，不仅容易导致荔枝品种变异，使优良荔枝品种难以繁殖推广，还会使荔枝树十年以上才会结果，有的甚至不会结果。这种认识也为“掇树法”[①] 的应用推广奠定了基础，大大提高了荔枝生产的效率及产量。

在加工贮存方面，《明法制》篇记述了四种荔枝的干制方法：一是“红盐之

① 掇树法，即高空压条法是一种无性繁殖的方法，可保持品种纯洁，防止变异。

法”，“以盐梅卤浸佛桑花为红浆，投荔枝渍之，曝干，色红，味甘酸，可三四年不虫”，但是这样贮存的荔枝味道不正宗；二是“白晒法”，“烈日干之，以核坚为止，畜之瓮中，密封百日，谓之出汗。去汗耐久，不然逾岁坏矣”，这样加工的荔枝能够最大程度保持原来的味道；三是“蜜煎法”，“剥生荔枝，榨去其浆，然后蜜煮之”，如此加工出来的产品就是荔枝果脯，是一种很受人喜爱的传统名贵食品；四是“晒煎法”，这是蔡襄最推崇的一种加工方法，将荔枝晒至半干后再放进蜜中煮之，加工后的荔枝“色黄白而味美可爱”，且由于未完全晒干而大大减少了荔枝的损耗。

荔枝赋名有典

《荔枝谱》介绍了 32 个荔枝品种。这些品种的命名方式大致可以分为两种：一种是以荔枝独特的自然特性（味道、形状、颜色）命名，如“蜜荔枝”“牛心”“绿核”等；另一种是以荔枝的社会和文化背景来命名，而这之中又常常会有一些有趣的故事。

例如，以生产荔枝的人家或地点命名的，有“蓝家红”“何家红”等。当时，许多著名荔枝品种都是出于天然，而非人工培养。人们虽然将荔枝核作种子种植，获得果实的色、香、味却与原来品种有很大差异，因而这些优秀的品种十分珍贵。“方家红”就是这样一种天然名品。据说方家拥有一种可结果上千颗的稀有荔枝品种。为了突出“物以稀为贵”，方家将当年收获中的二百颗荔枝献给蔡襄，并告诉他说这种荔枝树一年只能结二百颗果实。有趣的是，自蔡襄将“方家红”写入《荔枝谱》以后，方家的荔枝树虽然依旧枝繁叶茂，但是每到成熟的时候，真的就只能结出不到二百颗果实。

以荔枝相关的名人命名，如“十八娘荔枝”“将军荔枝”等，背后往往都有着一段历史典故。

树极高大，实如陈紫而小，甘美无异。或云陈紫种出宋氏。世传其树已三百岁，旧属王氏，黄巢兵过，欲斧薪之。王氏媪[1]（ǎo）抱树号泣，求与树偕死。贼怜之，不伐。宋公名诚。公者，老人之称，年余（逾）八十，子孙皆仕宦。（《荔枝谱·别种类》）

据说“陈紫”这一品种最初是源于宋氏家族，名“宋公荔枝树”。唐末时由妇人王氏照料，黄巢军路过当地，欲砍伐此树，王氏抱树大哭、以命相逼，黄巢兵士因受感动而放弃伐树，才使此树得以留存。

开创“荔枝学”风潮

实际上，蔡襄的《荔枝谱》并非史上第一部荔枝专著。现存最早的《荔枝谱》是北宋初年南海主簿郑熊所作的《广中荔枝谱》，这是一部记载广东荔枝的作品，但此书除了22个荔枝品种名称，其余内容未能得到流传，也就没能在荔枝的研究和普及上产生大的影响。而蔡襄《荔枝谱》之后，中国古代的“荔枝学”风潮才真正开始勃兴。

中国古代关于果树栽培的记载多包含在综合性农书中，专记一种水果的农书不多见，然而关于荔枝的著作却有十多种。蔡襄之后有明代屠本畯的《闽中荔枝谱》、宋钰的《荔枝谱》、邓庆案的《闽中荔枝通谱》、清代陈鼎的《荔枝谱》、吴应逵的《岭南荔枝谱》等，这些著作基本上都是沿袭蔡襄《荔枝谱》的体系和写法，可见蔡襄《荔枝谱》在荔枝学研究中具有的开创性作用。

与《荔枝谱》相关，还产生了有趣的地域文化之争。从汉代至中唐，岭南荔枝在物产上一直占据优势。然而中唐之后，其地位受到了来自四川和福建的挑战。宋代以后，荔枝闽粤优劣之争更是随着蔡襄《荔枝谱》变成了主旋律，福建地区的文人一直牢牢掌握着话语权。但也受到不少质疑。苏轼就曾写诗说：“糖霜不待蜀客寄，荔支莫信闽人夸。”清代，广东出现了两个顶级荔枝品

① 媪指老年妇女。

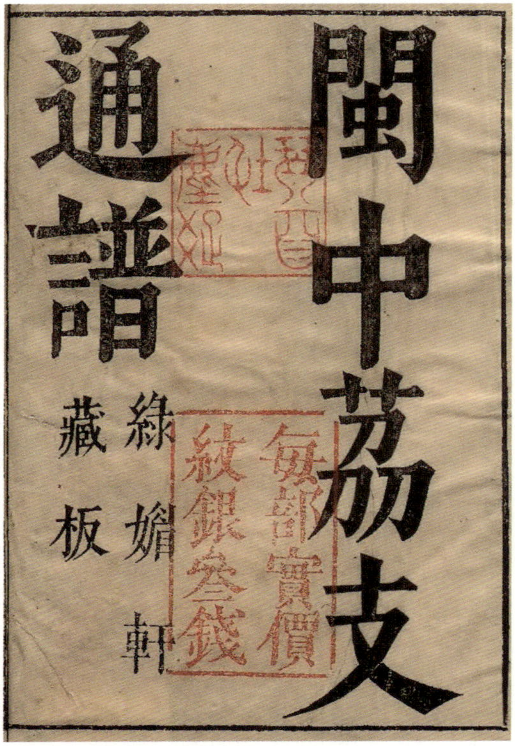

《闽中荔枝通谱》① · 明崇祯二年（1629）刊本

种——新兴香荔和增城挂绿。新兴香荔在清初就被誉为“荔中神品”，后来被进贡给皇家。而增城挂绿在朱彝尊、屈大均、陈恭尹等文人的力推下，很快登上了“荔枝之最”的宝座。清中后期，广东荔枝文学作品的数量大幅提升，广东荔枝和荔枝文化在全国已是独树一帜。

《荔枝谱》与《橘录》

有趣的是，《荔枝谱》的流行还对另一部水果专著的诞生产生了一定的影响。南宋抗金名将韩世忠之子韩彦直曾在温州做官，对于当地的特产——柑橘非常喜爱，认为它的味道不比荔枝差，对于无人为柑橘写书而感到惋惜。于是他查阅相关资料、进行实地考察，写成了《永嘉橘录》一书，记载了温州一带柑橘的品种、特征以及种植、移栽、嫁接、收藏、加工等，为世界上最早的柑橘专著。

> 橘之美，当不减荔子，荔子今有谱，得与牡丹、芍药花谱并行。而独未有谱橘者。子爱橘甚，橘若有待于予，不可以辞，予因为之谱。(《永嘉橘录》)

---

① 《闽中荔枝通谱》中“枝”，即为“支”。

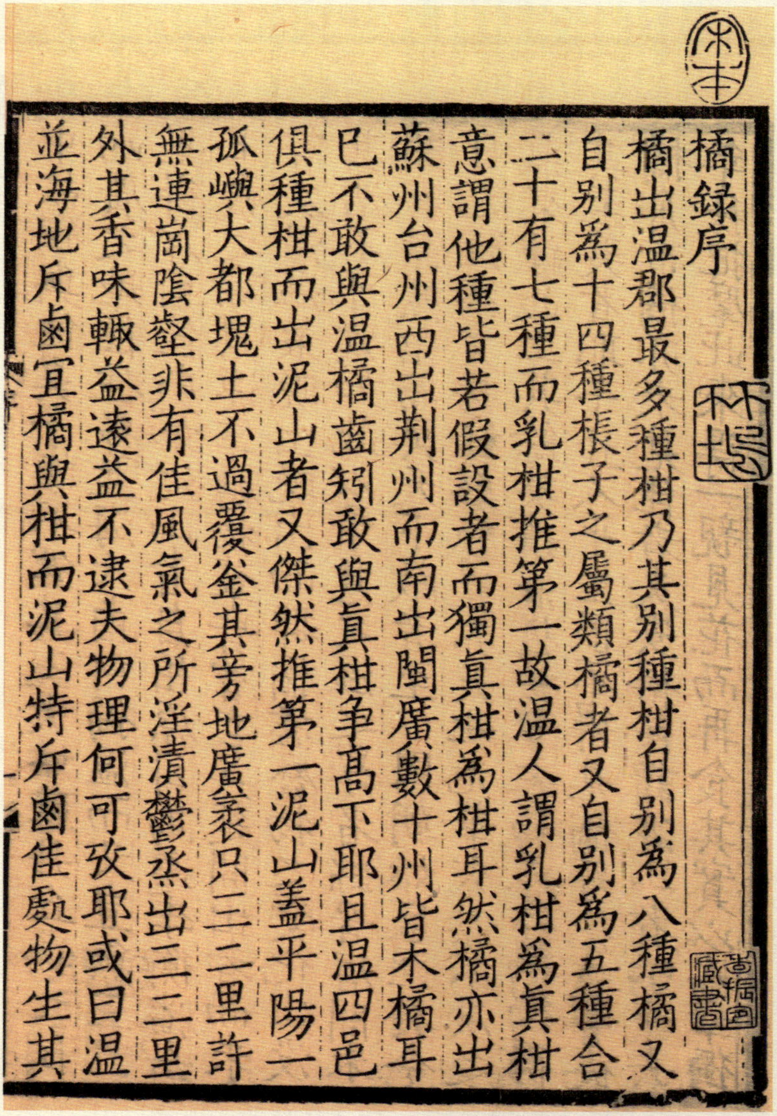

橘録序

橘出温郡最多種柑乃其別種柑自別爲八種橘又自別爲十四種棖子之屬類橘者又自別爲五種合二十有七種而乳柑推第一故温人謂乳柑爲眞柑意謂他種皆若假設者而獨眞柑爲柑耳然橘亦出蘇州台州西出荆州而南出閩廣數十州皆木橘耳已不敢與温橘齒矧敢與眞柑爭高下耶且温四邑俱種柑而出泥山者又傑然推第一泥山蓋平陽一孤嶼大都塊土不過覆釜其旁地廣袤只三二里許無連崗陰壑非有佳風氣之所淫漬鬱烝出三二里外其香味輙益遠益不逮夫物理何可攷耶或曰温並海地斥鹵宜橘與柑而泥山特斥鹵佳處物生其

《永嘉橘录》· 宋《百川学海》本

第二节 现存最早的蚕业专书——《秦观蚕书》

蚕事缫工，技传世用。

满箔春蚕得茧丝，家家机杼换新衣。

——宋代王炎《丰年谣五首·其一》

蚕桑养殖是中国古代农业的重要支柱，蚕丝是古代主要衣被原料之一，是农牧区间经济交流和对外贸易的重要物资。中国是蚕桑丝织的发源地，相传在黄帝时代已开始养蚕。蚕桑文化历史悠久，是中国传统文化的重要组成部分。唐宋时期，中国北方的蚕桑技术趋于成熟，并向南方逐步传播，《秦观蚕书》（简称《蚕书》）在蚕桑业的南北交融之中发挥了重要的作用。

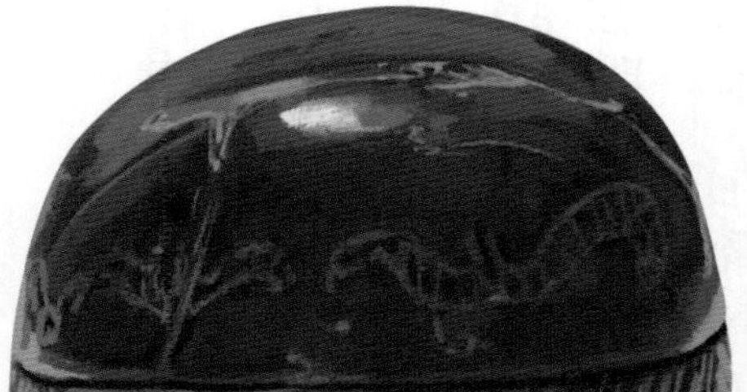

新石器时代蚕纹象牙杖首饰 · 浙江余姚河姆渡遗址出土

| 浙江省博物馆 · 藏 |

（文物两侧下端近口沿部位钻凿有对称的两个小圆孔，其外表下端阴刻有一圈编织纹装饰带，中部阴刻有十分珍贵的蚕纹图像。）

秦观著述的《蚕书》是一篇仅有千余字的养蚕论文，是中国现存最早论述养蚕、缫丝的专业蚕书，比日本最早的蚕书《蚕饲法记》要早600多年。《氾胜之书》《齐民要术》《四时纂要》等农书中都只保存种桑养蚕的条文，而唐代的两种《蚕经》和五代孙光宪的《蚕书》均已失传，因此秦观的《蚕书》更显其宝贵价值。

千字文《秦观蚕书》

《秦观蚕书》除序以外分为十题。《种变》《时食》《制居》《化治》四目简要叙述养蚕的整个过程，乃至煮茧的具体操作方法及注意事项；《钱眼》《锁星》《添梯》《车》四目介绍缫丝的技术和缫丝工具；《祷神》记述农家祭祀蚕神的传统仪式；《戎治》则以《唐史》所载西域于阗国治茧之事告诫世人。全书仅千字左右。

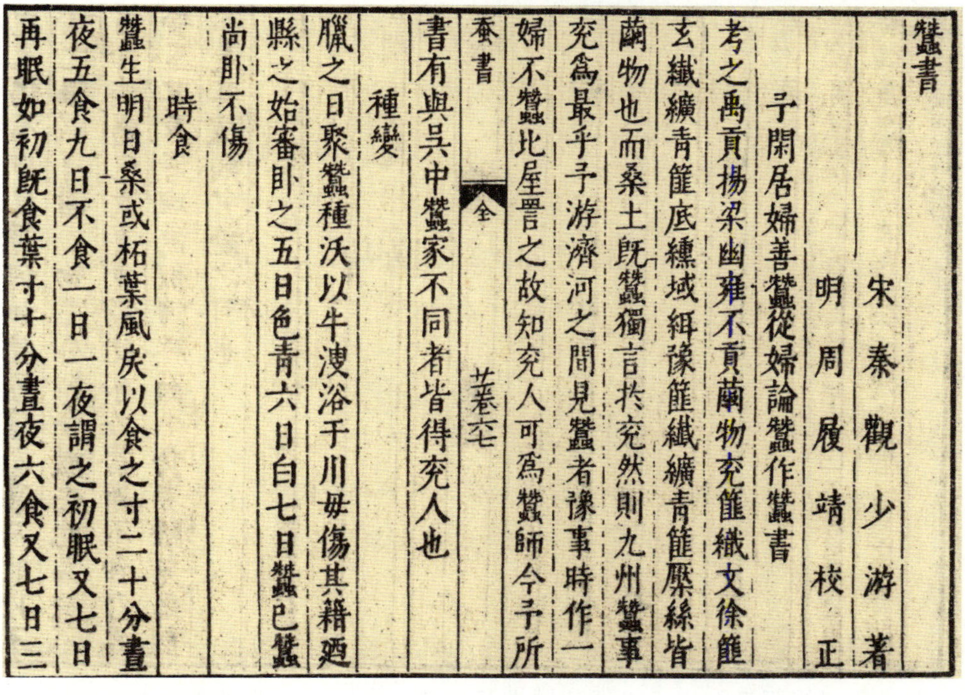

蠶書

宋　秦　觀　少　游　著

明　周　履　靖　校　正

予閑居婦善蠶從婦論蠶作蠶書

考之禹貢揚梁幽雍不貢繭物兖篚織文徐篚玄纖縞青篚底纁域緝豫篚纖纊青篚檿絲皆繭物也而桑土既蠶獨言於兖然則九州蠶事兖爲最乎予游濟河之間見蠶者豫事時作一婦不蠶比屋詈之故知兖人可爲蠶師今予所書有與吳中蠶家不同者皆得兖人也

蚕書　全

種變

臘之日聚蠶種沃以牛溲浴于川毋傷其藉廼縣之始雷卧之五日色青六日白七日蠶已蠶尚卧不傷

時食

蠶生明日桑或柘葉風戾以食之寸二十分晝夜五食九日不食一日一夜謂之初眠又七日再眠如初既食葉寸十分晝夜六食又七日三

《蚕书》·明《夷门广牍》本

《蚕书》的版本

《秦观蚕书》流传有多种版本，如明《百陵学山》本、《夷门广牍》本、清《四库全书》本、《知不足斋丛书》本、《龙威秘书》本、《青照堂丛书》本、《农学丛书》本、民国《丛书集成》本等。由于蚕书的篇幅较小，《四库全书》本等版本中将《蚕书》附在同时代的《陈旉农书》后。

诗文动人的秦少游

秦观（1049—1100），字太虚，又字少游，别号邗沟居士，世称淮海先生，扬州高邮（今江苏省高邮市）人。年少而有才名，研习经史，喜读兵书。他是北宋著名的文学家，诗、文、词都有很高的造诣，词作尤其唯美动人，颇得苏轼赏识。他与黄庭坚、张耒、晁补之合称“苏门四学士”。秦观的代表作有《鹊桥仙·纤云弄巧》《望海潮·洛阳怀古》《满庭芳·山抹微云》等，其中，《鹊桥仙》中“两情若是久长时，又岂在朝朝暮暮”，被誉为“化腐朽为神奇”的佳句。

鹊桥仙·纤云弄巧

宋·秦观

纤云弄巧，飞星传恨，银汉迢迢暗度。
金风玉露一相逢，便胜却人间无数。
柔情似水，佳期如梦，忍顾鹊桥归路。
两情若是久长时，又岂在朝朝暮暮。

秦观的仕途并不顺利。他曾两度参加科举考试，都以失败告终。1085年，他在中年时终于考取进士，经苏轼推荐担任太常博士，兼国史院编修。然而，他在北宋后期的政治斗争中屡受贬谪，遭到流放，在北宋王朝风雨飘摇之时才被召回，却死于途中。

学于兖人，终成《蚕书》

北宋时期的蚕业中心尚未完全南移，山东兖州仍是全国蚕桑生产及技术最发达的地区之一。1078年，秦观第一次入京应举，并顺道拜访在徐州任太守的苏轼，途中曾“游济河之间”，见识过兖州一带养蚕缫丝的先进技术，认为“兖人可为蚕师”，所以在《蚕书》中说：“今予所书，有与吴中蚕家不同者，皆得之兖人也。”可见《蚕书》的内容是秦观在家乡高邮地区蚕桑生产经验的基础上，引入、总结兖州地区的先进技术而写成的，“学于兖人”是此书的重点。

秦观像

诗中蚕事，句中蚕情

《蚕书》是秦观在充分实践和调查研究的基础上写成的，他在诗中多次描述家乡田间的劳作场景，其中就包括养蚕之事。

田居四首（节选）

宋·秦观

入夏桑柘[1]（zhè）稠，阴阴翳[2]（yì）墟落。

新麦已登场，余蚕犹占箔。

入夏之后，桑树与柘树生得茂密，那浓密的树荫覆盖了整个村落。新熟的麦子已经收割了，剩下的蚕茧却还没来得及抽丝。

---

① 柘指桑属落叶乔木或灌木。

② 翳指遮掩。

秋　日

宋・秦观

月团新碾瀹[1]（yuè）花瓷，饮罢呼儿课楚词。

风定小轩无落叶，青虫相对吐秋丝。

这首诗三四句突出了静观万物的逸趣闲情。风刚刚平息，树梢处于暂时的静止状态，连一片枯叶也不见掉落，青虫相对吐丝，好不自在。青虫是非常微小的生物，吐丝是极为轻微的动作，诗人却能细心体察，足见他对蚕桑生产抱有何等浓厚的兴趣。

南宋刘松年《蚕事图》（局部）

| 台北故宫博物院・藏 |

① 瀹指煮。

科学养蚕，技术先进

《蚕书》虽然篇幅小，其中讲述的内容却极其丰富。我们可以从中了解宋代养蚕的主要环节和当时先进的蚕桑技术。

> 腊之日，聚蚕种，沃以牛溲，浴于川。(《蚕书·种变》)

一是浴种。从周代起，先民就“奉种浴于川”，把蚕种放到溪流中洗浴，把蚕卵上的蛾尿及病原物等洗去。之后历代仿效。在历代皇后所主持的亲蚕祭

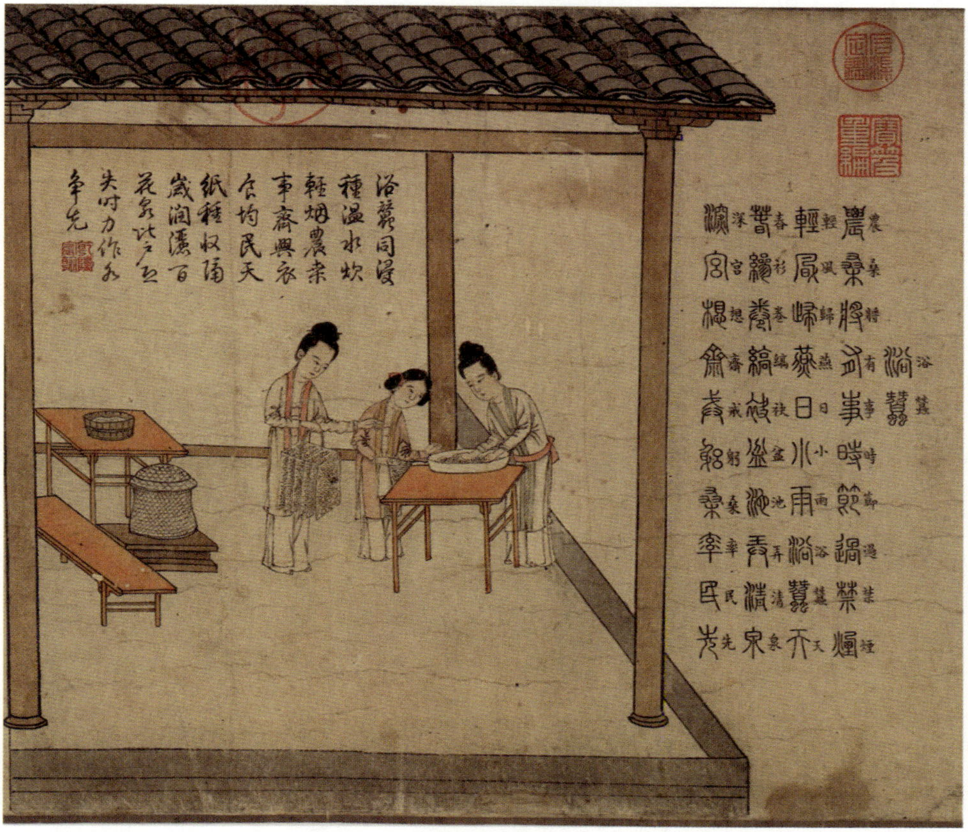

浴蚕:《蚕织图》(传)元程棨绘

| 弗利尔美术馆·藏 |

典中，常有浴蚕的仪式。《蚕书》中讲道，在腊月的时候，使用牛尿浸泡蚕卵，然后放在冷水中。前者的目的是消毒，后者则为了去掉抵抗力比较差的蚕种，提升所选蚕种的质量。

卧之五日，色青，六日白，七日蚕，已蚕尚卧而不伤。(《蚕书·种变》)

二是催青。“催青”就是通过增加温度的方法孵化蚕卵，因蚕卵在孵化前一二天呈青色而得名，也称“暖种”。《蚕书》中提出的是体温催青技术。在此之前，运用的都是在室内加温催青。但是在古代人们没有测温设备，很难控制温度，容易对蚕种造成伤害。催青的温度要求是25摄氏度左右，而人的体温在37摄氏度左右，将蚕种隔着衣服放在怀里，基本符合催青的温度条件，能够使蚕卵孵化而不受伤害，很好地解决了温控问题。

三是喂养和眠化。蚕孵化之后，人们可以开始喂养它们。蚕在食桑的过程中，经过几次蜕皮和休眠，开始吐丝结茧。《蚕书》对喂养和眠化过程中，蚕在各个成长阶段的天数及采茧的适宜时间，都做出了科学而准确的计算。在喂养方法上，详细记述了不同龄期的给桑次数，并提出了“多回薄饲”技术，同时强调“毋食二叶”。如果一次喂食桑叶的量过多，不但蚕吃不完会造成浪费，还会使蚕吃剩叶。“多回薄饲”可以让蚕经常吃到新鲜桑叶，能够保证其营养充足，增强体质。

四是作茧。《蚕书》提到的蚕簇是承蚕作茧的用具，外观呈圆锥形，多用稻草搭成；蚕簇内置蚕架，使蚕在上面结成蚕茧。书中总结了温度与养蚕的关系，即“居蚕欲温，居茧欲凉”，蚕在生长阶段需要较为温暖的环境，而在结茧阶段则需要凉爽的环境，“寒之以风，以缓蛾变”，减缓蚕破茧成蛾的时间，方便抽丝。实际上可以用作蚕簇的东西有很多，上古时代多用蒿草茎秆物，南方有些地区也有用竹篾制作蚕蔟的。

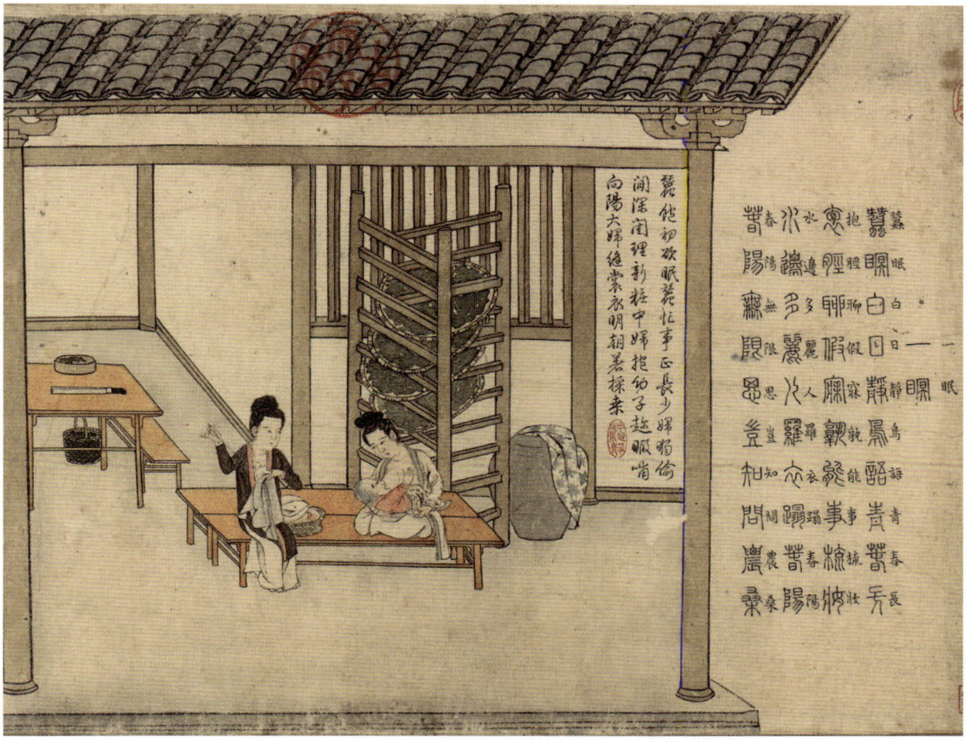

一眠:《蚕织图》(传)元程棨绘

| 弗利尔美术馆·藏 |

宋代缫车的结构与操作

远古先民将丝线缠在棍子上，用手撕捻线，可以拉出长长的根线，这就是最早的缫丝。后来，人们不断发明了缫丝的工具。秦汉以前的缫丝使用一些简单的器具，由缫丝人手工操作。在唐代，手摇缫车的使用已相当普遍。《蚕书》详细记载了宋代缫车的结构和操作方法：在煮茧的小锅上面装一个铜钱，将茧丝穿过铜钱的眼子，使丝缕粘在一起，然后牵引到“锁星”（鼓轮），过“添梯”（络绞装置）后绕到“辘轳”（丝框）上。为了防止卷绕到丝框上的丝缕叠起来，缫车上安装有专门往复运动的络绞装置，使丝可以均匀地卷绕。随着缫丝工具和技术的进步，丝织品的种类和纹样也日益丰富。

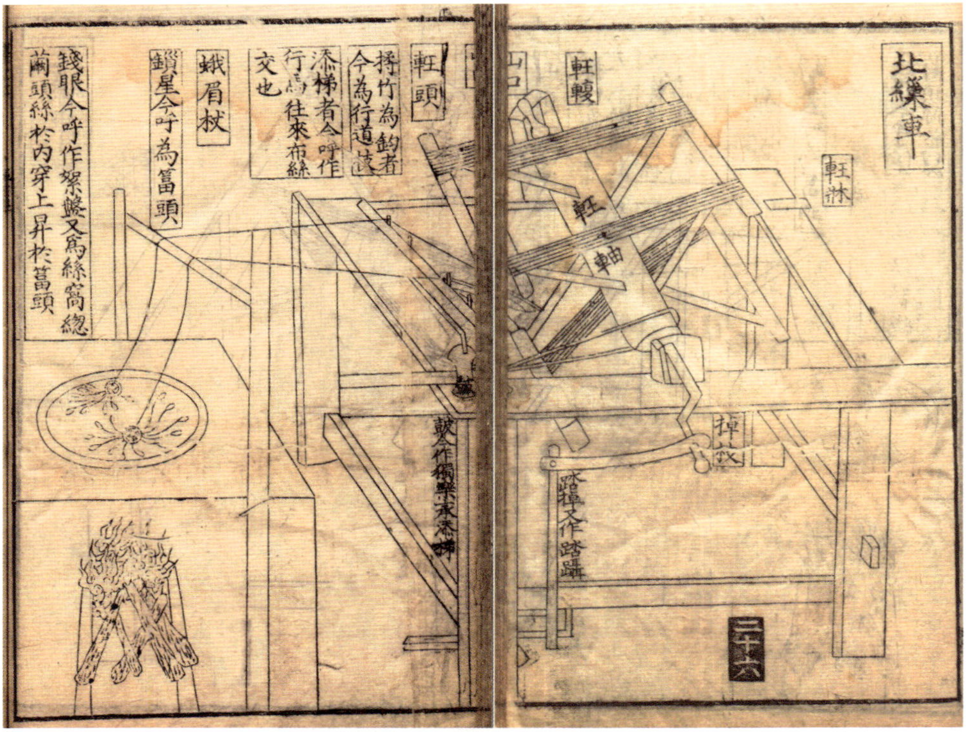

北缫车:《王祯农书》· 明嘉靖九年(1530)山东布政司刊本

宋代杂宝花罗裙裤(里面的图案是折枝小花纹、菱格纹和杂宝纹,杂宝纹有着吉祥的寓意),折枝花绫(以折枝花卉为主要表现题材,显示了清新和写实的一面)

| 中国丝绸博物馆 · 藏 |

蚕种传播的故事

唐史载于阗初无桑蚕，丐邻国，不肯出，其王即求婚，许之。将迎，乃告曰：国无帛，可持蚕自为衣。女闻，置蚕帽絮中，关守不敢验，自是始有蚕。（《蚕书·戎治》）

《蚕书》中引用《唐史》中的内容，讲述了蚕种传播的故事。于阗（tián）是古代西域佛教王国，中国唐代安西都护府（唐朝管辖西域地区的最高军政机构）安西四镇之一，位于今新疆和田一带。于阗国本没有桑蚕，向邻国讨要而不得，国王便向邻国公主求婚，得到应允。迎娶公主前，使节告诉公主须自带蚕种回来，以后才好制作丝绸衣裳。于是公主悄悄在帽子的丝絮中藏放了些蚕卵。出嫁的队伍出关时，守关的官员一一检查所有人所带之物，只有公主头上的帽子不敢摘取查验。于是，蚕种被带回了于阗国。

“忧虫”背后的养蚕习俗和神话传说

古人称蚕为“忧虫”，因为它从小到大极易生病，令人担忧。为了防治蚕病，古人甚至为蚕赋予了神灵色彩，要求人们严格遵守养蚕的禁忌习俗。《蚕书·祷神》中讲道：“卧种之日，升香以祷。天驷，先蚕也。割鸡设醴以祷妇人、寓氏公主，盖蚕神也。毋治堰，毋诛草，毋沃灰，毋室入外人，四者神实恶之。”这说明，自汉至宋，人们已将“先蚕”（育蚕之神）与菀窳（wǎn yǔ）妇人、寓氏公主区分开来。

菀窳妇人、寓氏公主是民间崇拜的两位蚕神。妇人已婚，公主则表示未婚，菀窳妇人和寓氏公主分别代表了成蛾的蚕和幼年的蚕，是蚕的不同生长阶段，这大约也是分二神祭拜的原因。

“先蚕”指的是“嫘祖”，传说是黄帝的元妃，在众多蚕神中地位最高。嫘祖在古书中出现较晚，在嫘祖被史书记载为蚕神之前，皇室所祭拜的是菀窳妇人、寓氏公主这两位蚕神。由于身份尊贵，后来嫘祖渐渐代替了之前的两位蚕神，成为皇族祭祀蚕桑的主神。另外，中国古代民间祭拜的蚕神还有马头娘、三姑和蚕母等，一众蚕神组成了多样化的蚕神体系。

现今，民间关于蚕神祭祀的活动非常丰富，富有文化特色。例如，浙江的“含山轧（gá）蚕花”已被列入国家级非物质文化遗产代表性项目名录。清明前后，养蚕人家到附近庙里拜蚕神，还有背蚕种包、上山踏青、买卖蚕花、戴蚕花等活动。其间青年男女，熙熙攘攘，喜欢越挤越好，所以用了“轧”字，也就是人挤人到极点。

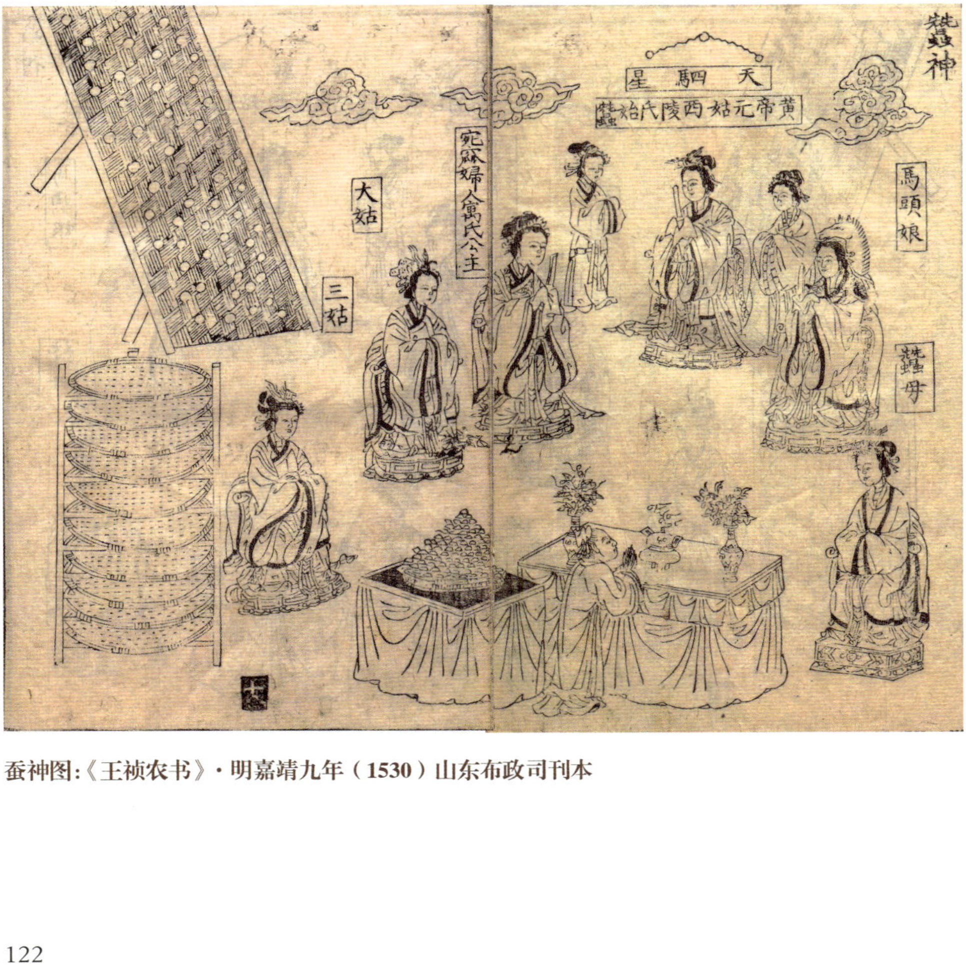

蚕神图:《王祯农书》· 明嘉靖九年（1530）山东布政司刊本

世人对《蚕书》的误解

秦观《蚕书》在中国蚕业科学史上占有重要地位，但过去对《蚕书》的负面评价不少。究其原因，主要是缺乏对秦观和他的《蚕书》的深入研究，甚至出现有些句读错误，以致在错误理解的基础上，做出了错误的评价。例如，有人认为《蚕书》由秦观夫妻二人讨论写成，仅仅是来自一个家庭的生产经验，在内容和价值上无法和其他农书相提并论。实际上，这是对《蚕书》有关句读望文生义造成的误解。确实，秦观在《蚕书》中写道："予闲居，妇善蚕，从妇论蚕，作蚕书。"但这里的"妇"并非指他的妻子，而是泛指其家乡善养蚕的村妇。另外，此句在全书之首，说的是秦观作《蚕书》的缘起而非全书内容，应理解为：我在家时，邻居和家乡妇女善养蚕，我和她们讨论养蚕的方法，才有了写作《蚕书》的想法（或开始写作《蚕书》）。此后参与蚕桑生产、向兖人学习才是书中内容的来源。

《蚕书》对中国蚕桑业的重大影响

《蚕书》的科学性和实用价值，使这本"千字文"式的蚕桑专著与知名的农学著作《陈旉农书》同步流行，可见世人对《蚕书》的高度重视。

北宋是中国蚕业史上一个重要时期。当时把绢帛当作对外贸易的主要物资和"岁币"，鼓励蚕业生产，丝织生产技艺日趋成熟与完善，丝织品花色品种之丰富，织造技术之精巧，皆较前代前进了一步。北宋以前，北方蚕业技术水平更为成熟、水平更高。北宋时期，北方蚕业技术逐渐被传播到南方，加以推广。经秦观《蚕书》的系统总结，北方的蚕桑技术精华与南方的生产经验进一步融合，体系更加完善，推动了南方养蚕技术水平的进步，使得南方丝绸的产量和质量都得到很大提高，并且逐渐超过了北方蚕区。

当然不能夸大《蚕书》的价值，影响蚕桑技术南移的因素很多，但是在这一历史进程中该书确实发挥了重要的作用。

宋代“海上丝绸之路”与《蚕书》

丝绸之路，自古以来是中国与世界商业贸易和文化交往的重要通道，如同一条绚丽的绸带，将古老的东方和西方紧密相连。这条通道又分为陆上丝绸之路与海上丝绸之路。宋代海上丝绸之路的繁荣，与蚕桑技术的精进及《蚕书》的问世有着千丝万缕的联系。

由于内陆战争的影响阻断了陆上贸易之路，以及造船和航海技术的发展，宋代对于海外贸易尤其重视，大量丝绸和瓷器向外传播，大大推动了工商业的发展。北宋翰林学士李邴有“苍官影里三洲路，涨海声申万国商”的诗句，描绘了东方第一大港泉州桅帆如云、商贾云集的繁华商贸景象。海外丝绸需求的增加在一定程度上也推动了国内蚕桑生产技术的进步。宋代海上丝绸之路的兴盛成为《蚕书》写成的外来动力,《蚕书》推动蚕桑技术的发展，也为海上丝绸之路提供了更加丰富、高质量的丝织商品。

第三节 古代黄酒酿造的精华之作——《北山酒经》

——酿方曲法，成熟精进。

何以解忧？唯有杜康。

——东汉曹操《短歌行》

酒，古人美其名曰“天乳”。酒的产生，最初来自大自然的馈赠。野果腐烂发酵之后，化为清澈醇香的液体，为古代先民提供了美味的天然酒。随着农耕活动的发展和生产力的提高，人们开始有意识地利用粮食酿酒，发明了人工酿酒技术，并开设酒坊，使酒逐渐成为中国古代社会饮食文化中不可或缺的组成部分。从物质享受到精神愉悦，酒深刻地影响着人们的生活。

黄酒以黍米、粟及糯米为原料，是世界上最古老的酒类之一，是中国独有的品类，与啤酒、葡萄酒并称世界三大古酒。唐宋时期是中国黄酒酿造的鼎盛阶段，在数千年的生产实践之后，传统的酿造技艺得到了升华，形成了成熟的酿造理论、工艺流程和技术体系。北宋时期医学家朱肱所写的酒学名著《北山酒经》是中国古代学术理论水平最高、酿造技术体系最全面和最有实践指导价值的黄酒酿造专著。

酒学名著《北山酒经》

《酒经》是伴随着酿酒技术发展而产生的一类古农书，主要内容是记述各种酿酒工艺、技术，还收录酒的历史、历代酒的典故、各种酒器等，全面呈现了源远流长的中华酒文化。

《北山酒经》全书分上、中、下三卷：上卷记酒的历史发展、社会功能、创作此书的缘由和酿酒工艺的要点，总结了历代重要的酿酒理论，并对酿酒工艺做了提纲挈领的全面阐述；中卷论述制曲技术，收录了十三种酒曲的配料名目、分量、加工及配制方法；下卷论述酿酒技术，包括卧浆、淘米、煎浆、汤米等工序，每道工序都注明了方法及要点，记载了二十二种酒的酿造方法，如白羊酒、地黄酒、菊花酒和葡萄酒等。

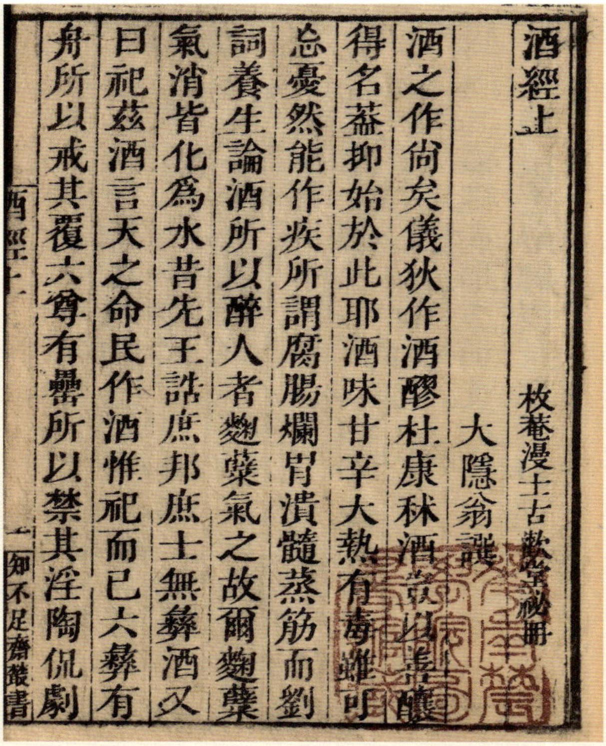
酒經上

枚菴漫士古歡堂祕册

大隱翁譔

酒之作尚矣儀狄作酒醪杜康秫酒豈以善釀得名蓋抑始於此耶酒味甘辛大熱有毒雖可忘憂然能作疾所謂腐腸爛胃潰髓蒸筋而劉詞養生論酒所以醉人者麴蘖氣之故爾麴蘖氣消皆化爲水昔先王誥庶邦庶士無彝酒又曰祀茲酒言天之命民作酒惟祀而已六彝有舟所以戒其覆六尊有罍所以禁其淫陶侃劇

酒經上　一　知不足齋叢書

《北山酒经》·清《知不足斋丛书》本

《北山酒经》的版本

《北山酒经》一经成书，曾在京师、东都、福建、两浙等地刊刻流行。元末明初被陶宗仪收入丛书《说郛》之中，同时被收入《吴兴艺文志补》。其他版本还有明《夷门广牍》本，清钱氏述古堂抄本、《四库全书》本、《知不足斋丛书》本等。

医酒双才朱翼中

朱肱（gōng）（1050—1125），字翼中，号无求子，晚年更号大隐翁，北宋时期湖州乌程（今浙江省湖州市吴兴区）人。元祐三年（1088）进士，朱肱中

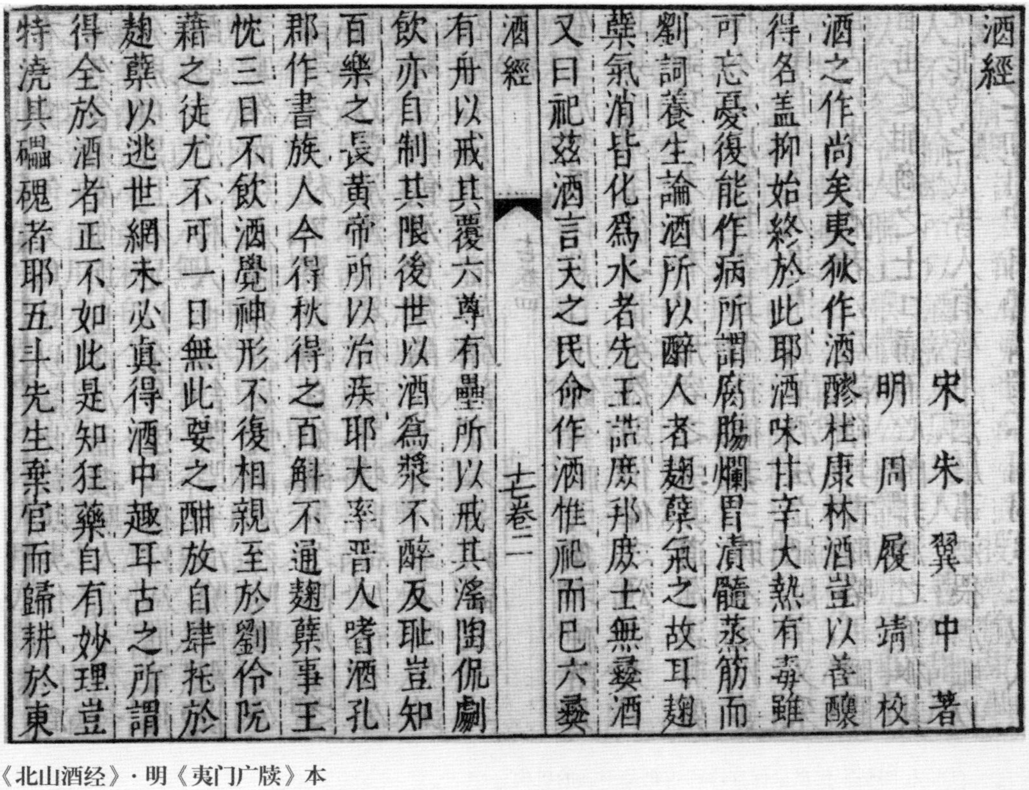
酒經
宋　朱　翼中　著
明　周履靖　校
酒之作尚矣夷狄作酒醪杜康秫酒豈以善釀
得名盖抑始終於此耶酒味甘辛大熱有毒雖
可忘憂復能作病所謂腐腸爛胃潰髓蒸筋而
劉詞養生論酒所以醉人者麴蘗氣之故耳麴
蘗氣消皆化爲水者先王誥庶邦庶士無彝酒
又曰祀兹酒言天之民命作酒惟祀而已六彝
酒經　十七　卷二
有舟以戒其覆六尊有罍所以戒其濫陶侃劇
飲亦自制其限後世以酒爲漿不醉反耻豈知
百樂之長黄帝所以治疾耶大率晋人嗜酒孔
郡作書族人今得秋得之百斛不通麴蘗事王
忱三日不飲酒覺神形不復相親至於劉伶阮
藉之徒尤不可一日無此要之酣放自肆托於
麴蘗以逃世網未必真得酒中趣耳古之所謂
得全於酒者正不如此是知狂藥自有妙理豈
特澆其礧磈者耶五斗先生棄官而歸耕於東

《北山酒经》·明《夷门广牍》本

第后曾任雄州（今河北省保定市）防御推官、邓州（今河南省邓州市）录事、奉议郎直秘阁（掌管秘阁[1]事务）等职，因此后人也叫他朱奉议。

朱肱生长在一个有操守和文化传统的家庭里。他的祖父是朱承逸，为人慷慨，乐善好施，曾经代人偿债，避免了负债人全家落难。宋仁宗庆历年间发生饥馑，他通过施米做粥，救活了贫民上万人。朱肱的父亲朱临曾任大理寺丞，兄长朱服曾任中书舍人、礼部侍郎，都以品行高洁著称。

生长在这样一个家庭里，朱肱自幼便受到来自祖父、父兄的影响，一生看重操守，仗义执言。崇宁元年（1102）发生了日食，他上疏谏言灾异，指摘当政时弊，触犯权贵而被罢官，退居杭州大隐坊，潜心研究医学和酿酒，著书立说。

朱肱用了近十年时间写成《伤寒百问》一书，对张仲景的《伤寒杂病论》加以充实，并用问答形式举例论述各种伤寒病症及医治方法，受到广泛欢迎，被世人称为《南阳活人书》。他写作这本书的目的是希望“天下之大，人无夭伐，老不哭幼”，人人都能尊生长寿，尽其天年。朝廷大兴医药后，他被征聘为医学博士，次年又因同情苏轼而被贬至达州（今四川省达县），再由朝奉郎提点洞霄宫官职召还，可谓一波三折。

朱肱像

《北山酒经》的写作时间不详，但应当是朱肱在浙江隐居的时候写成的。“北山”即杭州西湖边的北山，含有“不忘归隐”之意。在朝廷的高度重视下，酿酒业兴旺发达，而浙江一带恰是黄酒酿造的主产地之一，酒作坊比比皆是,《北山酒经》成书即得益于此。朱肱的同僚李保后

① 秘阁是宋代皇家保存珍稀古籍及书画的机构。

作《续北山酒经》，增补了46种酿酒制曲法，并在序中作诗盛赞朱肱的品行和成就。

《续北山酒经》

宋·李保

陶冶穷愁孰知贫，诵德不独有伯伦。
先生作经贤圣分，独醒正似非全身。
德全不许世人闻，梦中作诗语所亲。
不愿万户误国恩，乞取醉乡作封君。

饮酒与人生

酒自身无过，但不宜纵饮

六彝有舟，所以戒其覆。六尊有罍[①]（léi），所以禁其淫。（《北山酒经·卷上》）

朱肱在《北山酒经》开篇先述说酒的悠久历史，其后马上转入饮酒应当适度的话题，提出酒虽然能够让人忘忧，但也会导致腐肠、烂胃、溃髓和蒸筋（四肢筋脉肿胀、疼痛）等疾病。虽然这不是酒本身的错，但却不能无节制地饮酒。古时祭祀用的酒器中有“舟”形的，就是提醒人们不要因饮酒而“覆舟”；盛酒器中有容量较小的“罍”，就是告诉人们饮酒要适量。朱肱虽然力赞酒之美味，崇尚酒的至高地位，但也深谙过度饮酒的危害。他严厉抨击“不醉反耻”的做法，这对当今社会的饮酒习惯仍有一定启示。

饮酒的境界——与世浮沉

《北山酒经》谈到饮酒的乐趣不仅限于酒本身，更在于酒能使人产生的情

---

① 罍指古代一种酒器，多用青铜或陶制成。口小，腹深，有圈足和盖儿。

春秋青铜舟，商青铜罍

| 南京博物院 · 藏 |

感和胸怀，那是饮酒买醉者不能企及的境界。真正能够达到这个精神层次的，只有陶渊明、范蠡等不慕名利、与世浮沉之人。

> 平居无事，污尊斗酒，发狂荡之思，助江山之兴，亦未足以知曲蘖之力、稻米之功。至于流离放逐，秋声暮雨，朝登糟丘，暮游曲封，御魑魅于烟岚，转炎荒为净土，酒之功力，其近于道耶？与酒游者，死生惊惧交于前而不知，其视穷泰违顺，特戏事尔。(《北山酒经 · 卷上》)

朱肱认为，在危难面前，饮酒可以使人抵御鬼怪的侵扰，将荒凉之地化为圣土，超脱生死，将穷困、发达、顺利、逆境看作不过是一场戏，使人的精神进入忘我的境界。

酒的社会功能——祭祀与社交

> 大哉，酒之于世也！礼天地，事鬼神。射乡之饮，鹿鸣之歌。宾主百拜，左右秩秩。上自缙绅，下逮闾里。诗人墨客，渔夫樵妇，无一可以缺此。(《北山酒经 · 卷上》)

明代张鹏《渊明醉归图》

| 广东省博物馆·藏 |

（图中绘一醉眼蒙眬、微带笑意的老人，在侍童搀扶下，缓步前行。为表明老者身份，依照传统的表现手法，让侍者手执一株黄菊，以示其为“采菊东篱下”的陶渊明。人物神情飘逸，略带感伤意味，甚是传神。衣纹用笔痛快流畅，树木枝叶粗犷而有质感。）

酒有祭祀和社交两大社会功能。《北山酒经》描述了宋代人人饮酒的盛景。自古以来，酒就被用于祭祀，人们将粮食的精华、醇美的酒浆供奉神祇和祖先，以祈求福报；饮酒活动寄寓着人们丰富的情感，维系着人与人之间的关系，世人无分高下，都离不开酒的滋润。这段描述虽有夸大其词之处，但生动地展现了宋代饮酒之风盛行的样貌。

提纲挈领，总论酒法

宋代流传至今的酒学著作有十余种，前有窦苹《酒谱》，后有苏东坡《东坡酒经》、林洪《新丰酒法》、范成大《桂海酒志》等。然而在酒学理论方面，《北山酒经》最为突出。书中系统地阐述了黄酒的酿造理论，既传承了先人的经验，发展了前人的理论，又创造了新的技法，体现了继承传统而不拘泥于古法的创新精神。这里选取书中理论三则，做一简单介绍。

承前人之精华——“六必”法则

秫稻必齐，曲蘖必时，湛炽必洁，水泉必香，陶器必良，火齐必得。(《北山酒经·卷上》)

早在汉代,《礼记·月令》中就记载了酿酒时要遵循的“六必”原则，即稻米不掺杂质、酒曲用必及时、淘米必须干净、水泉必须清香、酒器必须精良、火候必须合适。这六大原则虽然还不够具体，但其所指的酿酒工艺方向无疑是

宋人物故事纹铜酒斗

| 天水博物馆·藏 |

正确的。这些前人留存下来的酿酒精髓在《北山酒经》中得以继承。

精先人之理论——“酸浆法”

酸浆水是利用粟米等谷物浸泡加工，经发酵而成的白色浆液。《齐民要术》关于酿酒的部分已经记录了用酸浆制酒的方法，但内容较少，缺乏对其原理的清晰说明。《北山酒经》则将使用酸浆作为酿酒不可或缺的环节，提出“浆不酸不可酝酒，盖造酒以浆为祖”。

在古代酿酒的过程中，最怕酒曲腐坏、酒水酸化。“先酸化后酿酒”的策略可以完美地解决这一问题：适度使用酸浆水可以营造有利于酵母菌成长的酸性环境，有效抑制杂菌的产生，防止酒水变质，产生“以酸治酸”的效果。这与现代酿酒工艺学通过控制酸度调节发酵的理论相吻合。

创时代之新法——“干酵法”

发酵是制酒的基本环节，但前人并未深究发酵的原因，认为这是一种自然过程。实际上，发酵是酵母菌作用的结果。但是在寒冷的天气下，发酵的速度和效果都较差，这时就需要人为地添加酵母菌，来促进发酵的顺利进行。

宋人已经意识到了以上发酵原理,《北山酒经》记载了制造“干酵”的方法，具体做法是：在发酵过程中，撇取酒瓮上层浮着的米粒，将其控干后用酒曲末拌匀，透风阴干，以备不时之需。

酒之深奥难以言表

> 於戏！酒之梗概，曲尽于此。若夫心手之用，不传文字，固有父子一法而气味不同，一手自酿而色泽殊绝，此虽酒人亦不能自知也。（《北山酒经·卷上》）

朱肱在《北山酒经》中用了大量篇幅论述黄酒酿造的理论，他认为酿出高品质的黄酒很有难度，酿酒技艺太过深奥，无法用文字全部表达出来，即便是父子传承，所酿酒的气味也很难相同，甚至一人所酿的酒，前后也会有很大差异。这道出了酿酒技术的无比深奥，言外之意，只有在反复实践中才能深刻体会并将其掌握。

酒曲制作方法的进步

改进原料，别具风味

利用酒曲，即发霉、发芽的谷物酿酒是中国酿酒工艺的精华所在，至少在商代的时候就发明了，酒曲中含有几十种微生物，制曲酿酒蕴含的就是利用固体培养和保存微生物的科学原理。《北山酒经》记载的宋代制曲技术，在原料使用上比前代有了很大进步。

第一是采用生料。以往制作酒曲大多使用熟料，也就是将酒曲的原料炒熟、煮熟之后再使用。但熟料中霉菌的数量和生长速度都不及生料。宋代采用生料制曲是技术上的一大进步。

第二是加入中草药。《北山酒经》介绍的各种酒曲之中几乎都加入了草药，这在以前是比较罕见的。朱肱本人精通医学，对中药的药理和作用有着深刻的认识。酒曲加入草药有利于微生物的生长，又能增强酒的滋补效果。

宋代始创的酒曲——顿递祠祭曲

《北山酒经》记载了一种宋代独特的酒曲——顿递祠祭曲。

古代在城外沿道路置备酒食、邮驿以供军用，称为“顿递”。《资治通鉴》中说：“缘道设酒食以供军为‘顿’，置邮驿为‘递’。”五代或宋初，凡大礼时设桥道顿递使，由京尹充任，所酿酒称“顿递酒”，为京师所称道。祠祭，就是宋代祭祀先祖的活动，由礼部祠部司负责。

顿递祠祭曲就是酿造在这些场合所饮之酒时使用的酒曲，其中利用了白术、川芎、白附子、瓜蒂、木香等多种中药，制作工艺也十分精细，包括拌曲料、踩曲、堆曲、盖草及洒水、翻曲、拆曲等，对制曲时的温度、湿度控制要求极高。为祭祀活动置备特殊酒曲并不罕见，但将其用于“顿递”则是从侧面说明了酒在政治、军事方面功能的强化。

酿酒工艺，千古流传

《北山酒经》详细记载了宋代黄酒酿造的工序。令人惊叹的是，这些工序与今日的工序几乎相同。早在一千年前，中国古人就已掌握了成熟的酿酒工艺的各个环节和细节。这里仅对具体方法做一基本介绍。

卧浆：用小麦煮粥，放置多日，形成酸浆。浆不能才发酸就使用，酸味一定要浓重。

淘米：将米洗干净，去除尘土、杂质等，一定要把水控干。

煎浆：将酸浆与水混合，加入葱、椒、油、面等煎制。

浸米：用酸浆水浸泡米，让米充分吸收水分膨胀，这样易于蒸煮，确保米的糊化效果。

蒸醋糜：将浸泡过的米蒸成米饭。醋糜，指的就是浸泡后有酸味的米。

用曲、合酵、酴（tú）米：将酒曲与米饭、中药等混合，准备发酵；在这一过程中利用浮上的米粒制作干酵；用于发酵的米饭混合体“酴”就是酒母。

蒸甜糜、投醹（rú）：用水蒸米饭，将蒸好的米饭分次投入酒母中，直至发酵完毕。这里蒸的米饭是普通米，没有经过酸浆浸泡，与醋糜相对应，称作甜糜。

酒器：准备好盛酒的器具。一般是用瓷瓮或者瓦瓮。

上槽：对浑浊的酒进行压榨、澄清，将酒液与酒糟分离。具体方法是将酒糟装入绢袋，装入木箱里，用压板下压。

收酒：将酒收入酒器中。

煮酒：对酒进行杀菌。把装在瓶中的酒放在甑中，置于竹屉上，用水汽蒸煮。一是杀死酒中的微生物，防止酒腐坏；二是促进黄酒的老熟和部分溶解的蛋白质的凝结，使酒的颜色清亮透明。

火迫酒：用炭火熏烤，加速酒的成熟，促进酒的酯化增香，从而提高酒质，还能起到加热杀菌、促进酒中凝固物沉淀、加热灭酶、固定酒的成分的作用。

虽然火迫酒通过加热的方式提升了酒精纯度，但是这种酒并不等于蒸馏酒，并不是我们今天所说的白酒。传统酿造酒是把原料发酵后直接提取或压榨而获得的。由于酵母菌在高浓度的酒精下不能继续发酵，因此酿造酒的酒精浓度不会很高，一般不超过 20 度。

蒸馏酿造技术是在传统酿造技术的基础上发展起来的。酒精是一种比较容易挥发的物质，当温度达到 78.3 摄氏度时，从液态变为气态。人们将酿酒原料发酵后再用特制的蒸馏器进行加热，将酒精蒸馏出来，形成具有较高浓度酒精的蒸汽，并经过冷却，得到的酒液的度数会高许多，可以达到 60 度以上。蒸馏酒可以在常温下长期保存，一般能放 5 ~ 10 年。

蒸馏酒在我国产生的年代，学界有东汉说、唐代说、宋代说等多种说法，尚未有定论。自宋元以后，蒸馏酒的记载越来越多。但是，《北山酒经》中记载的火迫酒还是传统酿造酒的一种工艺。

中国历代“禁酒令”

中国古代许多统治者都认为饮酒享乐阻碍政务，不利于官员履行职能，会使国家治理者丧德败性，以致废政亡国，因而推行“禁酒令”。

《酒诰》，出自《尚书·周书》，作者是周公旦，是中国第一篇禁酒令，强调不要经常饮酒。对于那些聚众饮酒的人，该禁酒令中也给予了严厉的惩罚。唐代，皇帝驾崩、皇后去世后全国一律不准饮酒，如若发现有人饮酒，则酿酒者、卖酒者与饮酒者都要被斩首。明代开国皇帝朱元璋以民间造酒靡费为由，行禁酒令，颁布诏书令国民“不得种糯，以塞造酒之源”，连酿酒的糯都不许种植。

古人禁酒的原因恰恰与《北山酒经》中“酒复何过耶”的观点相悖，实属无奈之举。《北山酒经》著于宋代，宋代酿酒业非常发达，统治者不但不禁酒，还大力提倡饮酒，形成了以“专卖法”为中心的税制和财政制度。为了增加财政收入，宋朝自始至终实行榷酒政策，鼓励多酿多销，“唯恐人不饮酒”，这也是宋代酒风盛行的政治原因。

如下画作描绘的是文人学士以文会友、饮酒、赋诗、畅谈的场景。园林中绿草如茵，雕栏环绕，树木扶疏，九名文士围坐在桌子周围，树下有二人立谈，另外有童仆侍从者九人，人物姿态生动有致。

宋徽宗《文会图》

| 台北故宫博物院·藏 |

第四节 现存第一部南方水田农业专著——《陈旉农书》

水田农艺，农书先河。

苏湖熟，天下足。

——宋代农谚

宋代，中国的经济重心南移终于完成，长江中下游地区成为全国最繁华的地带。南方水稻种植在工具和技术等方面均得到质的提升，水稻产量跃居粮食作物之首，成为全民的主要粮食来源，乃至国家机构正常运转的命脉。

宋代以前,《氾胜之书》《齐民要术》等农书都是讲述黄河流域的“旱农”生产技术。到了宋代，在经济日益繁荣的长江中下游、以水稻蚕桑产业为主的“泽农”地区，迫切需要一部专述当地农耕技术的农书，以指导农业生产。《陈旉农书》是中国现存最早、对长江流域和长江以南地区传统农业技术知识加以概括和总结的综合性农书，充分展现了宋代南方农业生产发展的最新成就，在中国农学史上占有相当重要的地位。

水田专著《陈旉农书》

《陈旉农书》全书分上、中、下 3 卷，22 篇，共计 12000 余字。

上卷共 14 篇，以“财力、地势、耕耨、天时、六种、居处、粪田、薅耘、节用、稽功、器用、念虑”十二宜，以及《祈报》《善其根苗》2篇，论述了农业经营管理与水稻栽培技术，为书的主体，占全书三分之二篇幅。

中卷共3篇，分别为《牛说》《牧养役用之宜》和《医治之宜》，全面论述了牛作为农业耕作动力的重要意义，以及其养用医治之道。

下卷共5篇，分别为《种桑之法》《收蚕种之法》《育蚕之法》《用火和采桑之法》《蔟箔和藏茧之法》，详细介绍了长江流域及以南地区的蚕桑技术，被称为“南方蚕书”。

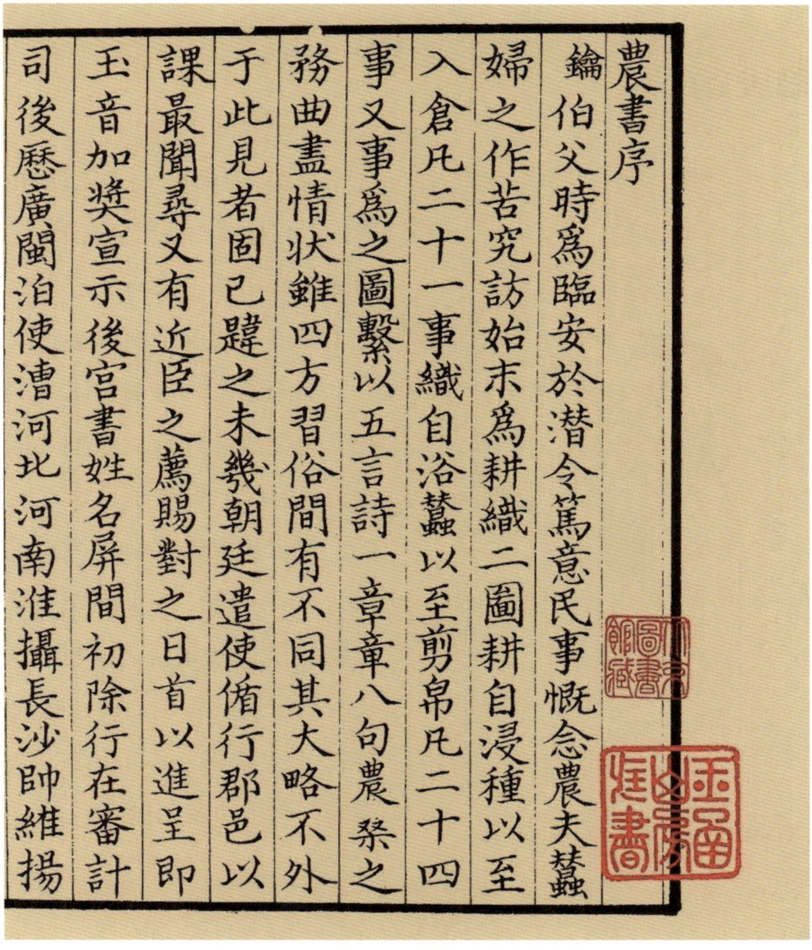
農書序
鑰伯父時爲臨安於潛令篤意民事慨念農夫蠶
婦之作苦究訪始末爲耕織二圖耕自浸種以至
入倉凡二十一事織自浴蠶以至剪帛凡二十四
事又事爲之圖繫以五言詩一章章八句農桑之
務曲盡情狀雖四方習俗間有不同其大略不外
于此見者固已韙之未幾朝廷遣使循行郡邑以
課最聞尋又有近臣之薦賜對之日首以進呈即
玉音加獎宣示後宫書姓名屏間初除行在審計
司後歷廣閩泊使漕河北河南淮攝長沙帥維揚

《陈旉农书·序》·清钱氏述古堂抄本

《陈旉农书》的版本

《陈旉农书》最初由真州（今江苏省仪征市）地方官洪兴祖刊刻，但是刊刻的质量不好。“传者失真，首尾颠错，意义不贯者甚多。又为或人不晓旨趣，妄自删改，徒事缔章绘句，而理致乖越。”于是五年后，陈旉以耄耋[①]（mào dié）之年取家藏副本，缮写成帙。后有清代《四库全书》本、钱氏述古堂抄本、《知不足斋丛书》本、《龙威秘书》本、《函海》本、《艺苑捃华》本、《农学丛书》本等。

西山隐居全真子

陈旉像

陈旉（1076—？），两宋之际江苏人，自号西山隐居全真子[②]。陈旉出生之时，正逢王安石变法失败，新旧党争剧烈，北宋王朝日益腐败以至溃亡，而南宋王朝却偏安江南，醉生梦死。宋金战乱频繁，陈旉虽有满腹经纶，上自“六经诸子百家之书，释老氏、黄帝神农氏之学”都能“贯穿出入，往往成诵”，下至“术数小道，亦精其能，其尤精老易也”，但却因当时朝廷腐败昏聩而对仕途失去了兴趣，“平生读书，不求仕进”，一味做学问，不求功名利禄。

---

① 耄耋：耄，年纪约八十至九十岁；耋，年纪为八十岁。耄耋指年纪很大的人。

② 全真子是道教全真派道徒的称呼。

为了躲避金兵，陈旉辗转于长江南北，种药治圃，过着田园生活。他平时留心观察，常向当地农民请教，积累了大量江浙地区的农业生产技术知识和管理经验，为撰写农书奠定了基础。

非苟知之，盖尝允蹈之，确乎能其事，乃敢著其说以示人。（《陈旉农书·序》）

陈旉秉持严肃认真的态度，只将经过亲身实践、确定无误的内容写入书中。南宋绍兴十九年（1149），他在74岁高龄之时终于完成写作，并将书稿交

南宋杨威《耕获图》

｜故宫博物院·藏｜

（《耕获图》描绘了宋代农业生产的场景。山脚下有一片肥沃的土地，一条宽阔的河流在农田的中间穿过，人们一边割麦，一边插秧。打麦场上有打麦者、扬谷者、磨面者、舂麦者、入仓者、堆垛者；水稻田则见插秧者、踏水车者、犁田者、耘田者，等等。）

给当时提倡发展农业的仪真（今江苏省仪征市）地方官洪兴祖。该书正契合了洪氏组织流民复业，开垦荒田的迫切需要，因而得以刊刻，广为流传。仪真农民参考书中记载内容，开垦荒田七万多亩，将遭受战乱严重破坏的长江北岸重新建成南宋重要的农业生产基地。《陈旉农书》对指导农业生产起到了巨大作用。

“地力常新壮”“用粪犹用药”

《陈旉农书》中提出了在当时较为先进的土壤利用基本原则，认为土壤虽有多种类型，好坏不一，但只要治理得法，都能适于栽培作物，若使用得当，土壤肥力可以保持旺而不衰，驳斥了“田土种三五年，其力已乏”的旧观点。“地力常新壮”可以说是《陈旉农书》在农学思想上的最大贡献。

> 或谓土敝则草木不长，气衰则生物不遂，凡田土种五年，其力已乏。斯语殆不然也，是未深思也。若能时加新沃之土壤，以粪治之，则益精熟肥美，其力当常新壮矣，抑何敝何衰之有？（《陈旉农书·粪田之宜》）

在宋代以前，人们主要依靠休耕的方式来使地力得到恢复。而陈旉经过研究，认为合理施肥才是确保“地力常新壮”的关键所在，提出了“用粪犹用药”的主张，把老农施肥视作医生用药一般。

《陈旉农书》中提出了制造火粪、堆肥发酵、粪屋积肥、沤池积肥等施肥方法，千方百计地开辟肥源，多积肥，增进肥效，避免损失。同时强调要“视其土之性类，以所宜粪而粪之”，根据土壤的性质和作物生长情况来选用适宜的肥料种类、数量，以及施用的时间和方法，要“对症下药”。

例如，给水稻的秧田施肥，使用麻枯（芝麻榨去油后的渣滓）是最好的，但必须经过发酵腐熟，否则其中的养分不能充分得到利用，还会烧坏庄稼。施肥必须适度，土壤也不能过肥，否则庄稼虽然枝叶茂盛，却结不出多少籽粒来。所谓过犹不及，需适当调和，降低肥力，“当取生新之土，以解利之，即疏爽得宜也”。

南宋李嵩《丰年民乐图卷》（局部）

| 台北故宫博物院 · 藏 |

追求完整的农学体系

《陈旉农书》上卷中的“十二宜”展现了作者系统、完整的农学思想体系，其中描述了农业生产需要注意的十二个环节，相互关联、逻辑合理、层次分明、内容完整。

书中讲道，开展农业生产活动，先要确定生产经营规模，必须与经营者具备的财力、人力相适应（《财力之宜》）；然后要进行基本的农田建设和土地整理（《地势之宜》《耕耨之宜》）；接着开始播种，播种的各生产环节务必及

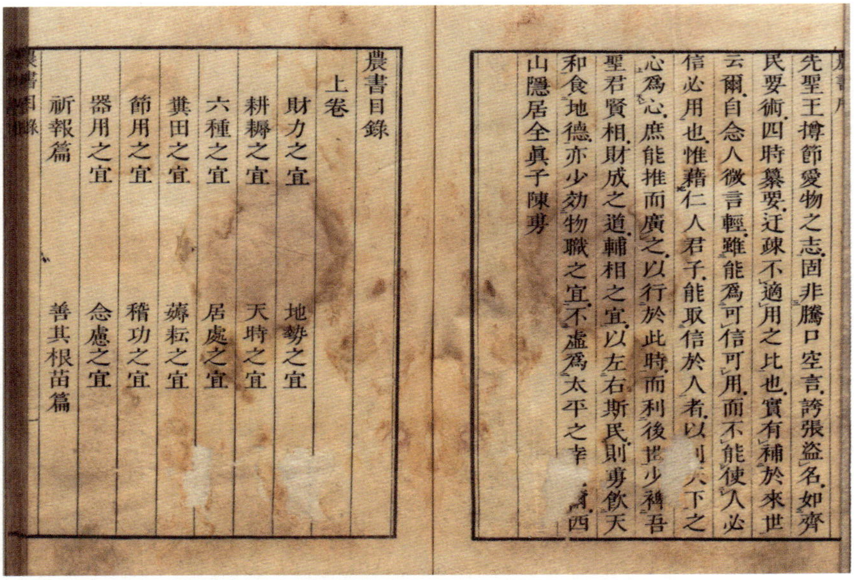

《陈旉农书》· 日本文政十三年（1830）刊本

时（《天时之宜》）；之后才可以开始种植（《六种之宜》）；庄稼种得好不好，和人的管理关系重大，因而农家要住得靠近农田，以便专注耕作（《居处之宜》）；作物长出来了，要使其生长发育得好，就要好好施肥和除草（《粪田之宜》《薅耘之宜》）；庄稼收获后，做好粮食储备、注重节俭意识也很重要（《节用之宜》）；最后《稽功之宜》《器用之宜》《念虑之宜》三篇又从以法律手段督促农民辛勤劳作、完备生产工具、为努力生产做好思想准备三个方面，论述农业生产的辅助工作。

《陈旉农书》从全局角度出发，一一阐释农业生产各个环节中的关键问题，对于农业经营管理和生产技术两者都十分重视，对农学体系的构建作出了重大贡献。

“爱重之心”，以待耕牛

《陈旉农书》第一次采用专篇讨论耕牛问题，论述了耕牛在古代农耕社会中不可替代的地位。

夫欲播种而不深耕熟耰之，则食用何自而出。食用乏绝，即养生何所赖……马必待富足然后可以养治。由此推之，牛之功多于马也审矣。(《陈旉农书·牛说》)

在古代社会中，马主要用作军事、交通工具，是国家武装力量和社会等级地位的象征，而牛则用于驾车、农耕和祭祀等，是农业生产的主要动力。虽然自秦汉以后，农业生产中虽已大量役用耕牛，但在畜牧业中，人们往往还是更加重视养马。陈旉首先指出，如果没有牛的辛勤劳作，人们就会缺乏衣食财用。牛之功多于马，对牛必须有“爱重之心”。

为了让耕牛得到更好的照顾，书中提出了许多措施。例如，在谈牧养时，

南宋毛益《牧牛图》(局部)

| 故宫博物院·藏 |

陈旉强调“顺时调适，牧养结合，牢栏清洁”；在谈役用时，陈旉强调“勿竭其力，勿犯寒暑，勿使太劳”；在谈医治时，陈旉强调辨证施治、对症下药和防治疫病等。陈旉提出尤其要爱护耕牛，他要求统治者做好爱牛、贵牛的表率，应当制定严格的法令，禁止任意宰杀耕牛。

南方水田稻作技术的智慧精华

《陈旉农书》总结了符合南方特色的水稻种植技术和原则，其中蕴含着中国古人巧妙利用自然环境、化不利为有利的精妙智慧。

> 夫山川原隰，江湖薮①（sǒu）泽，其高下之势既异，则寒燠②（yù）肥瘠各不同。大率高地多寒，泉冽而土冷，传所谓高山多冬，以言常风寒也，且易以旱干。下地多肥饶，易以淹浸。故治之各有宜也。（《陈旉农书·地势之宜》）

土地的种类是多种多样的。由于所处的位置不同，土地的温度、肥瘠各不相同，是否容易干旱或淹浸的特点也存在差异。因此，合理利用土地就要结合这些性质来研究具体种植技术。

高山植稻的生态智慧

一般情况下，高山都缺水，水稻却又离不开水。《陈旉农书》记载了在高山上种植水稻的新方法。

在山上选定一片洼地，将每十亩洼地中的三亩挖成水塘，围绕水塘修一道宽堤坝，每到雨季，水塘里就会积满雨水；堤上隔几步种一棵桑树，可以起到固堤作用。将水塘旁边的洼地开辟成稻田，种上生长期比较短的早稻，这样的稻田不怕干旱；堤上的桑树或拴牛，或乘凉，牛来回践踏可使堤坝坚

---

① 薮指生长着很多草的湖泊，也指有草无水的沼泽。

② 燠指暖、热。

固，而不至于土壤疏松、渗水；桑树又因牛粪和塘泥的滋养而枝繁叶茂。即便是在干旱少雨的年头，水塘里的蓄水也足够灌溉稻田，早稻五六个月的时间就能丰收。借此，高山缺水变成了高山常有水。

低地种稻的水利智慧

在地势低洼地带种植水稻，容易遭大水淹没。《陈旉农书》记载了一套洼地排灌的水利措施。

首先是在低洼地带建造陂塘，可将高处流下的水蓄入塘内；其次是筑高堤坝，防止水从塘中溢出；再次是在田地里开通沟渠，使所蓄之水能够均匀地流入；最后是通过排水沟把富余的水排出去，而“大水”则用“浍”（排水的大渠道）泻出。如此，既防止了低地的稻田被淹，又合理地利用了水资源。

巧用水面种稻的“葑田”

《陈旉农书》中最精彩的设计是在水面上种庄稼的方法。在“深水薮泽”之地无法直接种植水稻，中国古代先民利用“葑田”巧妙地解决了这个难题。葑田，是用干树木绑成一大片的木排浮于水面，在上面铺置一层土壤，使之成为一丘丘的水田，然后在上面种植水稻。如此这般，葑田漂在水面上，随水波起落，既充分利用了深水区域，又避免了庄稼遭淹或受旱，可稳保收获。因为“葑田”将水稻种植在木架上，所以又称“架田”。

善根苗方可育壮秧

《陈旉农书》的《善其根苗》篇专门论述水稻秧田育苗技术，对秧田的耕作、施肥、烂秧的防治及秧田水层深浅的控制等都做了科学论述。

例如，针对水稻秧苗“爱往来活水，怕冷浆死水”的特点，书中强调水田的田埂一定要宽阔，要在水田四周挖沟将其围绕起来，以便控制其中的水量，切勿让“死水”一直留在田中。如果刚撒下种子，就刮起大风，要赶快把水放干，免得受风浪影响，造成谷种聚拢；如果忽然下大雨，须稍稍增水，防止暴雨漂打，冲浮谷根；如果天气晴朗，水要放浅，可使庄稼晒着暖和、增加热量。水不可太浅，否则会使土皮干硬，又不可太深，否则会浸没苗心，使苗萎黄，必须深浅得宜。

《陈旉农书》的哲学色彩

《陈旉农书》吸收了前代农书的精华，吸取了多种哲学思想。

唐宋时期，社会稳定、经济繁荣，道教在统治阶级的大力扶持下繁荣壮大。这一时期涌现了不少道教农书，如《亢仓子》中的“农道篇”及《山家清供》《山居要术》《桐谱》等就是其中的典型代表。这些著作中蕴含着丰富的道教农学思想。

《陈旉农书》是南宋七部隐士农书之一，具有浓厚的道教色彩，如注重“药农”（施肥）、提倡节俭、注重报神感恩、用阴阳学说解释生产原则等。

> 阴阳有一愆忒[①]（qiān tè），则四序乱而不能生成万物。寒暑一失代谢，即节候差而不能运转一气。（《陈旉农书·天时之宜》）

书中运用道家阴阳学说解释自然界的固有规律，开展农业生产一定要顺应自然规律，又引用战国道家代表人物列子耕稼“盗天地之时利”的说法，说明耕种庄稼这件事实际上是人们利用了天地自然在不同时节所提供的有利条件来实现收获，以辩证的视角论述了农业中的天人关系。

同时，《陈旉农书》摒弃了道家思想中不符合农业生产规律的思想和技术。

例如，在施肥方法上，道教十分重视施底肥以粪本，强调其“固内”的作用。这是因为修道以洁净为本，视粪便为不洁之物，在植物生长之后一般不予施肥，尤其不施动物粪肥。《陈旉农书》却从生产实际出发，一改过去仅重视施底肥的做法，强调了追肥的重要性。

> 凡事豫（预）则立，不豫则废。求而无之实难，过求何害？农事尤宜念虑者也。孟子曰：“农夫岂为出疆舍其耒耜哉？”（《陈旉农书·念虑之宜》）

---

① 愆忒指过失、差错。

《陈旉农书》充分吸收了儒家思想。“凡事豫则立，不豫则废”出自儒家经典《礼记》，强调做任何事情都要做好充分准备，才不会失败。《陈旉农书》的《念虑之宜》篇中引用《礼记》和孟子的言论，利用儒家思想阐释了勤劳精神在农事活动中的重要意义。

此外，受佛教的影响，陈旉还希望自己的《农书》“有补于来世”。

第五节 现存最早的官修农书——《农桑辑要》

官颁重典，农桑并举。

国以民为本，民以衣食为本，衣食以农桑为本。

——明代宋濂、王祎《元史·食货志》

中国的古农书作者群体以重视农业生产的文人和官员为主，这些知识分子根据自身的兴趣、愿望和意志，在劳动生产实践、总结前人经验的基础上撰写了诸多农学著作。真正由政府下令编纂官修的农书，肇始于唐宋时期。然而唐代武则天时期删订的《兆人本业》和北宋真宗时期的《授时要录》等农学著作均已失传。于是，元世祖忽必烈下令编纂颁发的《农桑辑要》就成了中国现存最早的官修农书。

《农桑辑要》是元代三大农书之一，内容以北方农业生产为主，汇集了历代农书的精华，作为元初指导农事活动的官方著作，对战乱后农业生产的恢复起到了至关重要的作用。作为元代的第一部农书,《农桑辑要》强化了元初浓厚的重农气氛，对元中期的两部重要农书《王祯农书》和《农桑衣食撮要》影响深远。

广征博引的《农桑辑要》

《农桑辑要》全书 7 卷，分 10 篇，共 186 节，60000 多字。

卷一《典训》征引古籍内容，讲农桑起源、以农为本的思想，为全书绪论；卷二《耕垦》《播种》论述土地整理利用、选种总论及谷物、油料、纤维等大田作物的栽培技术；卷三《栽桑》、卷四《养蚕》讲蚕桑生产技术，内容丰富而精细；卷五《瓜菜》《果实》论述园艺作物的栽培技术，不包括观赏植物的内容；卷六《竹木》《药草》记载多种林木和药用植物，兼及水生植物和甘蔗；卷七《孳畜》《禽鱼》讲动物饲养；书后附有《岁月杂事》，采用月令体裁，简述农家各月农业生产活动内容。

《农桑辑要》的版本

一般认为，《农桑辑要》成书于至元十年（1273）。现存的最早版本为延祐元年（1314）刊大字本。此书于元、明两代多次刊刻，但大多失传。清代《四库全书》本从《永乐大典》辑出，此后多个版本均以此为祖本。通行本有清《渐西村舍》本、民国《丛书集成》本、《四部备要》本等。

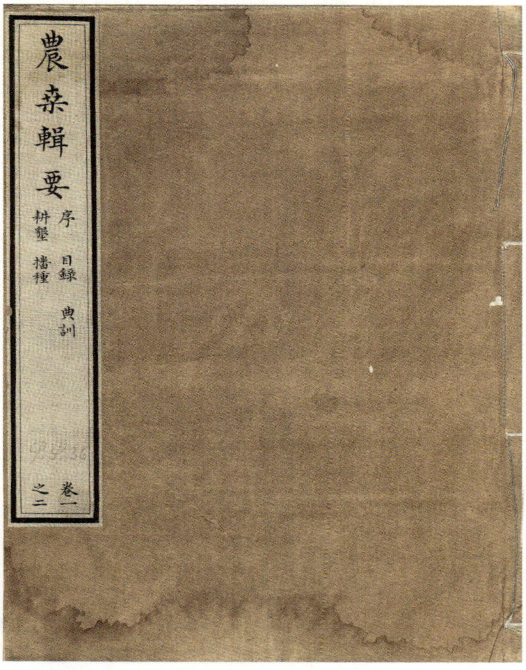

《农桑辑要》· 元延祐元年（1314）刊大字本

劝农官组成编纂团队

《农桑辑要》由孟祺、张文谦、畅师文、苗好谦等人编撰和修订。据学者推测，孟祺应当是主要的初编纂稿人，张文谦可能是主纂官，畅师文和苗好谦则是修订者，他们长期从事农业生产指导，具有丰富的实践经验，对农业生产活动有深刻的认识。

孟祺（1230—1281），字德卿，宿州符离（今安徽省宿州市）人，是著名的“东平四杰”之一（其他三人是李谦、徐琰和阎复），从小敏悟，善骑射，担任过掌书记、国史院编修官等官职。至元七年（1270）出使高丽，回国后任承事郎、山东东西道劝农副使。孟祺是《农桑辑要》唯一的署名作者，书中许多重要篇目出自其手。

张文谦（1216—1283），字仲谦，邢州沙河（今河北省沙河市）人，元初紫金山学派的代表人物，元世祖忽必烈幕府重臣。曾任司农卿和大司农卿，主管大司农司工作，曾主持制订《农桑之制十四条》。张文谦与著名的天文学家郭守敬颇有渊源，将他推荐给忽必烈，并支持他编订完成了当时世界上最先进的《授时历》。

畅师文（1247—1317），字纯甫，南阳（今河南省南阳市）人，曾担任地方劝农官，所任地区遍及四川、陕西、江北、山东、河北等地，深知“教民种艺之法”，还曾在翰林院任职。

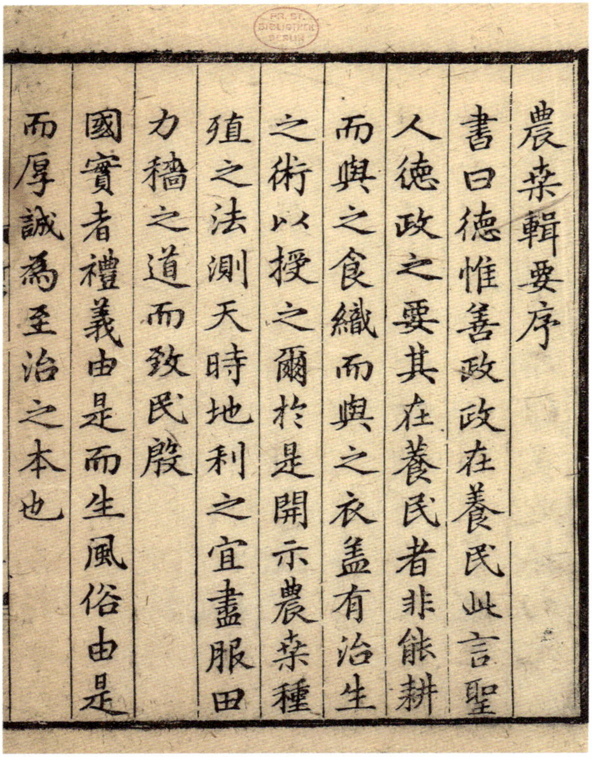
農桑輯要序
書曰德惟善政政在養民此言聖
人德政之要其在養民者非能耕
而與之食織而與之衣盖有治生
之術以授之爾於是開示農桑種
殖之法測天時地利之宜盡服田
力穡之道而致民殷
國實者禮義由是而生風俗由是
而厚誠爲至治之本也

《农桑辑要·序》·元延祐元年（1314）刊大字本

苗好谦，生卒年不详，东平城武（今山东省城武县）人，长期从事劝农工作，著有《种桑之法》，指导各地农民栽桑，效果良好，因向全国推广此法而被任命为大司农丞。1318年，他编写的《栽桑图说》由政府刊印全国发行。《农桑辑要》蚕桑部分的修订应当与他相关。

起自游牧而重视农耕

蒙古草原上的游牧民族，长于骑射、骁勇善战。通过征战进入黄河流域以后，一些蒙古将领提出将长城以南的农田改为牧地，这引起了极大的争议。经过激烈的讨论，最后还是采取了汉化契丹族人耶律楚材的建议，允许中原地区农民从事农业生产，供纳赋税，取得了较好的效果。

元世祖忽必烈尤其重视农业生产，中统元年（1260）设十路宣抚司，命通晓农事者充当劝农官；中统二年（1261）设劝农司，派官员分道考察各地农业生产情况；至元七年（1270）二月立司农司，十二月改为大司农司，总领天下农政，派遣劝农官巡行郡邑，察举农事，并将情况报告户部，作为考核地方官的依据。下令编纂《农桑辑要》也是一项重要的重农措施。

重视蚕桑，与农并重

《农桑辑要》，顾名思义，就是对农业和蚕桑生产资料的编辑和整理。书名将“桑”与“农”并列，足见其中蚕桑内容分量之重。书中栽桑养蚕的内容虽然各只有一卷，但篇幅几乎占全书三分之一。相较之下，《齐民要术》只有《种柘篇》中附有一些蚕桑生产内容，其篇幅仅有《农桑辑要》的十分之一。

《农桑辑要》中引用了《务本新书》《士农必用》等著作中对蚕桑技术的记述，展示了宋元时期先进的农桑生产水平。

在栽桑方面，书中介绍了桑树的选种、种植、移栽、修剪等内容。尤其值得注意的是论述了插接、劈接、靥（yè）接、搭接四种桑树嫁接法。插接是将桑树截断作为砧木，以桑枝为接穗从砧盘上插入进行嫁接；劈接与插接类似，但需要在砧木侧面割出一道刀口，将接穗嵌入其中；靥接又称“芽接”，要从作为接穗的桑树上取下方形芽片，嵌入到作为砧木的桑树树干中，用桑皮将其固定，再涂上混有牛粪的湿泥；搭接则是将小桑树的树干削成耳状作为砧木，将同样粗细的桑树枝条削成同样的截面作为接穗，用桑皮捆绑在一起进行嫁接。通过嫁接，接穗和砧木之间“二气交通，通则变，变则化”，接穗的优良特性弥补了砧木的不足，使桑树能够更好地成长。

在育蚕方面，《农桑辑要》系统全面地总结了从选种、蚕事预备到修治蚕室、饲养、簇蚕缫丝等各个生产环节的注意事项和方法。其中许多理论是在元代以前的农书中未曾出现过的，与现代科学中的认识相符合。

例如，书中对于喂蚕的量进行了深入探讨。给桑是否适量对于蚕的健康关系极大，喂养过少会使蚕体力不支、发育不良；喂养过多则会导致蚕难以消化，抵抗力下降，易感染疾病。针对这一问题，《农桑辑要》中提出了一套“三光”理论，即“白光向食：青光厚饲，皮皱为饥；黄光，以渐住食”，根据蚕体色的变化来决定给桑量多少。在同一龄期中，蚕体色发白时是少食期，给桑只能达到八分饱的程度；蚕体色发青时，是蚕的盛食期，食桑量大，应厚饲；当蚕体色转黄时，是蚕的催眠期，食桑量大减，应逐渐减少给桑。直到今天，这一喂养的原理依然适用。

破除“唯风土论”，提倡合理引种

战国时期，出现了一种关于自然环境和作物生长发育关系的理论，即“风土论”。风是指气候条件，土是指土壤条件，所谓“风土”是指生物赖以生存的自然条件，即生物的生长发育受一定环境条件的限制。《晏子春秋》载“橘生淮南则为橘，生于淮北则为枳[①]（zhǐ）”便是一个典型说法。在引进新作物或推广新品种时，如果完全忽视“风土”的因素，可能会因盲目引种而造成不可弥补的损失。但如果一味强调“风土”，就容易在新生事物面前裹足不前。极端的“唯风土论”认为一切生物只能在其故土生长，一旦逾越范围，就会发生变异，甚至死亡。

① 枳，像橘的树木。果实小球形，味道酸，不能食，可入药。

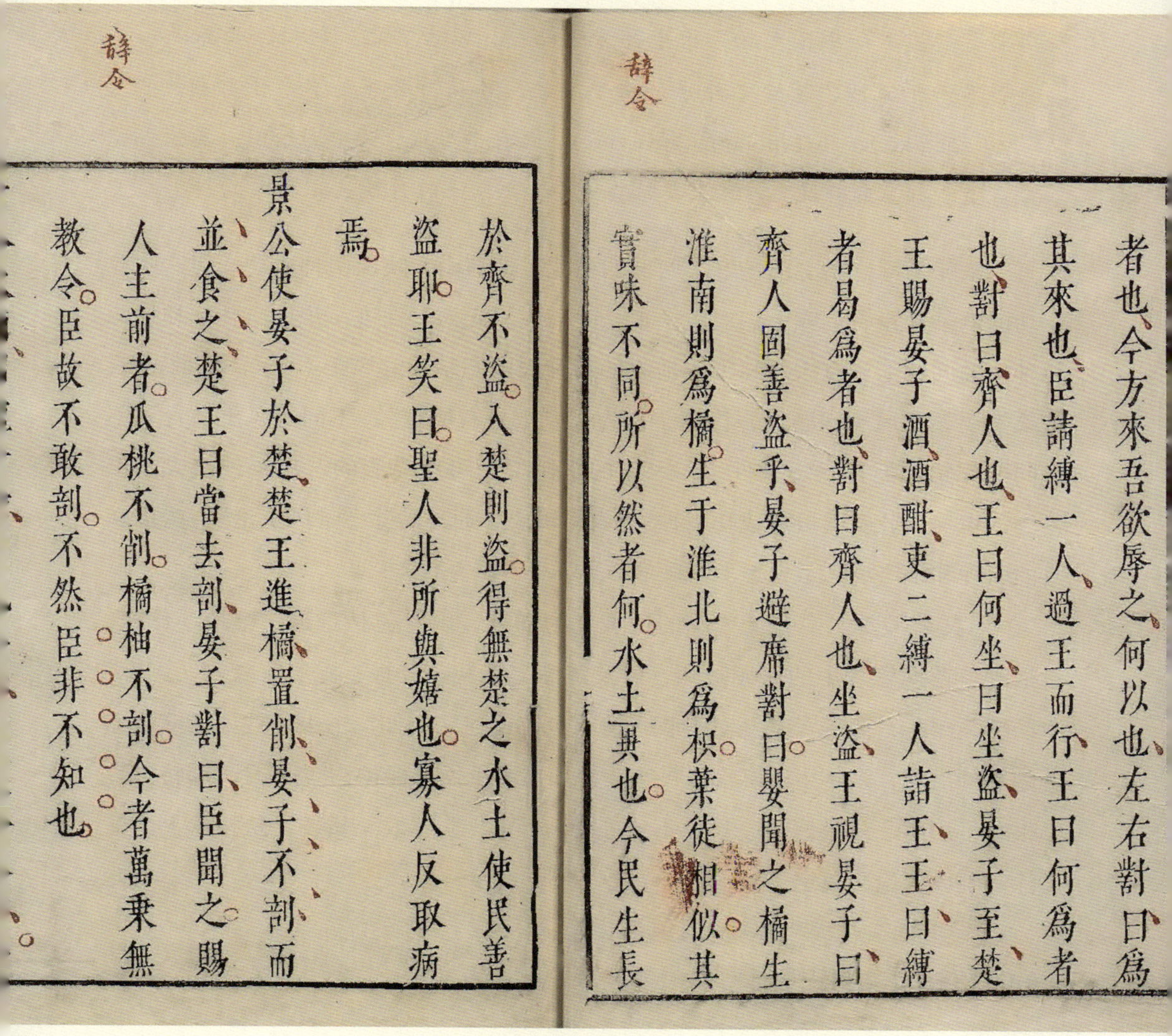
辭令
者也今方來吾欲辱之何以也左右對曰爲
其來也臣請縛一人過王而行王曰何爲者
也對曰齊人也王曰何坐曰坐盜晏子至楚
王賜晏子酒酒酣吏二縛一人詣王王曰縛
者曷爲者也對曰齊人也坐盜王視晏子曰
齊人固善盜乎晏子避席對曰嬰聞之橘生
淮南則爲橘生于淮北則爲枳葉徒相似其
實味不同所以然者何水土異也今民生長
辭令
於齊不盜入楚則盜得無楚之水土使民善
盜耶王笑曰聖人非所與嬉也寡人反取病
焉
景公使晏子於楚楚王進橘置削晏子不剖而
並食之楚王曰當去剖晏子對曰臣聞之賜
人主前者瓜桃不削橘柚不剖今者萬乘無
教令臣故不敢剖不然臣非不知也

《晏子春秋》· 明刊本

"唯风土论"过于片面，并未认识到生物在一定条件下可以逐步改变习性，适应新的环境。

> 盖不知中国之物，出于异方者非一。以古言之，胡桃、西瓜是不产于流沙、葱岭之外乎？以今言之，甘蔗、茗芽是不产于牂牁[1]（zāng kē）、邛（qióng）、筰（zuó）[2]之表乎？然皆为中国珍用，奚独至于棉、麻而疑之。（《农桑辑要·论九土风土时月及苎麻木棉》）

宋元之际，南方的苎麻、西域的棉花，在河南、陕西引种成功。但这些成功的例子并没有消除人们对风土观念的疑虑。元初，在进一步推广苎麻和棉花种植的问题上，有人就将部分地方的引种失败归结为"风土不宜"。为此，《农桑辑要》对风土问题展开论述，认为"风土各有所宜"，不同的风土孕育了不同的作物，但在一定条件下，风土的限制又是可以克服的，只要种植方法得当，木棉、苎麻就可以成功引种。《农桑辑要》通过破除"唯风土论"，为棉麻的引种和推广清除了思想上的疑虑。

《农桑辑要》中关于苎麻的记载尤为详细，内容包括选地、整地、作畦、播种、苗期管理中的作棚防晒，以及浇灌、移栽、分根、施肥、收割、剥麻、纺织、越冬，等等，甚至对于收入情况也有论述。例如，书中记载了苎麻防冻越冬的措施，多年生苎麻喜暖畏寒，必须在冬季做好保护，"至十月，即将割过根茬，用牛、马粪厚盖一尺，不致冻死"。可以说，《农桑辑要》从技术上为破除"唯风土论"奠定了基础。

官修农书的编辑特色

继承精华，编辑严谨

《农桑辑要》的绝大部分内容都是摘录前人的著作，首先是以《齐民要术》

---

① 牂牁，汉代郡名，位于今贵州省黔东南苗族侗族自治州。

② 邛、筰，指今四川一带。

为最主要的资料来源，有近一半的内容来自此书；其次是《务本新书》《士农必用》《四时类要》(《四时纂要》在金代的版本)这三部农书；最后是《韩氏直说》《博闻录》《农桑要旨》《岁时广记》《本草图经》《桑蚕直说》《蚕经》等各类典籍。其中,《务本新书》《四时类要》《士农必用》《韩氏直说》《农桑要旨》等后世均已失传，幸有《农桑辑要》摘录才得以部分保留，该书因此也起到了传承珍贵古籍的作用。

《农桑辑要》在思想体系和条目安排上以《齐民要术》为范本，继承了其注明资料来源和谨守原文的传统，引文有严谨的时代次序。凡所辑录，每条前均载明原书，无书者加“新添”字样，以示区别。

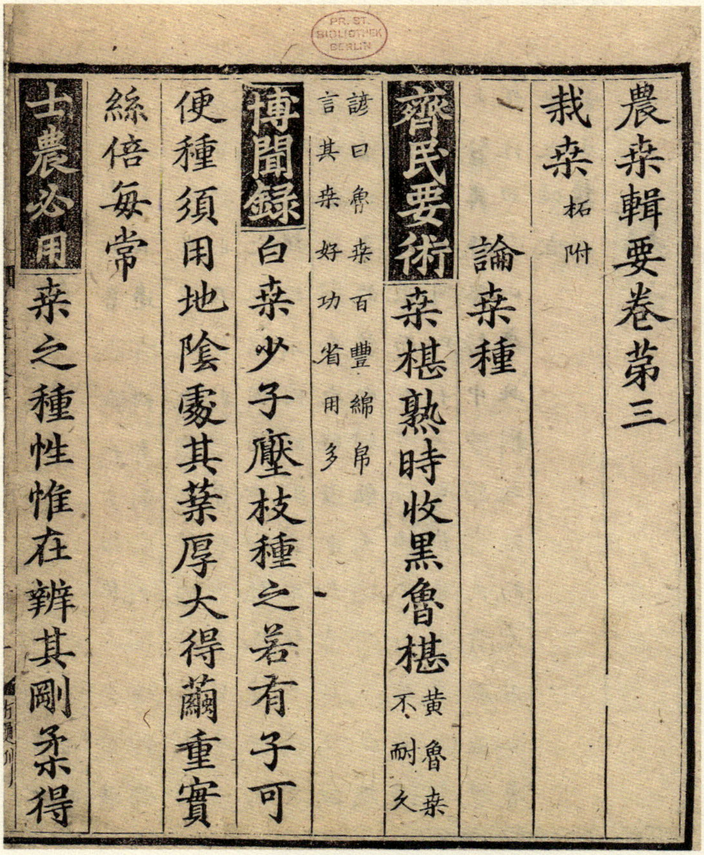

農桑輯要卷第三
栽桑 柘附
論桑種
齊民要術 桑椹熟時收黑魯椹 黄魯桑不耐久 諺曰魯桑百豐綿帛言其桑好功省用多
博聞錄 白桑少子壓枝種之若有子可便種須用地陰處其葉厚大得繭重實絲倍每常
士農必用 桑之種性惟在辨其剛柔得

《农桑辑要》· 元延祐元年（1314）刊大字本

去繁就简，贴合实际

圣天子临御天下，欲使斯民生业富乐，而永无饥寒之忧……农司诸公，又虑夫田里之人，虽能勤身从事；而播殖之宜，蚕缫之节，或未得其术，则力劳而功寡，获约而不丰矣。于是，遍求古今所有农家之书，披阅参考，删其繁重，摭[①]（zhí）其切要，纂成一书，目曰《农桑辑要》。（《农桑辑要·序》）

《农桑辑要》的内容虽以摘抄前人著作为主，但并非一味简单复制，而是充分根据实际生产需要，精心挑选、总结。首先，全书避繁就简，剔除了高深的道理和复杂的论述，只开列一些简明切要的事项，一目了然；其次，书中仅辑录切实贴近农业生产实际的问题。例如，在讲牲畜饲养时，录入与牲畜饲养直接相关的医疗内容，而对《齐民要术》中相马、相牛术等烦冗且难理解的内容则不予摘录，体现了编纂者的良苦用心。

“新添”内容，一手材料

在精选辑要之余，《农桑辑要》还对当时收集的一手资料加以总结，“新添”三十多条内容，主要辑入第五卷、第六卷中，讲述瓜菜、果实、竹木、药草的特性和种植技术。

新添条目收录了许多以往农书未收录的农作物，大致分为两类：一类是此前农书未予关注的中国原产作物，如薄荷、薏苡、栀子等，使这些作物的价值得到应有的重视；另一类是域外引进的新品种，如西瓜、胡萝卜、茼蒿、人苋、甘蔗、莴苣等，元代已普遍栽培，反映出当时农业种植结构的变化。

伏内畦种，或壮地漫种。（胡萝卜）

春正月、二月种之，可为常食。秋社前一二日种者，霜降后，可为淹菜。（莴苣）

---

① 摭指拾取、摘取。

苗出之后，根下拥作土盆，欲瓜大者，一步留一科，科止留一瓜，余蔓、花皆掐去，瓜大如三栲栳[①]。（西瓜）（《农桑辑要·瓜菜》）

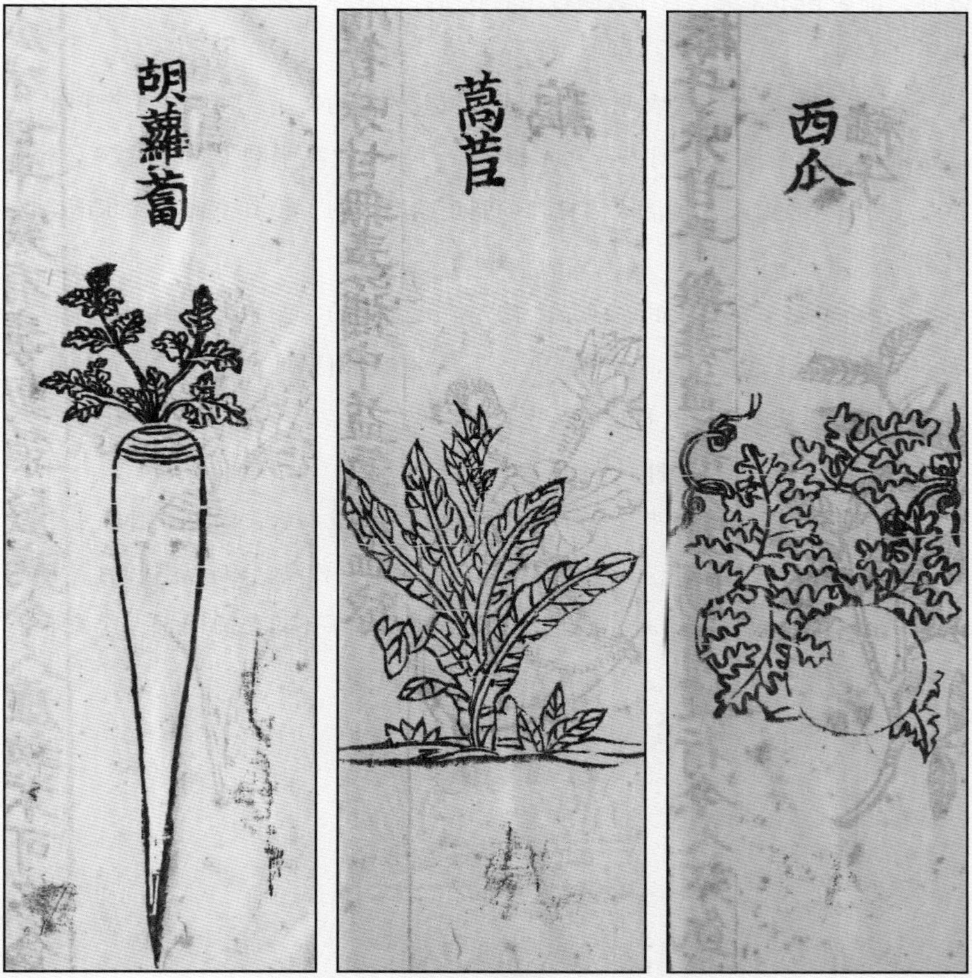

胡萝卜，莴苣，西瓜：《饮膳正要》·明景泰七年（1456）内府刊本

① 栲栳由柳条编成的容器，形状像斗，也叫笆斗。

刊印推广，储粮满仓

在元代六十多年的历史中,《农桑辑要》在朝野上下都受到高度重视和普遍欢迎，前后刊印 8 次，总印数超过 10000 册，如此巨大的发行量在中国农书史上十分罕见。

《农桑辑要》对元代农业发展起到了积极的推动作用，使农业生产技术普遍提高，粮食产量也得到提升。元初，黄河流域战乱刚刚平息，大都（今北京）、上都（今内蒙古自治区锡林郭勒盟正蓝旗境内）粮食主要依靠东南地区供给。

《农桑辑要》中所载的农业技术首先在元大都的农业生产中得到运用。大都的厚载门（今地安门），是为禁中之苑囿，内还有熟地八顷，是皇帝每年举行藉田农耕典礼的地方。种植谷、粟、麻、豆、瓜、果、蔬菜等，并依《农桑辑要》之法行事,“是以种莳无不丰茂”。

《农桑辑要》于元世祖至元十年（1273）编撰成书后，即由政府颁发给各地指导农业生产，到至元三十年（1293），京师各仓皆满，粮食无处储存。《农桑辑要》颁布后仅二十年时间，北方的粮食供给几乎不再依赖南方，这虽不能完全归功于有此农书指导，但其影响作用至关重要。

第六节 农具谱录的典范之作——《王祯农书》

农具图录，南北综论。

工欲善其事，必先利其器。

——春秋孔子《论语·卫灵公》

农具是从事农业生产活动的重要手段，其发展水平是农业生产力水平的标志之一。从原始的耒和耜，到革命性的铁制农具，再到标志中国农耕工具成熟的曲辕犁，中国古代先民在农业生产实践的过程中，不断发明和创新农具，在整地、播种、中耕、灌溉、收获、加工等各个环节，都创造出了先进、独具特色的生产工具。直到今天，许多传统农具依旧发挥着不可替代的作用。

元代三大农书之一的《王祯农书》专设《农器图谱》，第一次全面系统地论述了中国古代传统农具的功用和形制，为研究中国农具发展史保存了极为珍贵的材料；其中创造性地发明了新式农具，为推动生产力发展提供了重要动力。此外,《王祯农书》详细记录了黄河流域旱田耕作和江南水田耕作两方面的生产状况，是中国第一部兼论南北农业的农书。

《王祯农书》之三大专论

《王祯农书》共 13 万余字，包括《农桑通诀》《百谷谱》《农器图谱》三个部分。

《农桑通诀》对农业生产和经营管理进行综合论述，包括农耕、牛耕、养蚕的历史，“天、地、人”三大因素对发展农业生产的意义，以及开垦、土地耕种、施肥、水利灌溉、田间管理等农业操作的基本原则和措施等。

《百谷谱》按谷、蓏（luǒ，瓜类植物上的果实）、蔬、果、竹木、杂类、饮食（附备荒）7类论述了80多种植物的栽培、保护、收获、贮藏和加工利用的技术与方法。

《农器图谱》介绍了各类传统农具、农业器械、分田制、耒耜、杵臼、鼎釜、舟车、灌溉、利用、蚕缫和麻苎等20个门类，每件农器均附图说或铭赞诗赋，说明其来源、构造或用途。

最后的《杂录》又附《法制长生屋》《造活字印书法》两篇，分别论述建筑防火技术和活字印刷技术。

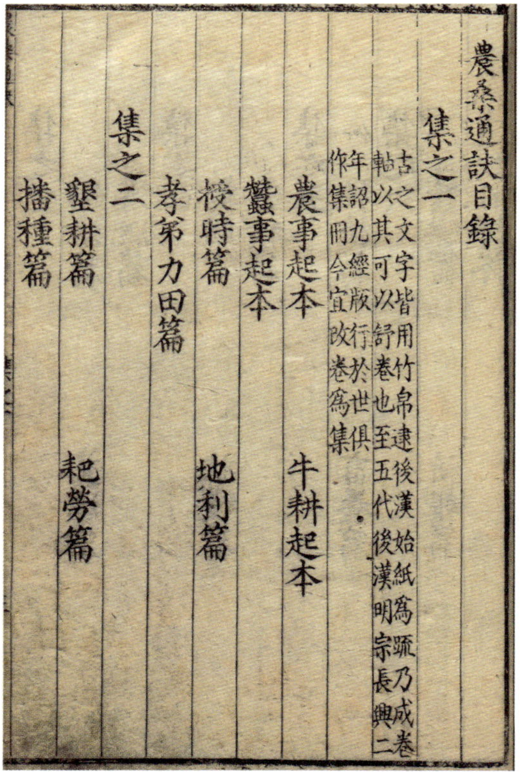
農桑通訣目錄
集之一
古之文字皆用竹帛逮後漢始紙爲疏乃成卷軸以其可以舒卷也至五代後漢明宗長興二年詔九經版行於世俱作集冊今宜改卷爲集
農事起本　牛耕起本
蠶事起本
授時篇　地利篇
孝弟力田篇
集之二
墾耕篇　耙勞篇
播種篇

《王祯农书·农桑通诀》目录·明嘉靖九年（1530）山东布政司刊本

《王祯农书》的版本

《王祯农书》目前所见最早版本为明嘉靖九年（1530）山东布政司刊本，除此之外明代还有万历年间山东章丘县署刻本、顺天巡抚邓渼刻本；清《四库全书》本从明《永乐大典》辑出，后有清《农学报》本、《农学丛书》本、民国《万有文库》本、《丛书集成》本等。

才华横溢王伯善

东鲁名儒，年高学博，南北游宦，涉历有年。（元代祝将仕）

王祯像

王祯（1271—1368），字伯善，元代东平（今山东省东平县）人。元初，东平文人荟萃，许多名士在当地设帐收徒，培养人才。劝农副使孟祺就是其中之一。因受孟祺参与编著的《农桑辑要》的影响，王祯开始接触农学。

王祯在任宣州旌德（今安徽省旌德县）及信州永丰（今江西省上饶市广丰区）县令期间，生活十分简朴。他捐出自己的部分薪俸办学校、建坛庙、修桥梁，兴办了不少造福于民的公共事业。王祯重视劝农，教民耕织、种植、养畜，很有成效，深受当地人民爱戴。他博学多识，才华横溢，具有卓越的创造才能。在劝农的过程中，他意识到农业机械对提高劳动生产力至关重要。在旌德县遇旱灾时，他组织民众赶制水转翻车，引水灌溉山地禾苗，渡过危机。王祯还把印刷用的活字由胶泥改为木质，并设计制造了转轮排字盘。他将其长期实践积累的农事经验，以及搜集前人的农学著作资料，最终整理编撰成《王祯农书》。

农器图谱，图文并茂

在《王祯农书》的三大组成部分中，《农桑通诀》与《百谷谱》的内容多是辑录前人记述，而《农器图谱》则是具有创造性的成果。它是《王祯农书》中篇幅最大的一部分，约占全书内容的五分之四。其中收录的农具数量多达百余种，种类包括当时南北通行的农业生产工具、灌溉工具、运输工具和纺织机械等。

南宋时曾之谨撰写了一部农具专著《农器谱》，对王祯写作《农器图谱》可能产生了一定的影响。《农器谱》虽对农具进行了较为详细的描述，但没有配图。王祯的《农器图谱》不仅绘制了大量农具图，还添加了不少新的内容。

先事后诗，寓理于情

《农器图谱》沿袭了宋代流行的写作手法，采用“先事后诗”的形式，先引经据典，再以诗歌等形式表达作者所见所想，其中有不少王祯自撰的诗、词、歌、赋作品。通过这些诗歌可以更好地领略王祯的农学思想。

犁

元・王祯

犁以利为用，用在耕夫手。
九木虽备制，二金乃居首。
弛张测浅深，高庳[①]（bì）定前后。
朝畦余宿草，暮垡起新苗。
怀哉服牛功，还胜并耕耦。

耙

元・王祯

古人制农器，因物利其利。
犁耕启厥初，耙入抑为次。
迹居镉耧[②]功，齿有渠疏义。
再遍不防多，稼事非求易。

① 庳指矮小。

② 镉耧指一种耕地工具。

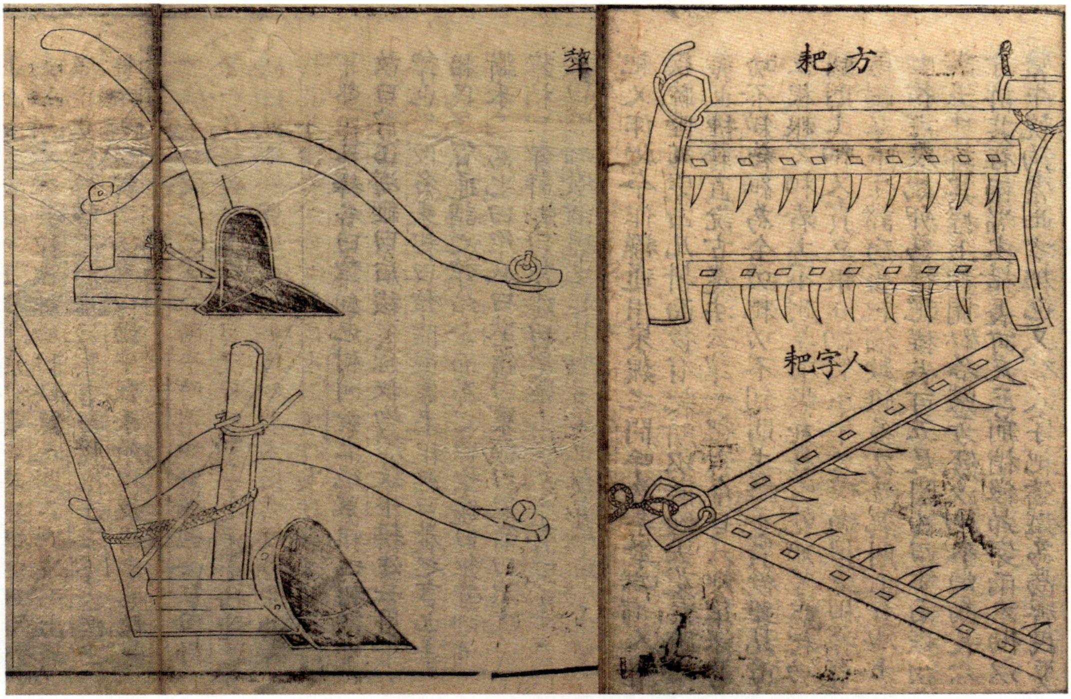

犁（左），耙（右）：《王祯农书》· 明嘉靖九年（1530）山东布政司刊本

王祯继承了古人的农学思想，认为农具应“以利为先”，锐利的工具是促进农业生产的重要动力；农业劳动应“以勤为重”，要想获得好的收成，仅仅有好的工具是不够的，还要昼夜辛勤劳作，才能将器物之力转化为实际的收获。

追本溯源，发明创新

《农器图谱》中所收录的农具大致可以分为三种。第一种是传承下来的古代传统农具，如犁、耙等；第二种是已经失传的农具，王祯经过多方搜访和精心研究，绘制了复原图；第三种是宋元时期出现的新式农具，包括王祯本人的发明创造。

东汉水利学家杜诗发明的“水排”，可以利用水力鼓风来炼铁，西晋刘景宣发明的“一牛转八磨”，用力少而见功多，可惜这些农具到元代已经不可考。王祯通过研究和实验，弄清楚了它们的构造原理，并绘制出结构图，还在此基

水排:《王祯农书》· 明嘉靖九年（1530）山东布政司刊本

础上做了进一步的改进。例如，他将水排使用的皮橐（tuó，羊皮、马皮或牛皮制成的大皮囊）鼓风，改为木扇（类似风箱）鼓风，节省了炼铁需要扇风的人力与费用。

《农器图谱》记录了当时民间惯常使用的农业机械，例如，耧车与砘车相结合的播种工具，中耕用的畜拉耧锄，收获用的麦钐（shàn）、麦绰、麦笼，以及经过改进的牛转翻车、高转筒车等；还记录了由王祯创造发明的“水砻[①]”（lóng）“水轮三事”等先进农具，其中，尤以“水轮三事”最为机巧，具备磨、砻、碾三种功能，“诚便民之活法，造物之潜机”。

初则置立水磨，变麦作面，一如常法。复于磨之外周造碾圆槽，

① 砻指磨谷去壳的工具。

> 如欲毁①（huǐ）米，惟就水轮轴首，易磨置砻。既得粝②（lì）米，则去砻置辗，碢③（tuó）榦④（hán）循槽碾之，乃成熟米。（《王祯农书·农器图谱·灌溉门》）

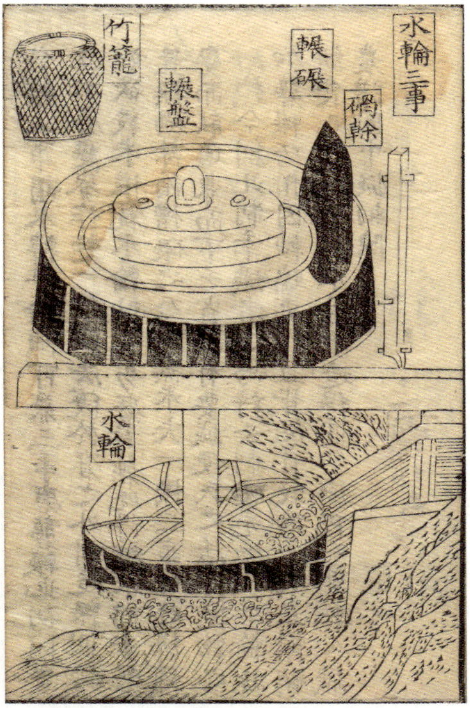

水轮三事：《王祯农书》· 明嘉靖九年（1530）山东布政司刊本

器非田不作，田非器不成

《农器图谱》第一篇不是讲农具，而是“田制门”。王祯认为“器非田不作，田非器不成”，农具与种田之间存在着不可分割的关系。没有好的农具，农业生产就得不到发展；同样，没有农耕活动，农具也就无用武之地。在论述农具之前，先要明白土地生产的方式和技术。“田制门”系统全面地讲述了土地利用和农田水利问题，如对围田、柜田、架田、梯田、涂田等多种农田形式都有详细介绍。

例如，梯田是在丘陵山坡地上沿等高线方向修筑的条状阶台式或波浪式断面的田地，早在西汉时期就已出现，“梯田”一词最早出现在南宋。《王祯农书》里“梯田”是指：“梯山为田也”。除了岩石和峭壁不能修造梯田，一般的土山或土石均可造梯田。虽然梯田的面积、坡度差异很大，但其共同的特点都是梯山为田，在有水源的时候可以种稻，无水的时候也可以种粟、麦等旱地作物。王祯指出梯田是“田尽而地，地尽而山”的无奈之举，是山区农民在艰苦的耕作条件下奋力求生的发明创造。

---

① 毁指舂或碾米使精。

② 粝指糙米。

③ 碢指碾轮石，即石砘子。

④ 榦指井垣、井栏或井栏上支撑辘轳的构件。

梯田（节选）

元 · 王祯

世间田制多等夷，有田世外谁名题?

非水非陆何所兮，危巅峻麓无田蹊。

层磴横削高为梯，举手扪之足始跻，伛偻向前防颠隮[①]（jī）。

佃作有具仍兼携，随宜垦斸[②]（zhú）或东西。

知时种早无噬脐，樨苗亟耨同高低。

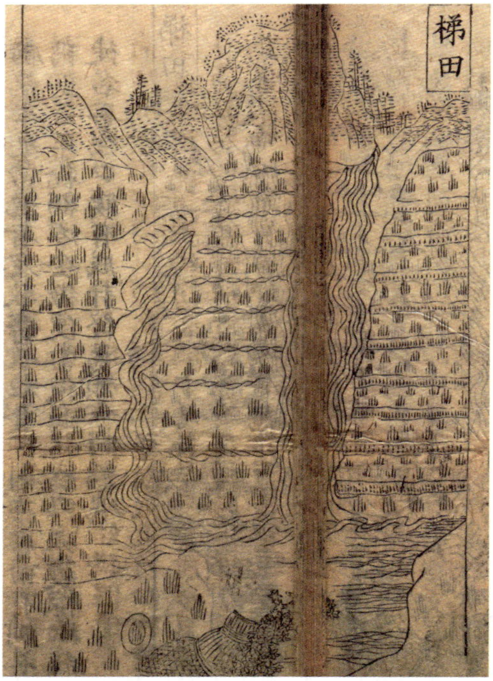

梯田:《王祯农书》· 明嘉靖九年（1530）山东布政司刊本

现今，中国梯田的面积达到了耕地总面积的四分之一，主要分布在长江以南山岭地区，其中以广西、云南居多，这是因为这些地方雨水较多，又多山，梯田依山而建。云南元阳哈尼梯田、广西龙胜龙脊梯田、湖南新化紫鹊界梯田等中国重要农业文化遗产，在水土保持与生态平衡、促进农业可持续发展、推动农文旅融合等方面凸显出重要价值。

"牛为农具"，别出心裁

在《农器图谱》中，我们还可以看到一个有趣的现象，王祯把"牛"也算作了一种农具，可谓是别出心裁，但也体现了他对于农具的独特看法。

---

① 隮指升起。

② 斸指大锄或砍伐工具。

牛衣（左），牛室（右）:《王祯农书》· 明嘉靖九年（1530）山东布政司刊本

以往，耕牛往往只是被当作畜类在古农书的畜牧卷中论述，以辨别牛的品种、阐述饲养和医疗牛的方法为主要内容。但实际上，对于农业而言，牛最重要的功能是进行耕作。所以，王祯将牛等同于农具来进行讨论，同时“耒耜门”的牛轭（给牛在脖子上配大小适当的颈箍以防走脱）、“舟车门”的牛室，“灌溉门”的牛转翻车、“麻苎门”的牛衣（用麻或草织的给牛保暖的护被）等均是与耕牛相关的农具，从对耕牛的保护、饲养到使用的工具，都有记载。这种“牛为农具”的思想也被后来的《农政全书》《钦定授时通考》所继承。

开创之功，后世典范

《农器图谱》记录的农业机械无论在数量上还是在质量上都远远超过历代农书，可以说具有开创之功。《氾胜之书》记录的农具只有 10 多种;《齐民要术》谈到的农具也只有 30 多种；唐代陆龟蒙《耒耜经》虽是农具专论，但篇幅过小，介绍的农具除了江东犁以外，只有很有限的几种。后世《农政全书》、清代《授时通考》等著作中的农具图，都以《农器图谱》为范例，且大部分图取自其中，甚至连说明文字也大同小异，足见其内容全面和影响深远。

兼论南北，恢宏壮阔

北方黄河流域和南方长江中下游地区都是中国重要的农业发源中心。宋代以前，由于中国的经济重心在北方，古农书记载的内容，都是以北方旱作农业生产状况为主，尽管对南方稻作生产有所提及，但在篇幅上较少，内容极不均衡。宋代，经济重心南移完成，有了《陈旉农书》专论南方的水田农业，却又缺乏对北方农业的关注。元初的官修农书《农桑辑要》因着眼恢复首都地区的农业生产，内容又重新聚焦在了北方地区，仍不具备全国视角。

“今并载之，使南北通知，随宜而用，使无偏废，然后治田之法，可得论其全功也。”《王祯农书》首次兼论南北农业技术，将黄河流域的北方旱作农业生产技术体系同南方稻作农业生产技术体系相结合，编入同一部农学著作，对南北地区不同土壤、气候等条件下的农业生产技术体系及农具运用进行分析比较，农耕知识全面，内容极大丰富，使中国古农书的论述水平又上了一个新台阶。

亲身调研，遍访全国

王祯早年长期生活在北方，后又在南方的江西、安徽任官十数年。为官期间，王祯重视发展农业生产的同时兼顾调查研究。他的足迹所到之地非常广阔，这在《王祯农书》字里行间俯拾皆是。

> 余尝盛夏过吴中。（薅马）
>
> 尝见江东农家用之。（蹬锄）
>
> 尝见于江浙农家。（筛谷扬）
>
> 今平江虎丘寺剑池亦类此制。（高转筒车）
>
> 今湖湘间收采，并用笐（háng）架悬之。（笐架）

愚尝见燕山栗，小而味最甘。（栗）

尝见北地芟取荞麦亦用此具。（麦绰）

今营州之东，苏蓟以北，农家种沟者皆用之。（铲）

今燕赵间创法。（榨油）

今秦晋之地亦用长辕犁……如山东及淮汉等处用三牛或四牛。（耕索）

上述原文涉及的许多地方，除山东是王祯原籍，安徽和江西是王祯为官之处，其余如燕、赵、秦、晋、江、浙、湘、苏、蓟等，几乎遍及大半个中国。其中所述信息有些是间接得知，而“尝见”“尝到”之处，则应该是他亲身经历，足见王祯为“使南北通知”付出的巨大努力。

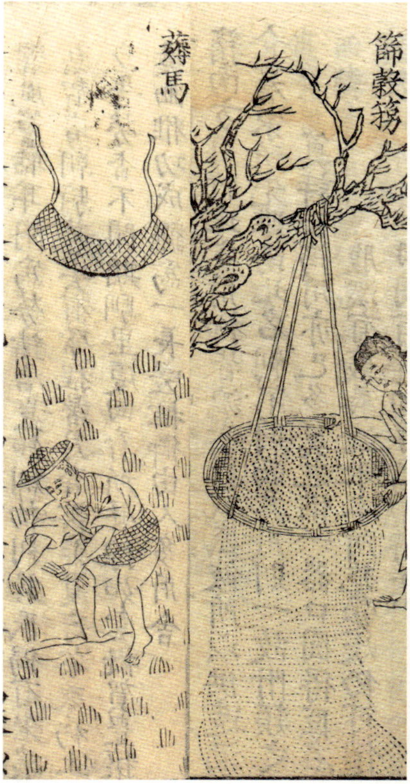

薅马（左），筛谷拐（右）：《王祯农书》· 明嘉靖九年（1530）山东布政司刊本

高转筒车：《王祯农书》· 明嘉靖九年（1530）山东布政司刊本

比较农业，优劣得所

王祯率先提出“比较农业”的观点，对南北方农业生产环境和技术特点进行对比，从而提供了国家农业发展状况的全局观，同时给出了一些取长补短的有效办法。

例如，《农器图谱·蚕簇》比较了南北方蚕簇的制作方法和优劣。北方的蚕簇先用椽木搭成木架，用苇箔（芦苇编成的帘子）围绕着合拢，放上蒿草、树枝等，布上蚕，再用草垫围盖住。而南方在蚕架上放一些短草作为簇，蚕架以杉木为框，用箭竹做网格，均匀插进茅草，又在簇的下面铺上苇箔，用薄竹片缚牢，十分坚固。

> 夫南簇蚕少，规制狭小，殆若戏技，故获利亦薄。北簇虽大，其弊颇多：蒿薪积叠，不无覆压之害；风雨浸浥，亦有翻倒之虞；复内

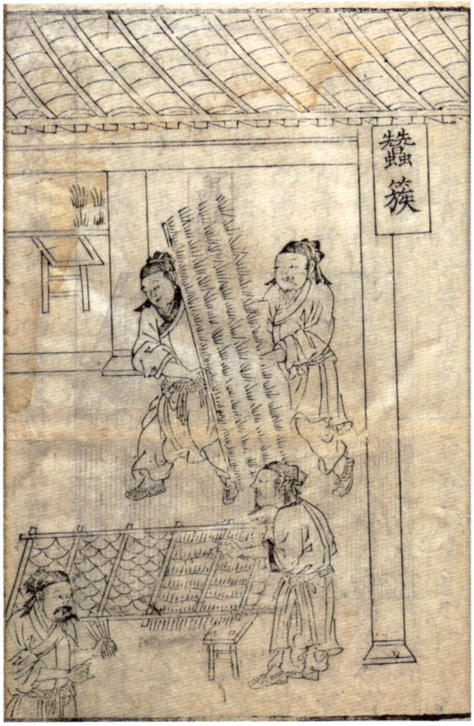

蚕簇（南方）:《王祯农书》· 明嘉靖九年（1530）山东布政司刊本

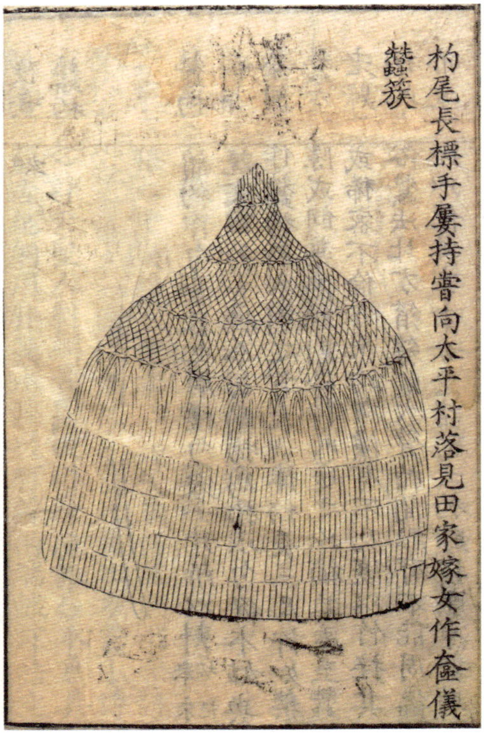

蚕簇（北方）:《王祯农书》· 明嘉靖九年（1530）山东布政司刊本

外寒燠之不均，或高下稀密之易所；以致簇内病生，茧少，皆由此故。(《王祯农书·农器图谱·蚕簇》)

南方蚕簇虽然简单牢固，但规模有限；北方蚕簇虽然不受规模限制，但由于覆盖过重、风雨侵袭、内热外冷温度不均等，容易导致蚕病，要采取一些补救措施，如分层做木架、减少覆盖的蒿草和树枝，在室外蚕簇下面挖地槽，通过安放炉火调节温度等。

王祯在《百谷谱》中对于各地物产的口味和品质进行了评价。例如，关于西瓜，提出“北方种者甚多，以供岁计。今南方江淮闽浙间亦效种，比北方差小，味颇减尔”，认为在当时的生产环境和技术条件下，北方西瓜的大小和味道都优于南方一些地区。

灵活实用，“授时以图”

《授时指掌活法之图》(《授时图》) 是王祯又一值得称赞的创造。它集季节、节气、物候、农事于一体，将农事月令要点集中于一张图中，明白易懂，非常实用。

在《授时图》中，王祯不依历书而依二十四节气定月份、定季节——把立春节气作为每年正月之始，春季之始；把立夏节气作为四月之始，夏季之始，以此类推。虽然农历月份与二十四节气在每年之中对应的日期不固定，但不管每年的历法如何更新，每个节气该做的农事都是不变的。因此，根据节气划定月份来制作《授时图》，有“授时历每岁一新，授时图常行不易”的优点，适合长期使用，便于指导农事活动。

劝民勤农，知农为先

“劝农官”是朝廷为指导农民开展农业生产活动而专门任命的官员，在元代尤为盛行。王祯在担任县令时积极劝农，他认为劝农工作必须“加实意，行

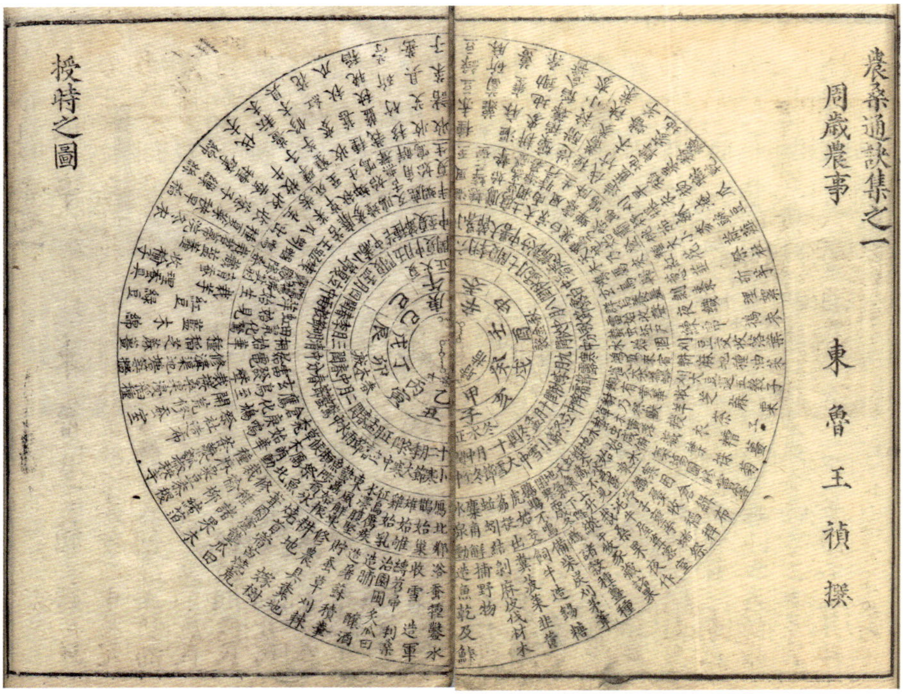

授时图（左）:《王祯农书》· 明嘉靖九年（1530）山东布政司刊本

实惠，验实事，课实功”“以身率先于下”“亲执耒耜，躬务农桑”，只有如此农民才能“恳恳然劳之哉”。王祯要求农民每年种上几棵桑树，并对作物从播种到收获的方法一一加以指导，还画出各种农具图，便于农民仿造使用，使农民能够切身体会农业生产技术要领。

当时，不少劝农官既不知农民疾苦，又缺乏农业生产知识，徒有虚名，甚至借劝农之名勒索百姓，他们许多不当的做法反而阻碍了农业发展。王祯对这种现象进行了严厉批评。

> 今长官皆以劝农署衔，农作之事，已犹未知，安能劝人？借曰劝农，比及命驾出郊，先为文移，使各社各乡预相告报，期会赍[①]（jī）敛，只为烦扰耳。(《王祯农书 · 农桑通诀 · 劝助篇》)

① 赍指把东西送给别人。

第七节 民族融合背景下的农家宝典——《农桑衣食撮要》

——要言不烦，农家宝典。

耕田看书，一川禾黍，四壁桑榆。庄家也有欢娱处，莫说其余。赛社处王留宰猪，劝农回牛表牵驴。还家去，蓬窗睡足，一品待如何？

——元代赵显宏《满庭芳·耕》

中国自古以来就是一个多民族的大家庭，各族人民辛勤劳动共同创造了光辉灿烂的中华文明，其中少数民族对物质文明和精神文明建设作出了卓越贡献。元代是由蒙古族建立的大一统王朝，而维吾尔族人也在其中发挥了重要作用，涌现出大量杰出人才，包括军事家、政治家、翻译家、文学家、史学家和书画家等。元代著名的月令体农书《农桑衣食撮要》的作者鲁明善就是其中杰出的代表。

《农桑衣食撮要》使中国古代月令体农书得到进一步发展，成为真正纯粹的农家月令，被誉为元代三大农书之一。它既继承了汉族地区农业生产的优良传统，又吸取了少数民族在农牧业生产上的经验，是中国各族人民劳动智慧的结晶。

事无巨细的《农桑衣食撮要》

《农桑衣食撮要》又名《农桑撮要》或《养民月宜》。全书分上、下两卷，

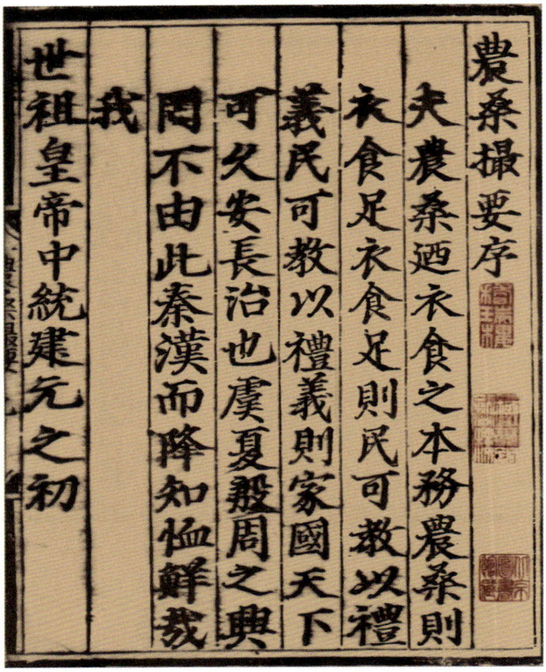
農桑撮要序
夫農桑迺衣食之本務農桑則
衣食足衣食足則民可教以禮
義民可教以禮義則家國天下
可久安長治也虞夏殷周之典
罔不由此秦漢而降知恤鮮哉
我
世祖皇帝中統建元之初

《农桑衣食撮要·序》·明刻本

共 11000 多字，按月记述农事，共 208 条。书中内容极为丰富，涉及气象物候、农田水利、作物、蔬菜、瓜类、果树、竹木、桑栽培、蚕饲养、家畜家禽养殖与医疗、养蜂采蜜、粮食和种子保管、副食品加工等方方面面，“凡天时地利之宜，种植敛藏之法，纤悉无疑，具在是书”。该书是一部农民日常生产生活的宝典。

《农桑衣食撮要》的版本

《农桑衣食撮要》成书于元仁宗延祐元年（1314），但早已亡佚，重刻于至顺元年（1330），本名为《农桑撮要》。明《永乐大典》收入此书。清《四库全书》本从《永乐大典》辑出，题名《农桑衣食撮要》。后有清《墨海金壶》本、《珠丛别录》本、《长恩书屋》本、《半亩园》本、《清风室》本、《清芬堂丛书》本等。

维吾尔族名臣鲁明善

鲁明善雕像

鲁明善，生卒年不详，高昌（今新疆吐鲁番一带）维吾尔族人，名铁柱，字明善。其父迦鲁纳答思是一位精通多种语言的著名翻译家，作为外交使者到过许多国家，曾担任皇太子的老师，历仕四朝，官至大司徒。鲁明善自幼受到父亲的学养熏陶，修习儒家经典，汉文化素养深厚。他的汉文姓氏“鲁”便取自父亲的名字。

元代朝廷重视农业生产，自忽必烈时期始便分派劝农官巡视各地农事，将农业生产作为考核地方官政绩的主要依据。鲁明善起初在朝廷里担任文史工作，后以奉议大夫之名到江西辅佐狱讼之事。后来又担任安丰路（今安徽省寿县）达鲁花赤（蒙古语“长官”之意），继而在池州府（今安徽省）、衡州（今湖南省衡阳及周边）、桂阳、靖州（今湖南省靖县）等地任职。

鲁明善每到一处都十分重视农业生产，重奖农桑，讲学劝农，发展生产。他认为以往的“务农之书，或繁或简，田畴之人，往往多不能悉；有司点视虽频，劳而寡效”。为了帮助农民安排好一年的生产活动，鲁明善决心编写一部实用性强、便于农民查阅的农书，经过刻苦攻读历代农书、深入了解农业生产规律、收集民间农耕经验和知识，终于写成《农桑衣食撮要》。

纯粹的农家月令

作为一部月令体农书，《农桑衣食撮要》与前代著作相比，最显著的特点是其“纯洁性”。

《夏小正》与《吕氏春秋·十二纪》主要是从官方角度安排各月的农事，

内容简略，重视国家对农业生产的管理，并非为生产者服务。《四民月令》《四时纂要》实现了从官方月令到农家月令的转变。但《四民月令》侧重农家事项安排与经商计划，很少描述生产技术；《四时纂要》虽然较详细地论述了不少生产技术，但仍然讲述了不少手工业、商品交易的相关问题。这两部书的作者是地主出身，关注的是农、工、商的整体状况，对农民群体不是很适用。

《农桑衣食撮要》继承了月令体农书综合经营、计划经营的思想，内容丰富而条理清晰，书如其名。全书按月讲述农事项目与农业生产技术，不讲与农产品无关的商业行为，其中关于教育的条文也仅针对农民，关于占候、禳禁的内容很少。全书的内容精炼而集中，紧密贴合生产实际，是一部纯粹的农家月令。

在语言上，《农桑衣食撮要》既不引经据典，也不雕饰词句，记述各种作业，通俗易懂。文字表述简短精确，要言不烦。

> 收小麦："麦半黄时，趁天晴着紧收刈，过熟则抛费。每日至晚，载上场堆积，农家忙并，无似蚕麦，若迟慢遇雨，多为灾伤；又秋天苗稼，亦误锄治。"

书中运用了许多农民喜闻乐见的农谚和俗语，例如，"移树无时，莫教树知；多留宿土，记取南枝"，将树拟人化以强调要在休眠状态中移树，"十耕萝卜九耕麻"通过数字强调种植萝卜和大麻都要勤耕。

这些话不仅简明易懂，而且亲切、和蔼，达到了循循善诱的目的，体现了鲁明善关心民生，处处为民众着想的思想感情。

继承与发展《农桑辑要》

元初官颁的《农桑辑要》（以下简称《辑要》）汇集了大量前代的农业生产资料，《农桑衣食撮要》（以下简称《撮要》）的内容则多采自其中。这两部农书常被相提并论，且均被列入元代三大农书。

明善此书，分十二月令，件系条列，简明易晓，使种艺敛藏之节，开卷了然，盖以阴补《农桑辑要》所未备，亦可谓留心民事讲求实用者矣。(《四库全书总目》)

《撮要》继承了《辑要》"农桑并重"的特点，其中蚕桑相关的内容占五分之一篇幅，如栽桑树、修桑、修蚕屋、织蚕箔、压桑条、养蚕法、斫桑、栽桑、捣磨干桑叶等，表明鲁明善对蚕桑业的生产非常重视。

《撮要》将《辑要》记录的农业文献资料简化，组合成一部便于使用的农家历；同时利用一些新材料结合实践经验，进一步发展了《辑要》汇集的农业技术，还记载了一些新的技术。

改增小麦播种量

早在《齐民要术》中就有关于小麦播种期与播种量的记载："小麦宜下田。八月上戊社前为上时，掷者，用子一升半也。中戊前为中时，用子二升。下戊前为下时，用子二升半。"《农桑辑要》只是将其原文录入。

到了元代，过去的小麦播种量已不能满足生产需求。《撮要》根据实践经验对播种量做出调整，"白露节后逢上戊日，每亩种子三升，中戊日每亩种子五升，下戊日每亩种子七升，以灰粪匀拌密种"，以适应粮食生产的新需求。

发展种稻技术

插稻秧："芒种前后插之。拔秧时轻手拔出，就水洗根去泥，约八九十根作一小束，却于犁熟水田内插栽，每四五根为一丛，约离五六寸插一丛，脚不宜频那，舒手只插六丛，却那一遍，再插六丛，再那一遍，逐旋插去，务要窠行整直。"

《辑要》在讲到种稻时，除了抄录《氾胜之书》和《齐民要术》等书的有关材料以外，几乎没有增加任何新的内容，而《撮要》讲到种稻的地方共有六处之多，其中包括犁秧田、浸稻种、插稻秧、壅田、耘稻、收五谷种等。

元代王蒙《谷口春耕图》（局部）

| 台北故宫博物院·藏 |

（此图描绘了春耕时节的场景，有人在池塘坐小船垂钓，有人在赶牛耕作，有人在田埂挥手招呼，将山水与农耕活动融为一体。）

新添“骟树法”

骟诸色果木树：“树芽未生之时，于根傍掘土，须要宽深。寻纂心钉地，根截去，留四边，乱根勿动，却用土覆盖筑令实，则结果肥大，胜插接者，谓之骟树。”

在春天树未发芽时，掘开树根附近的泥土，只将正中间的竖根截去，就是“骟树法”。此法可阻止水分向上输送，从而抑制上部枝条旺长、不实或早衰，促使枝根、侧根发育，使果树获得新的生命力，令果实丰硕，增加产量。

拓展江淮农业记载

由于作者鲁明善长期在江淮地区为官，书中记载了不少南方农业的情况，如介绍了一些南方特产，像鸡头（芡实）、菱、藕、茭笋、芘菰（慈菇）、竹笋、鳜鱼和腊肉等。虽然不及《王祯农书》的“兼论南北”，但也突破了《农桑辑要》专记北方农业生产的局限。

腊肉：“肉一斤，盐一两半擦之，压五六日，入酒糟或浊酒，翻转了再压五日，背阴处晾干。若生白殕[①]（fōu），以泥封一宿，煮如故。黑豆中藏，可过夏月。”

鸡头（左），竹笋（右）：《饮膳正要》· 明景泰七年（1456）内府刊本

① 生白殕指食物腐败生长白膜。

少数民族特色突出

作为维吾尔族农学家，鲁明善在《农桑衣食撮要》中记载了一些少数民族特有的生产技术和经验。书中关于造干酪、造酥油、扦插葡萄法、种红花、防治羊的各种疾病等内容，鲜明地体现出中国西北地区少数民族的农业生产经验和饮食文化特色。

造酥油

酥油是从牛奶或羊奶中提炼出来的脂肪，可加入茶水和糌粑（zān ba）食用，是中国蒙古族、藏族等少数民族的一种特色美食。而在当时已经成为全民享用的美食，进入寻常百姓家。诸如枸杞茶、西番茶、炒茶、兰膏、酥签等饮料，都加入酥油，别具风味。

书中记载了酥油制作的具体方法。其中的关键技术是要制作一个下端钉有圆板的木钻，把它放在盛酪桶中，用皮条或绳子在木钻上缠两圈作为动力带。通过用力转动木钻，使桶内的酪乳不断搅拌，搅出泡沫，同时注入冷水，使乳凝固，再在锅里用文火炼出优质的酥油。其中的原理如同近世的搅拌机一般。

扦插葡萄法

葡萄自西汉时期引入中国以后，直至南北朝时期一直采取种子繁殖的方法。应用扦插法繁殖葡萄的记载最早出现于唐代，《酉阳杂俎》记录了葡萄枯蔓偶然种植成活之事，但还只是个例。宋代《博闻录》则记载了葡萄托枣根以生的奇特方法。

中国新疆地区在种植葡萄方面具有悠久的历史，扦插葡萄法就是当地少数民族的创造。鲁明善在《农桑衣食撮要》中详细总结了葡萄扦插技术，以及施肥、防霜冻的措施，并将其推广到中原地区，这种方法在今天仍然能够适用。

插蒲萄（葡萄）：“预先于去年冬间，截取藤枝旺者，约长三尺，埋窖于熟粪内，候春间树木萌发时取出，看其芽生，以藤签萝蔔内栽之。埋二尺在土中则生根，留三五寸在土外。候苗长，牵藤上架。根边常以煮肉肥汁放冷浇灌，三日后，以清水解之。天色干旱，轻锄根边土，浇之。冬月用草包护，防霜冻损。二三月间皆可插栽。”

巧用“莞花”防虫蛀

毛毡制品是北方或西北少数民族固有的传统工艺。农历四月，江淮地区逐渐进入梅雨季节，衣物，尤其是皮衣、毛毡类生活用品极易发霉变质，难以保存。鲁明善在书中详细介绍“虫不蛀皮货”“虫不蛀毡毛物”的具体方法：“用莞花末掺之，不蛀。或以艾卷于皮货内，放于瓮中，泥封其瓮。或用花椒在内卷收亦得”。“莞花”，又名“芫花”，为瑞香科植物芫荽的花蕾，具有辛香驱虫的作用。

记录平民饮食文化

说起元代的饮食文化，不得不提到一部饮食养生专著——元代宫廷御医忽思慧撰写的《饮膳正要》。蒙古族有以畜牧业为主要生计的传统，习嗜肉食，兽禽兼用，羊肉比重较大，野味占一定比例，是其饮食的主要特色。《饮膳正要》主要为皇室服务，记载了大量宫廷菜谱，其中众多菜品都以羊肉为原材料，各种家禽和野味菜肴的数量也很多，体现了蒙古贵族的饮食风貌。

河豚羹：补中益气。

羊肉一脚子，卸成事件，草果五个。

上件同熬成汤，滤净，用羊肉切细乞马，陈皮五钱去白，葱二两细切，料物二钱，盐、酱拌馅儿，皮用白面三斤，作河豚，小油炸熟，下汤内，入盐调和，或清汁亦可。(《饮膳正要》)

虽然《农桑衣食撮要》也记载了一些少数民族的饮食，体现了民族融合的时代特点，但其数量相对较少，而其中大多又是小豆酱、米醋、腌芥菜、盐鸭子这类日常饮食。作为农家历,《撮要》中的饮食内容更多考虑的是广大平民的口味，是以传统的汉族菜肴为主，远不及《饮膳正要》内容丰富。然而《饮膳正要》记载的是仅供蒙古贵族享用的珍馐美馔，对普通百姓的一日三餐没有太多参考价值，不记载这些佳肴恰恰符合《撮要》为民而作的初心。

《饮膳正要》· 明景泰七年（1456）内府刊本

《通俗直说》中的农家精神

在《农桑衣食撮要》的卷末，附有《通俗直说》，其中讲述了中国农民传统的家风和优良的精神。

一家之计在和，一生之计在勤，一年之计在春，一日之计在寅。

中国古代农民有着质朴善良、勤奋进取的优秀品质。他们注重营造和睦的家庭氛围，始终传承着“以和为贵”的传统理念。日复一日地辛勤耕作、积少成多，不畏艰难、努力进取。他们在劳动生产中团结一致，共同劳动、互相协作，在遵循自然规律的同时，发挥自身的聪明才智，创造财富。他们对于社会发展的推动不仅是物质上的，更是精神上的。鲁明善对此给予了很高的评价，这份对农民的敬佩之情也是他写作《撮要》的重要动力。

第四章 明清时期

《钦定授时通考》：盖民之大事在晨，农之所重惟时。『敬授人时』，载于《尧典》，周公《七月》一篇，於日、星、霜、露之候，昆虫、草木之化，详哉其言之。故先王之民，莫不震动恪恭于晨，以修其事者，惧失时也。

明清时期是中国古农书的全面发展和繁荣时期。

这一时期，随着精耕细作技术体系的完全成熟，古农书编纂空前繁荣、成果众多。农产品商品化的趋势，使得经济作物、果树茶叶、花卉园艺等专业类的农书大大增多，关注特定区域农业生产的地方性农书也层出不穷，使农学研究进一步深化和细化；人口的增加、域外作物的引进、西方近代科技的传入使得古农书中有了新的关注点和创新性的发展；同时，人们对于影响农业发展重要因素的研究，如水利、荒政等方面，也有了长足的进步。明清时期有数百种农书留传至今，几乎占了中国古农书的一多半，具有历史和学术价值的著作颇多。

这一时期古农书的经典有为挽救民生而作的植物志《救荒本草》、流传最广的兽医学著作《元亨疗马集》、17世纪的东方科技巨著《天工开物》、中国传统农学的集大成者《农政全书》、皇家绘制的农业科普画册《御制耕织图》、古代农学文献的宏大汇编《钦定授时通考》。

第一节 为挽救民生而作的植物志——《救荒本草》

——野菜救饥，实证济危。

村落甚荒凉，年年苦旱蝗。
老翁佣纳债，稚子卖输粮。
——明代于谦《荒村》

中国古代农耕社会传统的小农经济是以家庭为生产单位，生产规模比较小、自给自足。在风调雨顺、社会安定时，小农经济可以通过农民勤劳节俭实现生产和消费的平衡。但小农经济又很脆弱，一旦遭遇天灾、战乱、苛政，农业生产便难以延续，农民的生活常常面临灭顶之灾，不得不以野菜、树皮充饥。在残酷的现实面前，中国古代人民越来越重视对野生食用植物的关注与利用。明清时期，对野生食用植物的研究进入鼎盛阶段，相关专著不断涌现。《救荒本草》就是这样一部开创之作。

《救荒本草》是中国历史上第一部以救荒为宗旨的植物学著作，是一部为挽救民生而作的古农书。它出自明代王室之手，图文并茂，生动形象，实用性强，为灾荒时期百姓自救提供了重要参考，在中国古代荒政学史上具有极高的地位。

详述百草的《救荒本草》

《救荒本草》是一部图文并茂记载野生食用植物的重要农书。全书记录了中原地区 414 种可食野生植物，除以往本草书中记载之外，新增 276 种。书中用简洁通俗的语言描述了各种植物的产地、形态、性味、良毒及烹调食用方法，并绘制成插图。全书共两卷，分为五部，其中草部 245 种、木部 80 种、米谷部 20 种、果部 23 种、菜部 46 种，每部均按可食用的部分，包括叶、根、实、花、茎等分类。

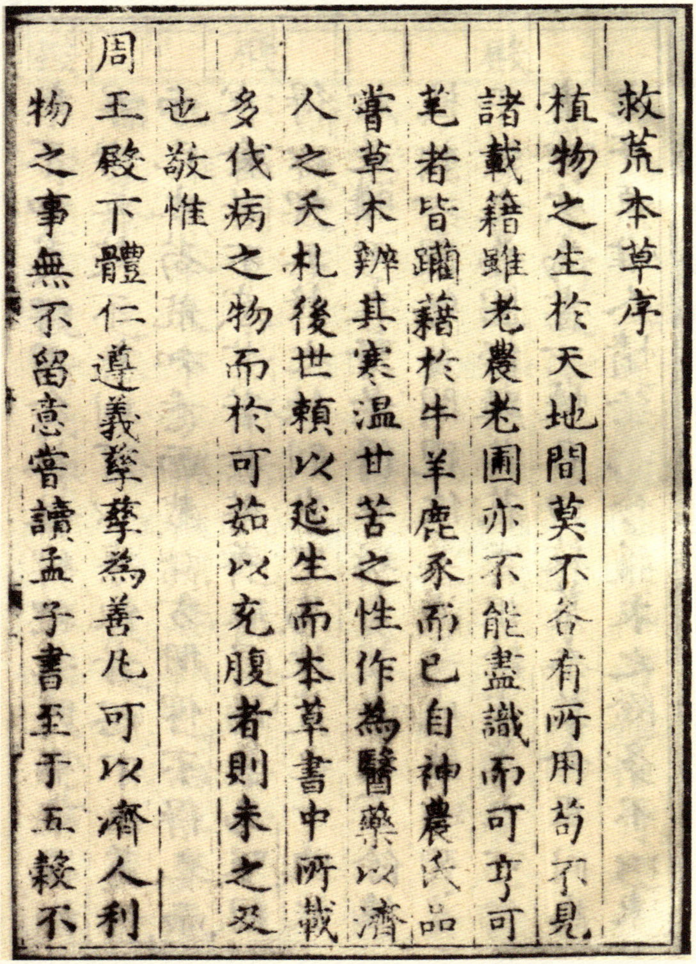
救荒本草序
植物之生於天地間莫不各有所用苟不見
諸載籍雖老農老圃亦不能盡識而可亨可
筆者皆躪藉於牛羊鹿豕而已自神農氏品
嘗草木辨其寒溫甘苦之性作為醫藥以濟
人之夭札後世賴以延生而本草書中所載
多伐病之物而於可茹以充腹者則未之及
也敬惟
周王殿下體仁遵義孳孳為善凡可以濟人利
物之事無不留意嘗讀孟子書至于五穀不

《救荒本草·序》·明嘉靖四年（1525）刊本

《救荒本草》的版本

《救荒本草》约成书于永乐四年（1406），原刊本早已亡佚，明嘉靖四年（1525）山西都御史毕昭和按察使蔡天重刻此书于太原，卷首在原书卞同序外增加了李濂序，这是《救荒本草》第二次刊印，也是现今所见最早的刻本。

后来嘉靖三十四年（1555）河南祥符人陆柬又据毕、蔡本重刻，值得指出的是，陆柬重刻此书时，误以为书是朱橚（sù）的儿子周宪王朱有燉编撰，后来《本草纲目》和《农政全书》对此书多有征引，但都沿袭了这个错误。此书还有明嘉靖四十一年（1562）胡乘刊本、万历二十一年（1593）胡文焕刊本等。传到日本后，有享保元年（1716）皇都柳枝轩刊本。

爱民如子周定王

《救荒本草》的作者朱橚（1361—1424），南京应天府上元县（今江苏省南京市）人。他是明太祖朱元璋的第五个儿子，明成祖朱棣之弟。洪武十一年（1378），朱橚被封为周王，就藩开封，死后谥“定”，人称“周定王”。

明朝是中国历史上自然灾害多发的朝代之一。明初皇室之间斗争不断，朱橚在政治上屡遭排挤，但这并未影响他的爱民之心。在开封为王之时，朱橚就推行恢复农业生产的经济政策，兴修水利，减租减税，发放种子，做了不少有利于发展生产的好事。

在水、旱、蝗害严重的灾区，朱橚亲眼看见了民众的苦难，于是决心尽自己所能挽救民生。他见百姓缺医少药，难于医治病痛，因此组织开展了多部医药书籍的编撰工作。其中,《普济方》《保生余录》《袖珍方》等医学著作为明代医药事业的发展和传播作出了贡献。灾害频发时期，饥民被迫以野菜、树皮充饥，许多人因误食有毒植物身亡，他为此感到痛心不已，因此决心对野生植物的食用性进行研究。

尝读孟子书，至于五谷不熟，不如荑稗，因念林林总总之民，不幸罹（lí）于旱涝，五谷不熟，则可以疗饥者，恐不止荑稗而已也。苟能知悉而载诸方册，俾不得已而求食者，不惑甘苦于荼、荠，取昌阳，弃乌喙[①]，因得以裨五谷之缺，则岂不为救荒之一助哉。

（明代卞同《救荒本草·序》）

朱橚像

朱橚遍读本草著作，躬身向老农请教；搜集草木野菜种苗四百余种，种植在自己的园圃里，亲自观察记录，鉴别性味，凡可以充饥者，都让画工依照植物绘出图谱；详细而准确地记载了植物的名称、别名、产地、分布、特征、性味、可食部分以及烹调食法等，终于著成《救荒本草》一书。

写作生动，通俗实用

或遇荒岁，按图而求之，随地皆有，无艰得者，苟如法采食，可以活命，是书也，有功于民生大矣。（明代李濂《救荒本草·序》）

《救荒本草》是为挽救民生而作，因而采取了方便平民阅读理解的写作方法：首先介绍野生食用植物的名称和产地，使用符合平民语言习惯的俗名，对生僻字一一注音；其次用文字叙述植物的色、形特点，多采用类比手法生动呈现，对有食用价值的地下器官如根、鳞茎、块根等，给出醒目绘图，帮助辨识；再次描述植物的性味，或甜或酸或咸；最后讲述植物的加工方法，并且对食用的注意事项加以提示。

① 昌阳、乌喙，即菖蒲和乌头，前者可食，后者有毒。

即便此前从未接触过救荒植物之人，通过读此书、观其图、嗅其息、尝其味，感官并用，在特定生态环境条件下，实不难采得果腹之食。如《草部·根可食·葍子根》载：

> 俗名打碗花，一名兔儿苗，一名狗儿秧，幽蓟间谓之燕葍根，千叶者呼为缠枝牡丹，亦名穰花。生平泽中，今处处有之。延蔓而生。叶似山药叶而狭小。开花状似牵牛花，微短而圆，粉红色。其根甚多，大者如小箸粗，长一二尺，色白，味甘，性温。
>
> 救饥：采根，洗净蒸食之。或晒干杵碎，炊饭食亦好。或磨作面，作烧饼蒸食皆可。久食则头晕、破腹，间食则宜。

在《救荒本草》中，收录了许多名字非常有趣的野生植物，例如，草部的“婆婆指甲菜”“鲶鱼须”“小虫儿卧单”“老鸦蒜”，木部的“驴驼布袋”“孩儿拳头”，菜部的“牛耳朵菜”等，这些俗名来自平民大众的生活，对这些小众植物的关注也体现了作者对百姓生活的深刻洞察。

由于各地土壤和气候条件各不相同，使得不同地区同一植物的形状和性质有很大差异，加上名称繁多，实在难以识别，一旦误采误食甚至可能置人于死地。《救荒本草》以图呈现植物形状，以文字说明食用方法，避免了食者误食有毒植物，意义十分重大。

葍子根：《救荒本草》· 明嘉靖四年（1525）刊本

救饥之法，加工之道

野生食用植物可做救荒之用，但并不是无条件的。朱橚对野生植物的加工、食用及储藏方法深入研究，提出了一套有益的“救饥之法”。

加工去毒技术

野菜生长于自然环境，在卫生、安全性方面存在一定隐患。《救荒本草》提出用水蒸煮，通过浸淘、漂洗以除去异味和有毒成分的方法。例如，橡子味涩难以下口，“换水浸煮十五次，淘去涩味，蒸极熟食之”；章柳根（商陆）内有多种成分不宜食用，“薄切，以东流水浸二宿，捞出与豆叶隔间入甑蒸，从午至亥。如无叶，用豆依法蒸之亦可”，可以达到安全食用的目的。对于多毒的天南星科青芋，“初煮须要灰汁，换水煮熟乃堪食”。此法与现代中药炮制过程中用酸碱度适宜的水煮来减低毒性的原理相同。

白屈菜：“采叶，和净土煮熟，捞出，连土浸一宿，换水淘洗净，油盐调食。”（《救荒本草·草部·叶可食》）

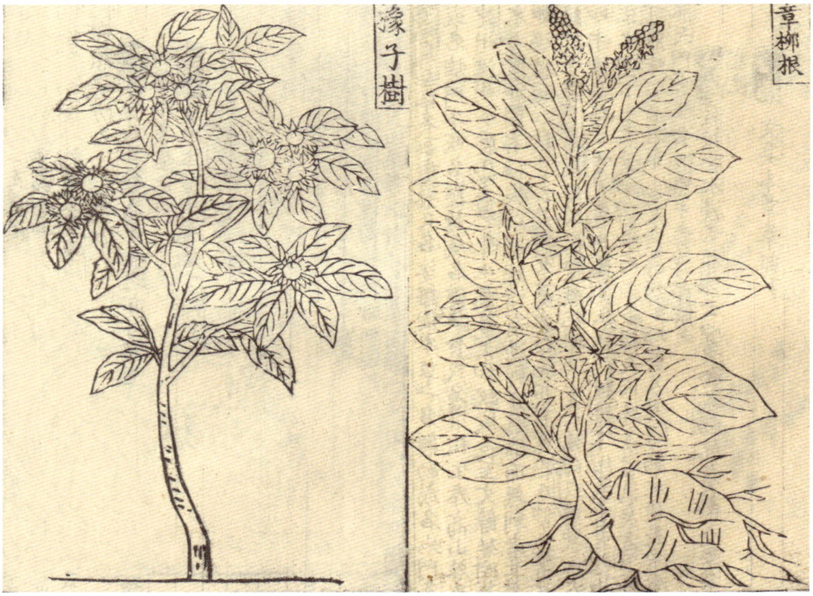

橡子树（左），章柳根（右）：《救荒本草》·明嘉靖四年（1525）刊本

《救荒本草》中提出了将白屈菜与“净土”共煮去毒的有效方法。这里的“净土”指的是一种颗粒细小的黏土。白屈菜含有不溶于水的生物碱，一般的蒸煮方法无法使其去毒，通过净土的吸附作用，则可以有效分离其中的有毒物质。虽然这和现代植物化学的分离手段相比还很原始，但其原理与 1906 年俄国植物学家茨维特发明的色层吸附分离法有异曲同工之妙。

加工烹饪技术

野生植物在口味上可能与人们的日常饮食习惯有差距，因此《救荒本草》中充分论述了野生植物的加工技术，追求“物尽其用”和烹饪方法的多样化，使“野菜”兼具了“可食”和“美食”特性。比如莲藕，“采藕煠（zhá）熟食、生食皆可。莲子蒸食，或生食亦可。又可休粮，仙家贮石莲子、干藕经千年者，食之至妙。又以实磨为面食，或屑为米，加粟煮饭食，皆可。”

救荒植物虽经处理，食用时仍有许多地方需要注意，否则会对人的健康产生危害。《救荒本草》对野生植物的饮食禁忌做出说明，如莙荙菜“不可多食，动气破腹”，龙胆草“勿空腹服饵，令人溺不禁”，邪蒿“不可同胡荽食，令人汗臭气”。

加工储藏技术

自然灾害对农业生产的影响往往会持续很多年，而有些野菜并非年年都能采到。因此，《救荒本草》记载了野菜的腌制干藏等存储手段，以应对连年饥荒。其中可腌制的野生植物有甘露儿、山葱、泽蒜、榆钱树等，可晒干贮藏的有苋菜、竹笋、燕麦、葛根等。另外，书中还收录了可加工成粉末食用的野菜，如菱角、莲

白屈菜:《救荒本草》· 明嘉靖四年（1525）刊本

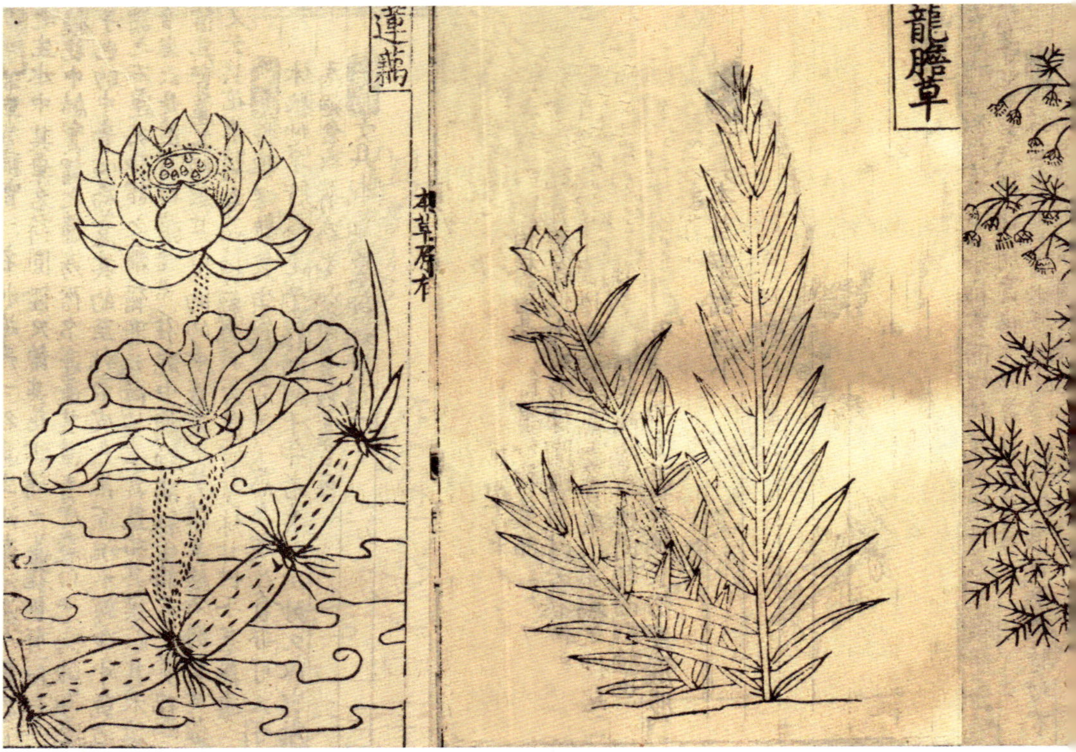

莲藕，龙胆草，邪蒿，苋菜，榆钱树（从左至右）:《救荒本草》· 明嘉靖四年（1525）刊本

子、苍耳、野豌豆等，其加工成品可以保存数年，既可做备荒之用，又别有一番风味。

推广“野菜”，综合利用

《救荒本草》记载野生植物的本意是帮助饥民在灾荒之年能够利用其充饥，以实现自救。后来，人们发现其中记载的不少植物味道鲜美，于是开始有意识地栽培这些“野菜”，除了在荒年作应急食物，又开发出了丰富的烹调方法，逐渐成为人们餐桌上常见的佳肴，比如茴香、百合、燕麦、椿树芽、无花果、回回米（薏米）等。这在一定程度上可以归功于《救荒本草》对野生植物的推

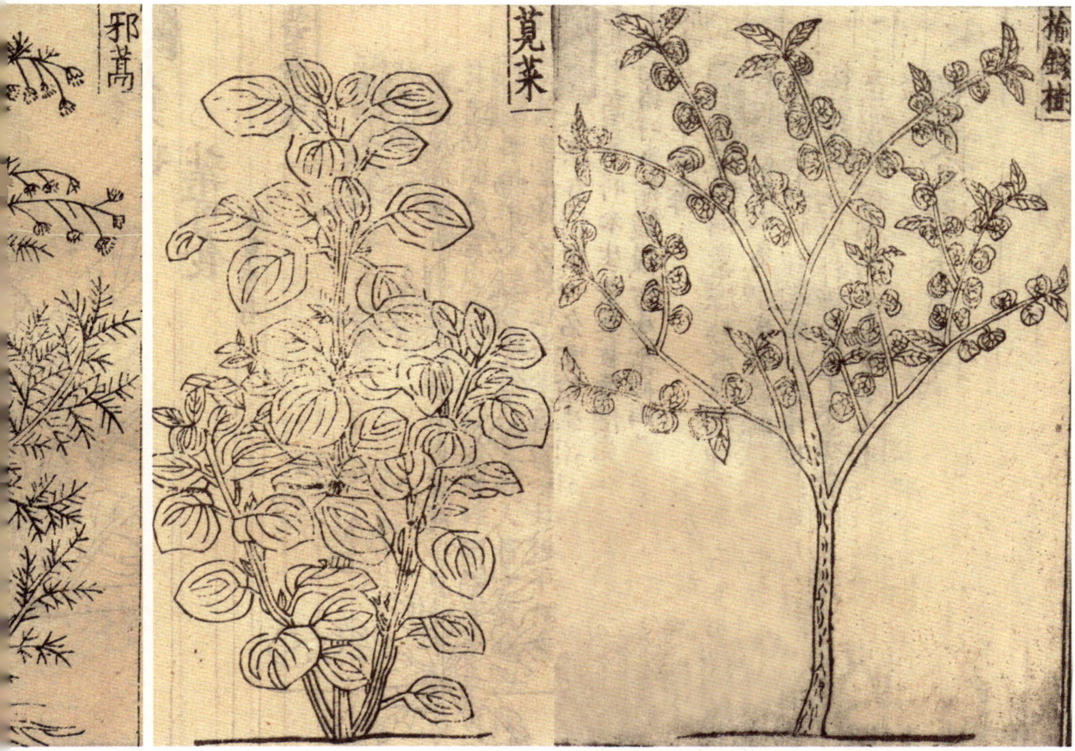

广作用。

《救荒本草》还记载了野生植物在日常饮食方面的综合利用。例如，酸枣、葡萄、桑葚等可以酿酒，苍耳籽、苏子、荏子等可以榨油，鼠菊、红花等可作染料，茴香、薄荷、紫苏等可用作调料……对野生植物的利用从方方面面丰富了人们的饮食生活。

救世济民，普度天下

《救荒本草》开创并促进了中国古代人们对野生食用植物的研究，对中国植物学、农学、医药学等学科的发展产生了重要影响。许多学者纷纷仿

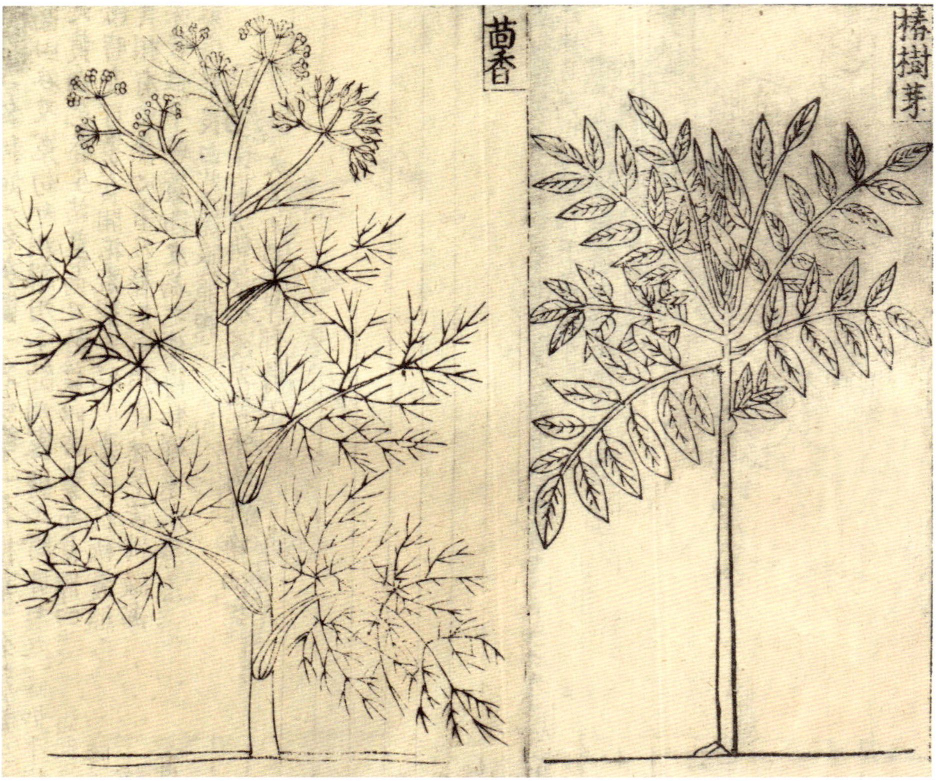

茴香（左），椿树芽（右）:《救荒本草》· 明嘉靖四年（1525）刊本

效，涌现了一批相关著作，逐渐形成一个研究野生食用植物的流派，比如王磐的《野菜谱》、周履靖的《茹草编》、鲍山的《野菜博录》、高濂的《野蔌品》等。徐光启的《农政全书》和李时珍的《本草纲目》也都将此书内容全部收录其中。

《救荒本草》在国际上的影响十分深远。欧洲第一部具有自然意义的、清楚可鉴的植物绘图出现在 1485 年德国的《植物品汇》中，比《救荒本草》晚了 79 年，且其绘图还比较粗糙，只描绘了植物轮廓、叶子和花的粗略特征，绘图水平与《救荒本草》差距较大。

17 世纪以后,《救荒本草》相继传到日本和欧美国家，因其救荒济世的实

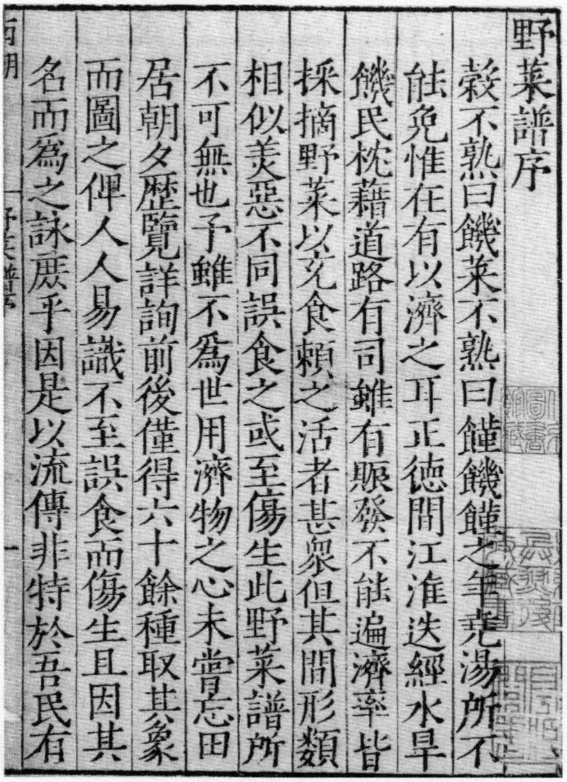

野菜譜序

穀不熟曰饑菜不熟曰饉饑饉之年堯湯所不能免惟在有以濟之耳正德間江淮迭經水旱饑民枕藉道路有司雖有賑發不能遍濟率皆採摘野菜以充食賴之活者甚衆但其間形類相似美惡不同誤食之或至傷生此野菜譜所不可無也予雖不爲世用濟物之心未嘗忘因居朝夕歷覽詳詢前後僅得六十餘種取其象而圖之俾人人易識不至誤食而傷生且因其名而爲之詠庶乎因是以流傳非特於吾民有

王磐《野菜谱·序》·明嘉靖三十年（1551）张守中刻本

用价值和植物学研究成就，得到国外植物学家和科学史家的高度认可和一致赞赏，对于缓解世界范围内的饥荒发挥了重要作用。日本学者不仅翻译和考订《救荒本草》原著，而且学习其中的方法，出版了《救荒植物数十种》《救荒略》《荒年食量志》等书。英国科学家和科学史家李约瑟称赞《救荒本草》作者朱橚为“伟大的人道主义者”。

第二节 流传最广的兽医学著作——《元亨疗马集》

——医牛疗马，对症下药。

柴公有名马，骑出自京华。峻耳批双竹，奇毛散五花。老能知道路，病已困泥沙。贵贱诚如此，长吟为尔嗟。

——明代何景明《病马六首·其一》

自古以来，马匹在战争和生产运输中的作用至关重要，“马政”被中国历朝历代称为“国政”，对马匹的牧养、训练、使用和采购等事务，受到统治者的高度重视。明朝开国皇帝朱元璋为阻挡北方蒙古骑兵的侵袭，特设立专职机构畜养马匹，制定“计户养马”“计丁养马”“计亩养马”等制度，有力地推动了明朝养马业的发展。在这样的时代背景下，被后人誉为“兽医双圣”的喻本元、喻本亨兄弟编著了《元亨疗马集》这一兽医学杰作。

古代的兽医学专著并不多见，能够保存下来的就更少。《元亨疗马集》系统总结了明代以前中兽医学成就和当时的经验，为中国兽医学构建了完整的体系，堪称中国古代兽医学宝库中内容最为丰富、流传最为广泛的一部兽医经典。《元亨疗马集》记录了明代兽医理论和技术的重要进步，展现了中国古代兽医学的先进水平和辉煌成就。

对症下药的《元亨疗马集》

实际上，我们现在所说的《元亨疗马集》是三部著作的合称，分别是《元亨疗马集》《元亨疗牛集》《驼经》。

《元亨疗马集》是全书精华，分为春、夏、秋、冬四卷，有图 112 幅，赋 3 篇，歌 150 首，药方 300 余个。其中，春卷是《直讲十二论》，讲述马的脉色诊断理论、针灸治疗技术、外形鉴别等内容；夏卷为《七十二大病》，对每种马病的病因、病理、症候、疗法等进行阐释；秋卷为《评讲八证论》和《东溪素问碎金四十七论》，前者对兽医诊断学的八种辩证纲要进行阐发和拓展，后者以问答形式讲述马病诊疗中的一些小知识；冬卷包括《喂饮须知》《五经治疗药性须知》《陈反畏忌禁药须知》《引经淀火疗病须知》《君臣佐使用药须知》

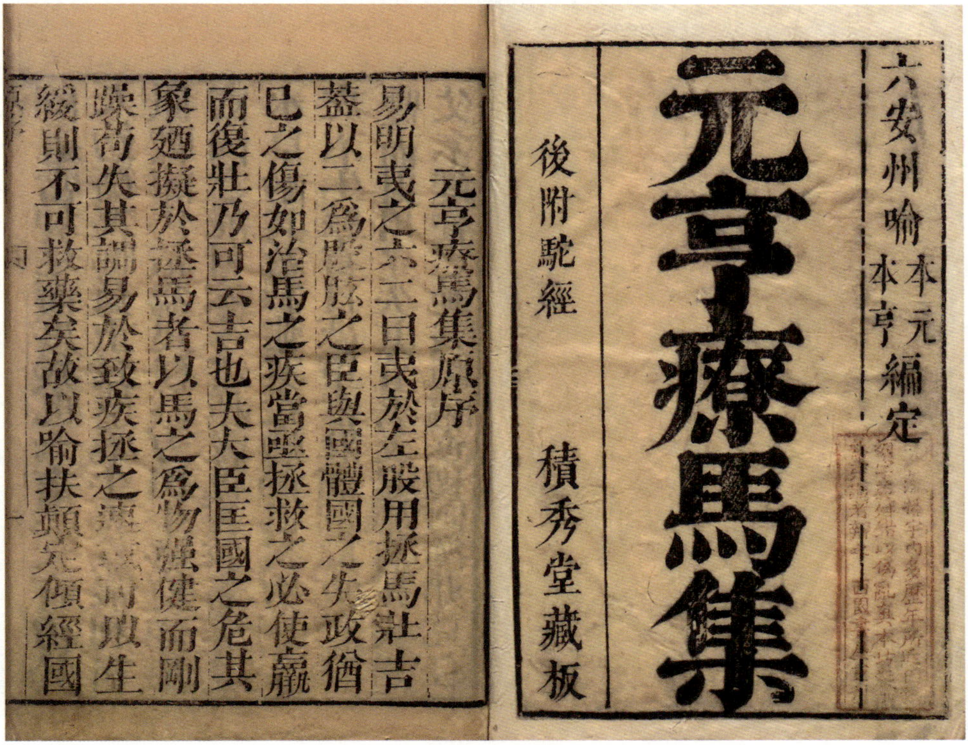
六安州喻本元 喻本亨 編定
元亨療馬集
後附駝經
積秀堂藏板

元亨療馬集原序
易明夷之六二曰夷於左股用拯馬壯吉
蓋以二爲股肱之臣與國體國一失政猶
己之傷如治馬之疾當亟拯救之必使羸
而復壯乃可云吉也夫大臣匡國之危其
象廼擬於拯馬者以馬之爲物雖健而剛
躁苟失其調易於致疾拯之[illegible]可以生
緩則不可救藥矣故以喻扶顛允傾經國

《元亨疗马集》· 清积秀堂刊本

和《经验良方》。

《元亨疗牛集》分上、下两卷，论述牛对农业生产的重要性、相牛法，以及牛的五十六种病症及其医治方法。

《驼经》一卷，讲解驼的四十八种病症与治疗手段。

《元亨疗马集》的版本

《元亨疗马集》最早的版本是明万历三十六年（1608）金陵唐少桥汝显堂

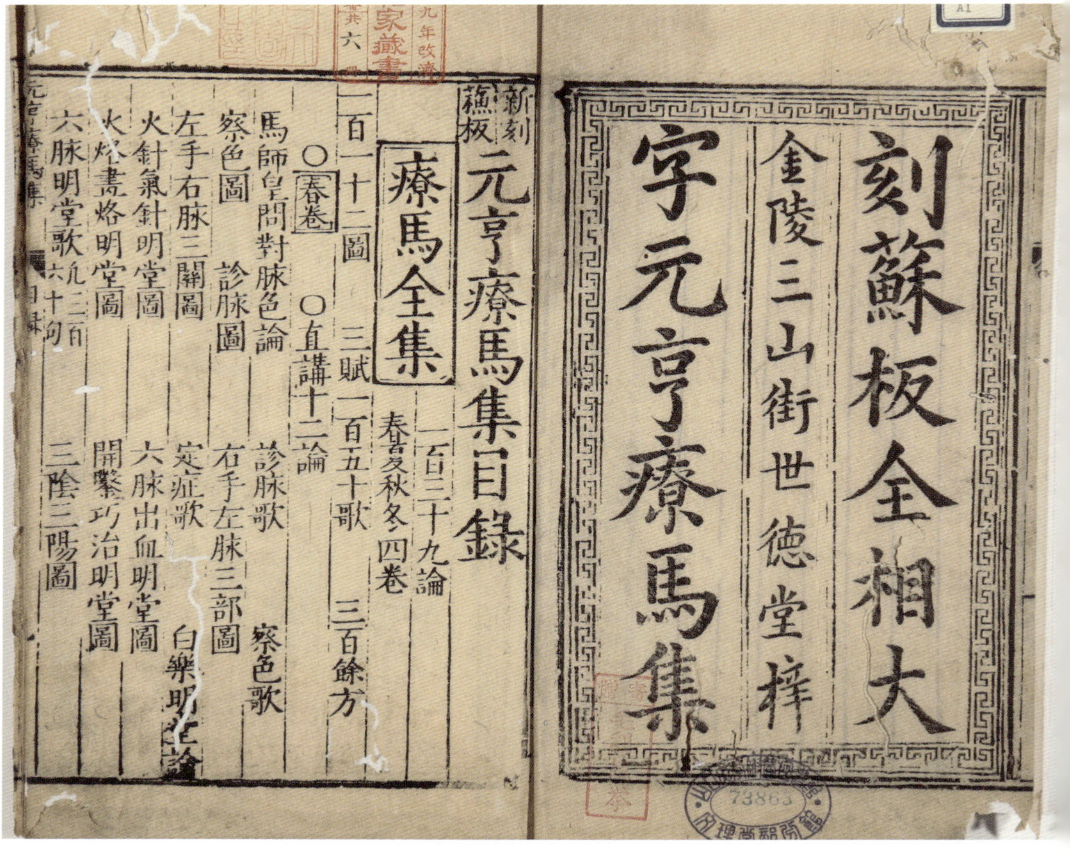

刻蘇板全相大
金陵三山街世德堂梓
字元亨療馬集

新刻蘊板元亨療馬集目錄
療馬全集
一百三十九論　春夏秋冬四卷
一百一十二圖　三賦一百五十歌　三百餘方
○春卷　○直講十二論
馬師皇問對脉色論　診脉歌
察色圖　診脉圖　察色歌
左手右脉三關圖　右手左脉三部圖
火針氣針明堂圖　定症歌
火烙熏烙明堂圖　六脉出血明堂圖　白樂明堂論
六脉明堂歌九三百六十句　開繫巧治明堂圖
三陰三陽圖

《元亨疗马集》· 明金陵世德堂刊本

刊本。后屡经传刻增删，刊印版本数十种，其中主要有三个系统，即丁宾作序的丁序本（1608）、许锵作序的许序本（1736），以及由郭西所撰的注释本（1785）。一般认为丁序本是喻氏兄弟的原著，但现存的版本则比较有争议，有人认为现在看到的丁序本是清代人重刻增补的版本，不是明版本。不同版本的《元亨疗马集》名称也各不相同，有《牛马驼经大全集》《元亨疗马牛驼经全集》《元亨疗马集（附牛、驼经）》《元亨全图疗牛马驼集》，还有将原疗马集的春夏秋冬四卷改为《马经大全》，疗牛集作《牛经大全》或《图像水黄牛经大全》，等等。

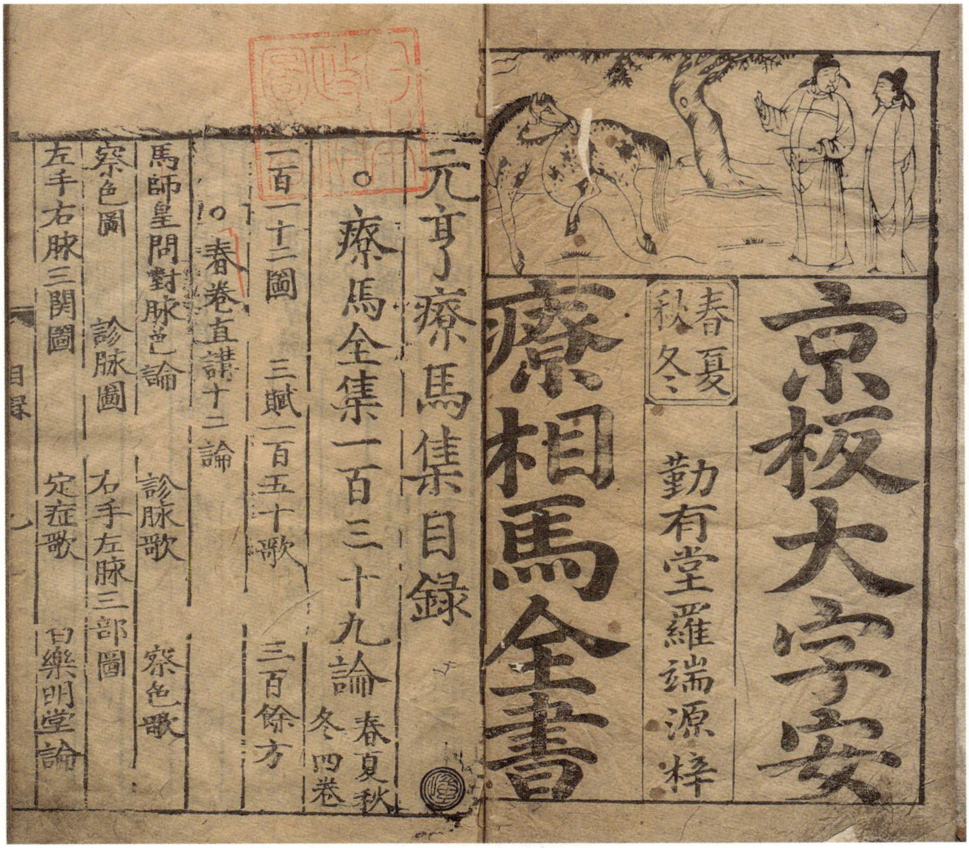

《元亨疗马集》· 明罗氏勤有堂刊本

兽医双圣，喻氏兄弟

《元亨疗马集》《元亨疗牛集》的作者是明代南直隶庐州府六安州（今安徽省六安市）的喻本元、喻本亨兄弟二人，书的名称取自喻氏兄弟名字末字的合称;《驼经》的作者则很有争议，有人认为也是喻氏兄弟所著，也有人提出是由他人所作、经后人整理与前两部作品合编成一部书。

喻仁，字本元，别号曲川。喻杰，字本亨，别号月川。兄弟二人大约生活在明代嘉靖到万历年间。

喻氏兄弟自幼学习兽医，并长年在家乡一带行医。二人曾应聘到南京太仆寺（专门掌管皇家御马的衙署）治牛马病，由于学识渊博、医术高明、态度严谨，很快就使当地凶猛的牛马疫情得到了控制。他们尤其擅长医马，能够精准对症治疗，使病马及时痊愈。同时，二人医牛也非常见效，令当地农户的耕牛无比健壮。他们高超的医术为朝廷军用战马和农用耕牛的供给提供了保障，为明朝军事和农业的发展作出了重要贡献。

喻氏兄弟从自身的医学实践中获取了丰富的经验，同时注重广泛发掘、整

喻仁、喻杰行医图

理历代兽医古籍，到处寻师访友、充分汲取劳动人民的医学智慧。两人以惊人的毅力，经过六十多年努力，终于在晚年完成了这部著作，因成就卓著，而被后人誉为“兽医双圣”。

“色脉论”与“八证论”

“色脉者，医之准绳也，疾之龟鉴也。”观气色、摸脉象是中医诊断的重要手段。《元亨疗马集》收录了《师皇问对脉色论》《论马口色者何也》《察色赋》等几篇“脉色论”代表文献，使色脉诊断的理论得到发展和提高，并使之成为兽医诊断疾病的重要手段。

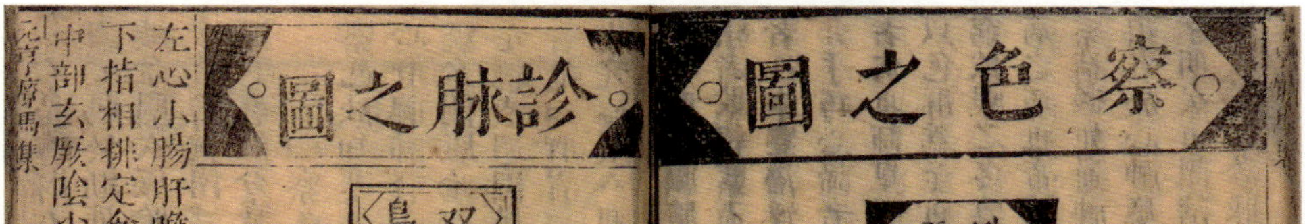

诊脉之图（左），察色之图（右）:《元亨疗马集》· 清积秀堂刊本

“八证”是兽医辨证的纲要和施治的依据，由人医中的“八要”发展而来，指的是“正、邪、寒、热、虚、实、表、里”八种证型。《元亨疗马集》对于“八证论”的阐发和拓展使兽医治病有了明确的标准，对辨证论治的进一步发展起到了推动作用。

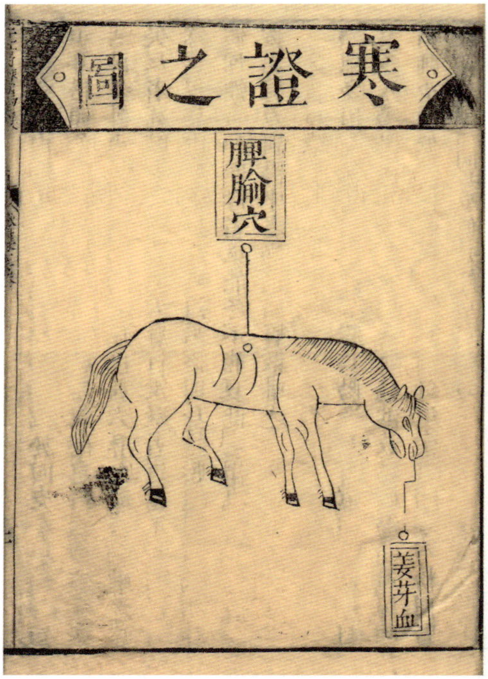

寒证之图：《元亨疗马集》· 清积秀堂刊本

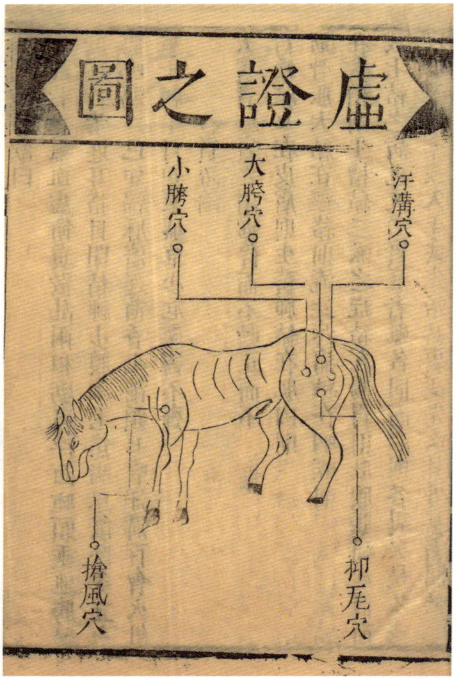

虚证之图：《元亨疗马集》· 清积秀堂刊本

针灸疗法和手术疗法

夫兽者，虽有刍水，周身有三斗六升血气，有三百六十骨节，亦有三百六十穴道。凡在医者，必须察其虚实，审其轻重，明其表里，度其浅深。大抵用针之道，虚之则补，实之则泻，寒之则温，热之则凉。风之则散，气之则顺，此谓一定之法，学者诚心鉴之。（《元亨疗马集·伯乐明堂论》）

针灸是中国首创而特有的治疗方法，且早已运用于牲畜治疗。《元亨疗马集》记载的牲畜针灸穴位已增加至360个，强调治疗中要“药针并施”，即“针不离方，方不离针”“七分针灸，三分用药”，针灸疗法已经趋于成熟。

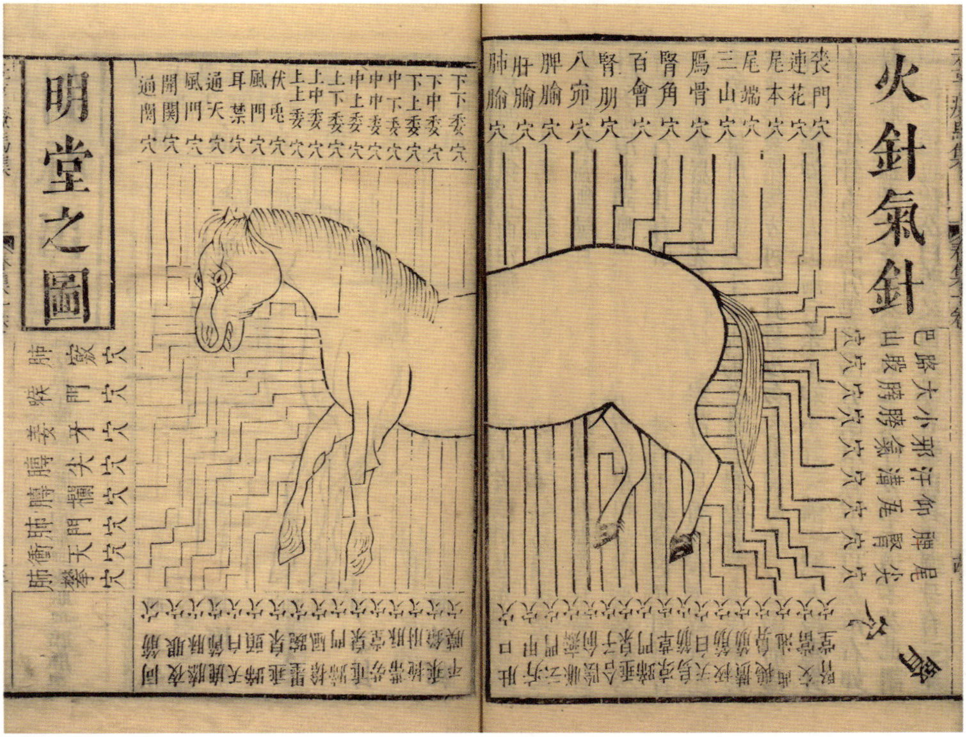

火针气针明堂之图：《元亨疗马集》· 清积秀堂刊本

手术是兽医外科治疗方法中的一种。《元亨疗马集》记载了家畜外科手术方面的成就，当时已经能够通过开颅、切开气管、割骨眼、摘除淋巴结、剖腹等手术，对牲畜进行急救，其中一些技术具世界领先水平。

刀砧血忌，不禁六脉之针

中国古代兽医学中充斥着大量的神鬼和宗教迷信思想，喻氏兄弟也不免受其影响。但难能可贵的是，他们在《元亨疗马集》中已不再将迷信思想视为金科玉律，甚至对其给予批评：“急病当针不与针，避凶求吉反为凶，且如贼寇攻

考正针牛穴法名图，骨眼之图，开喉之图，取槽结图（从左至右）:《元亨疗马集》· 清积秀堂刊本

城紧，也选良时再起兵？”

明代以前的许多农书，对兽医临症行针持有一定禁忌，例如，在“血忌日”不能对牲畜放血治疗，“刀砧日”不能进行手术和针灸治疗。《元亨疗马集》虽然也有一些治疗禁忌，但同时指出要视情况而定。喻氏兄弟提出“刀砧血忌，不禁六脉之针”，一些未危及牲畜性命的小病如遇忌日可择日再治，但当牲畜性命危急、需要急救时，则应立即救治，不能因禁忌延误牲畜的病情，造成损失。

“不知察病拣方，及时医疗，却信巫师诈言鬼祟，或烧钱而祭醮，或压禳而书符，不但转加瘴疫，且益伤损头匹。”有的人在牲畜患病后向巫师方士求

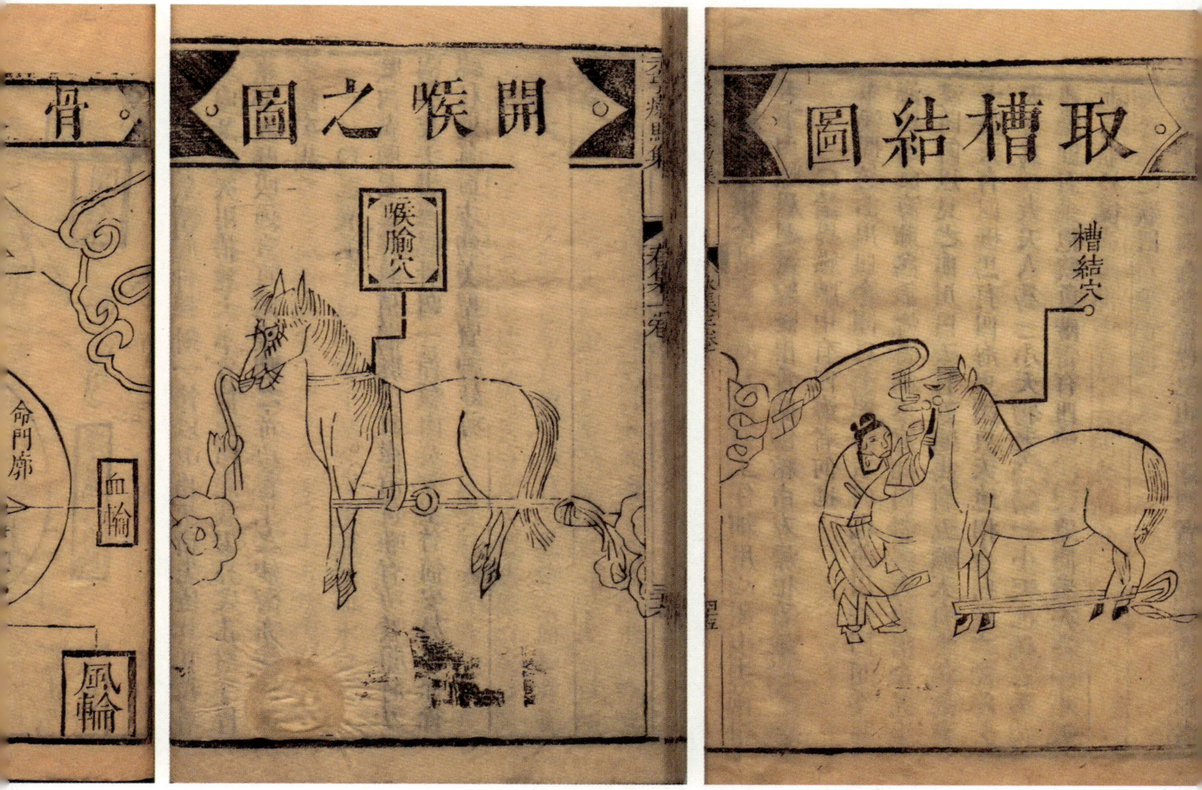

救，以“祭醮”（祭祀）“烧钱”等方式来“医治”牲畜。喻氏兄弟严厉批评了这种荒谬的行为。

养重于防，防重于治

《元亨疗马集》中的畜牧饲养管理思想和方法，对当今畜牧业仍具有重要的参考价值。喻氏兄弟特别强调了牲畜调理和预防疾病的重要性，认为只有饲养得法、调理有方，才能增强牲畜抵抗疾病的能力，达到扶正祛邪，防患于未然的目的。科学的饲养管理方法比治疗技术更关键，这与现代兽医学中“养重于防，防重于治”的思想完全一致。

三饮三喂刍水歌

尿清粪润号平和，草多水少大无疴[①]（kē）。
槽间谷料休多喂，源下清泉少饮过。
迎风有汗俱教忌，远骤空肠莫令多。
喂向坎宫多生患，厩当檐巷亦招疴。
草中毛发宜须择，料间灰土莫容污。
泥土妄餐膘易瘦，发毛误食嗽喀[②]（qiāng）多。
骑来喘定移时喂，喂后依期饮碧波。

书中的《三饮三喂刍水歌》包含了许多宝贵的马匹饲养管理经验。在饲养方面，提出过饥过渴时不能暴饮暴食，劳役前后不能饮喂过饱，饮水和草料必须清洁，不能混有杂物；出汗或料后不能立即饮水，膘大马和休闲马在夏季要减精料。在管理方面，提出厩舍要冬暖夏凉，经常打扫干净。在使役方面，提出要先慢步、后快步，要快慢交替使用；使役后不可立即卸掉鞍具，待休息后方可饮喂等。

“实用性”为写作标杆

《元亨疗马集》一经刊印立即受到广泛赞誉，流传甚广。其内容丰富，汇集了大量、全面、先进的兽医知识，以“实用性”为核心，能够让人们很快掌握畜牧医疗的基本技巧，对保障牲畜健康、促进农业生产发挥了重要作用。

---

① 疴指病。

② 嗽喀是中兽医病名。为多种疾病均可出现的症候，五脏六腑皆可发生，但主要在肺。症状包括咳嗽、乏力等。

图文并茂，语言通俗

《元亨疗马集》照顾到了平民的阅读趣味和习惯，其写法有三大特色。一是书中附有大量图解说明，像齿岁图等，让人们一看就能明白其中的原理和治疗方法；二是运用诗词歌赋和问答的形式编写，便于记忆、掌握和运用；三是口语化程度很高，符合人们日常的语言习惯。

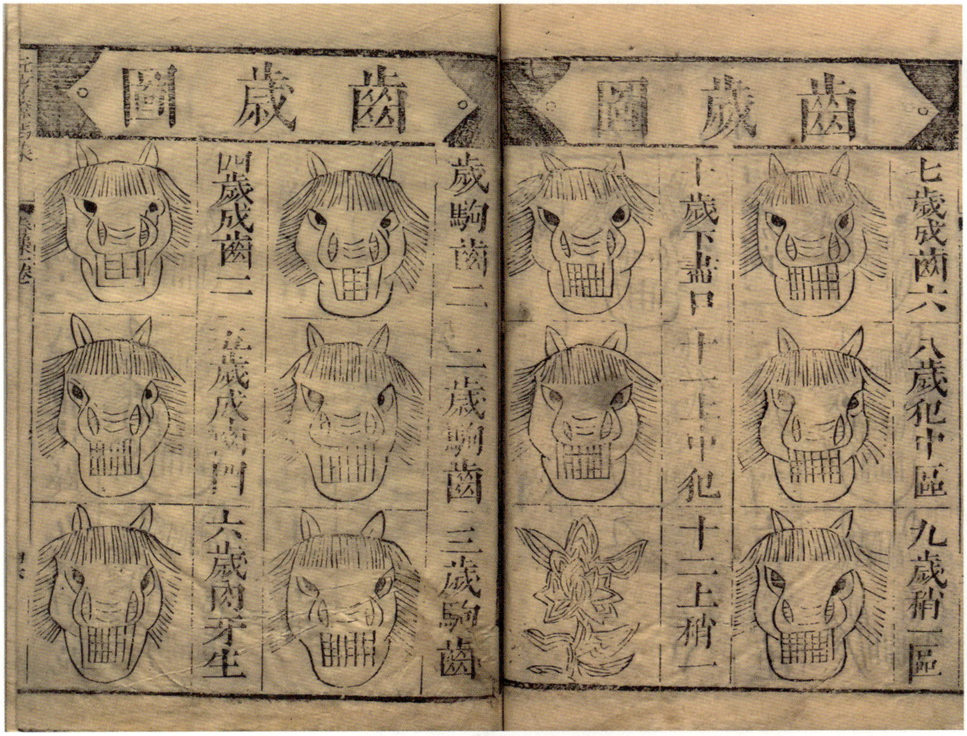

齿岁图:《元亨疗马集》· 清积秀堂刊本

重视细节，对症治疗

在论述马的七十二种病症时,《元亨疗马集》对每一症都指明其病因和病机，对其症候群的特点均有详尽的描述，特别是在症状相同时，能指出其相互区别的要点。有些疾病虽然症状相同，但是病因、病机不同，采用不同的治法才有疗效。书中将这些经验总结出来，对于精确治疗、防止误诊具有重要的意义。

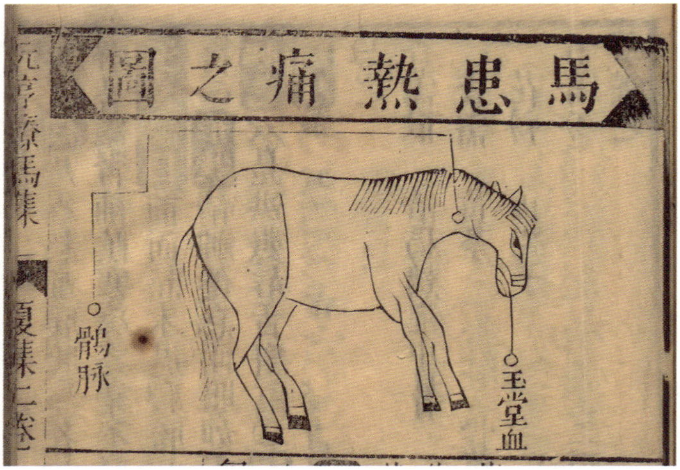

马患热痛之图:《元亨疗马集》· 清积秀堂刊本

马患草噎之图:《元亨疗马集》· 清积秀堂刊本

如对马的腰胯痛，症状相同，病因和病机却有寒伤和闪伤之别，因而治疗就有区别；寒伤宜温肾散寒，用茴香散和后温散，外用酒醋灸熨，火针刺；闪伤则宜散血去瘀，用红花散破血瘀血滞，外用针刺放血去瘀滞。像这样透过现象找出其本质，敏锐地鉴别出真正的疾病，使“七十二大症”享有极高的声誉，被认为是中兽医治疗学发展过程中的空前杰作，三百多年来光辉不灭，许多治则、治法和方药，一直沿用至今。

药方记载，突出重点

《元亨疗马集》记载的药方数量很多，但在论述上主次分明，使用起来十分方便。对多种家畜疾病的治疗常有一个主要的基本药方，再按照病畜的具体情况，在药的剂量上酌情调整以提高疗效。例如，治疗马的“草噎”（食道阻塞），常以“芸薹散”为主；治疗马的胃肠热证和黄症，多以“消黄散”为主；治疗马和牛的呼吸系统疾病，常以“清肺散”为主；治疗牛前胃疾病，常以“大戟散”为主；治疗马和牛的破伤风，常以“千金散”为主等。

农牧结合，富国强民

亨国裕民之道，莫先于耕种。若以劝课耕桑为急务，则其富有天下者宜此也。(《元亨疗牛集·论牛保第一》)

六畜之大有功于人，钧衡驾轭，负重致远，唯牛马为最利。田猎战阵，马绩为良，任载力田，牛劳莫钜，诚富国之能材，宏家之桢干也。(《元亨疗马集·序》)

《元亨疗马集》蕴含着“农牧结合”的思想。书中强调农耕活动是百姓富裕、国家强大的根本保障，而农业生产离不开牛马，其功劳甚至比人还要大，将牲畜的作用提升到了为国献力的高度，强调对牲畜的保护、饲养和治疗是事关“国运”的大事。

“元亨不离手，医马（牛）几十年”

《元亨疗马集》自1608年初刊印至今已有400余年，中间屡经书商翻刻，出现了许多不同的版本。作为一部兽医经典著作，仍为今天的中兽医工作者所推崇；民间也流传着“元亨不离手，医马（牛）几十年”的赞语。

此书问世后迅速成为畅销书。明代以后诸多有关兽医的专著均与此书渊源颇深。如清代《相牛心镜要览》《牛经切要》等都参考、摘录、引证和翻译了《元亨疗马集》的有关学术思想及其内容。

在国际上，此书流传至日本、朝鲜、越南，以及欧美各国，对世界畜牧兽医学发展起到了促进作用。日本早在明历二年（1656）就出版了《马经大全》(《元亨疗马集》的翻版)，该书的署名者是一位被日本尊为国师的中国兽医“马师问”，可见此书在日本兽医界影响之大。

第三节 17世纪的东方科技巨著——《天工开物》

天斧之功，开成万物。

盖物生自天，工开于人，曰天工者，兼人与天言之耳。

——清代丁文江《天工开物·跋》

14 到 17 世纪是全球“现代化”的起步阶段，随着大航海而来的全球交流的热潮，冲破了中世纪封建主义的束缚，促进了思想的解放，推动了资本主义和科技的发展。而在此时的东方，古代中国的科技发展历经数千年的积累，已经达到了巅峰，产生了近代科学启蒙实证精神的萌芽，并影响了一批知识分子。中国古代的科技巨著《天工开物》就是这样一部具有意识觉醒、思想启蒙的先驱之作。

《天工开物》对明中叶之前中国古代的各项技术进行了系统的总结，形成了一个完整的科学技术体系，是世界上第一部关于农业和手工业生产的综合性著作，是保留中国科技史料最为丰富的一部专著，受到了全世界的推崇，被外国学者誉为“中国 17 世纪的工艺百科全书”。

工农并论的《天工开物》

《天工开物》全书约 62000 字，分为上、中、下三部分，共 18 卷，全面论述了农业、手工业方面的先进科技。书中附有 121 幅插图，描绘了各种生产方式、工艺流程和机器构造。

《天工开物》记载的与农副业生产及加工相关的内容主要有七卷。《乃粒》论述农作物栽培技术和各种农具、水利机械；《乃服》讲述养蚕技术和丝织技术；《彰施》论述染色植物的种植和染色技术；《粹精》讲述粮食收割、脱粒及加工成米面的技术和工具；《甘嗜》介绍甘蔗种植、制糖技术及工具；《膏液》论述油料植物籽实的出油率，油的性状、用途及提制油脂的技术；《曲蘖》论述酒曲的制造，所用原料种类、配比、制造技术及用途。

《天工开物》的版本

《天工开物》初刻于明崇祯十年（1637），明末清初有书林杨素卿刻本。清代官刻大型著作《古今图书集成》及《授时通考》对其内容进行摘引。此后，

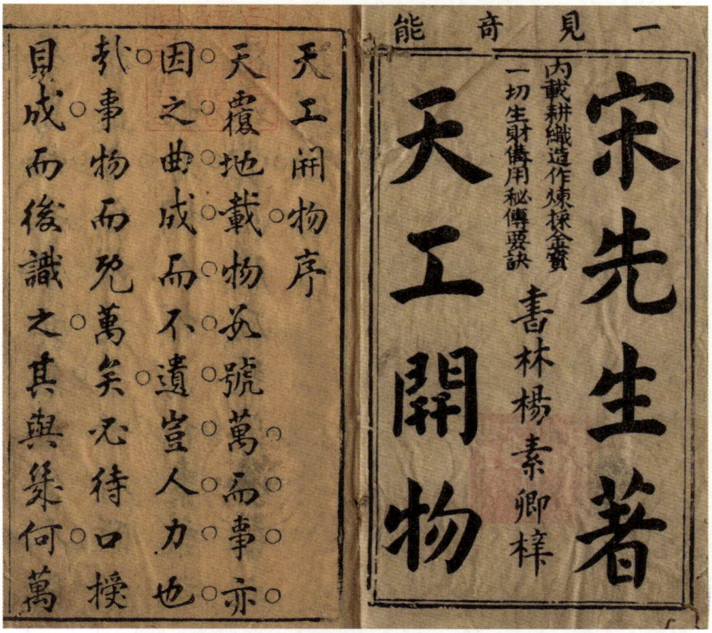
一見奇能
宋先生著
內載耕織造作煉採金寶一切生財備用秘傳要訣
書林楊素卿梓
天工開物

天工開物序
天覆地載物數號萬而事亦
因之曲成而不遺豈人力也
哉事物而既萬矣必待口授
目成而後識之其與幾何萬

《天工开物》· 明末清初书林杨素卿刊本

《天工开物》却一度遭到厄运。在《四库全书》的修订过程中，乾隆曾诏令各省进献书籍，大举扫荡反对清朝统治的著作。《天工开物》也遭到排斥，乾隆年以后即无人刊刻。《天工开物》在日本受到重视，最为著名的是明和八年（1771）菅生堂刊本。民国时期，出版家陶湘重新将《天工开物》石版印刷刊行，使此书在国内广泛流传。

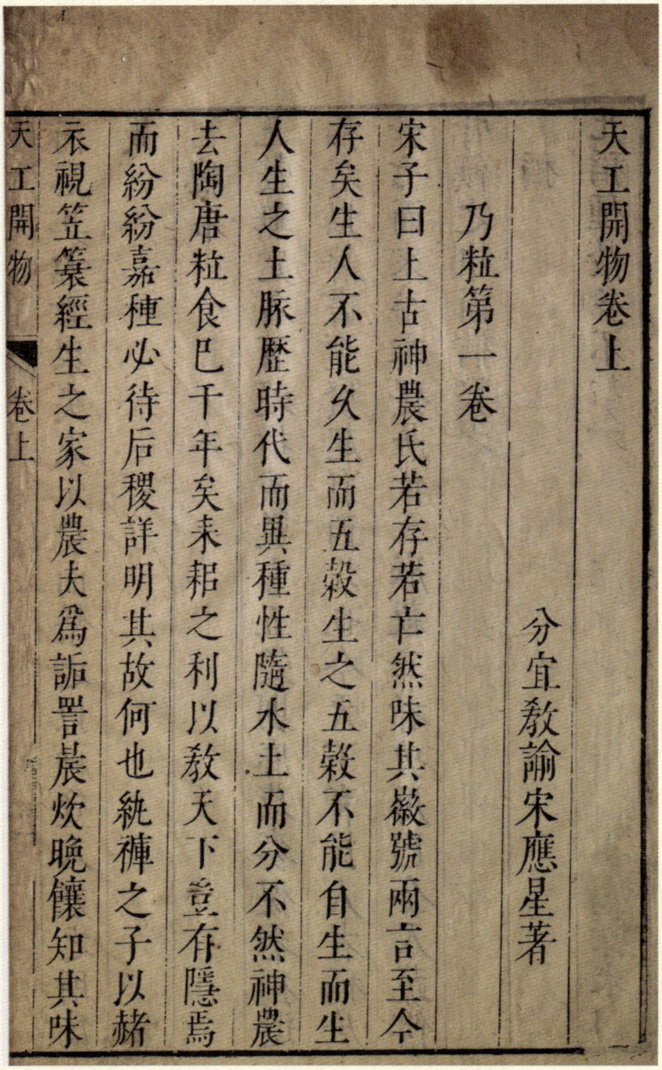
天工開物卷上
分宜敎諭宋應星著
乃粒第一卷
宋子曰上古神農氏若存若亡然味其徽號兩言至今存矣生人不能久生而五穀生之五穀不能自生而生人生之土脉歷時代而異種性隨水土而分不然神農去陶唐粒食已千年矣耒耜之利以敎天下豈有隱焉而紛紛嘉種必待后稷詳明其故何也紈褲之子以赭衣視笠簑經生之家以農夫爲詬詈晨炊晚饟知其味
天工開物 卷上

《天工开物》·明崇祯十年（1637）初刻本

独辟蹊径宋应星

宋应星像

宋应星（1587—约1661），字长庚，江西奉新（今江西省奉新县）人，明末清初科学家。他于万历四十三年（1615）时考中举人，但之后五次进京会试均告失败。在进京会试的旅途中，宋应星从农村田间、生产作坊中获取了大量生产知识，见闻大增。

崇祯末年，宋应星先后担任江西分宜县教谕、福建汀州府（今福建省长汀县）推官和安徽省亳州市知州。崇祯十七年（1644）明朝灭亡，清兵入关建立了清王朝。此时，宋应星任广州知府的哥哥宋应升为表示对明朝的忠诚服毒自杀，宋应星本人则辞官返乡，从此不再做官。

宋应星在担任江西分宜县教谕期间写成《天工开物》。教谕，类似现在不用坐班的学校教员，授课后有较多闲暇时间，又能接触到一些书籍资料。宋应星充分利用了这段时间，根据以前的调查所得，再查找必要的参考文献，从事着极其紧张的著述工作。尽管条件非常简陋，也缺乏必要的资金和场地，但他因陋就简创造试验条件，不辞辛劳实地考察，经过两年多的不懈努力，终于在崇祯九年（1636）完成此书。

宋氏独自辟门径，一反明儒陋习，就人民日用饮食器具而穷其本源。其识力之伟，结构之大，观察之富，有明一代，一人而已。（清代丁文江《天工开物·跋》）

明末官绅豪强普遍靠放高利贷盘剥百姓，终于逼迫百姓造反，国家惨遭颠覆。宋应星曾写诗，“青苗子母会牙筹，吸骨吞肤未肯休。直待饥寒群盗起，先从尔室报冤仇”。揭露高利贷者盘剥百姓、激起民怨的现实，展现了他对平民百姓的怜爱之心。

劳动技艺巧夺天工

“天工”一词出自《尚书·尧典》，指的是上天创造的绝妙技艺；“开物”二字出自《周易·系辞上》，表示人们可以通晓万物之理，办好一切事情。宋应星认为，只要人们不断提升自身的技艺，按照自然规律办事、辛勤劳动，就能够创造出各种精美程度胜过天然的物品。

耨：《天工开物》·日本明和八年（1771）菅生堂刊本

宋应星提出“聪明由人”，坚持“人定胜天”的观点，而最根本的智慧就是“勤”。例如在《乃粒·稻工》中，他指出农民巧妙地利用“心计”，充分利用天时地利，“凡一耕之后，勤者再耕、三耕”；在《麦工》中则强调“麦苗生后，耨不厌勤”。中国古代劳动人民辛勤耕耘、拼搏进取，创造出无数农耕智慧和生产技巧，这是人们能够“巧夺天工”的根本原因。

农业科技享誉世界

《天工开物》记载了丰富、先进的农业生产技术，不但在中国农业技术史上具有开创性，在国际上也处于领先地位，为世界科学的进步作出了重要贡献。

> 陕洛之间，忧虫蚀者，或以砒霜拌种子。(《天工开物·乃粒·麦工》)
>
> 宁、绍稻田必用（砒霜）蘸秧根，则丰收也。(《天工开物·燔石·砒石》)

在虫害预防方面，书中提出用砒霜拌种子、以蘸秧根防鼠害和病虫害的先进技术，是中国农业技术史上的一项重要发明。在现代化学中，砒霜又叫砒石或信石，是含砷化合物，主要成分是三氧化二砷，有剧毒，一般用来烧制白铜，配制火药，治疟疾和顽癣，毒家鼠等。

> 土性带冷浆者，宜骨灰蘸稻根（凡禽兽骨），石灰淹苗足。向阳暖土不宜也。(《天工开物·乃粒·稻宜》)

在施肥、土壤改良方面，书中提出用动物骨灰蘸秧根或撒石灰于冷浆田可以壮苗。冷浆田是排水不良、土温较低的酸性土壤，而动物骨灰中含有丰富的磷质，“骨灰蘸秧根”是对磷肥的合理利用，是一种先进而经济的施肥技术；“石灰淹苗足”则可以使土壤的酸性得到中和，改善土壤性质，促进丰产。而对于“向阳暖土”，水温和土温相对适宜，土壤酸性不高，这种方法就没有必要了。

> 凡蚕有早、晚二种。
>
> 今寒家有将早雄配晚雌者，幻出嘉种。
>
> 若将白雄配黄雌，则其嗣变成褐茧。(《天工开物·乃服·种类》)

在蚕种培育方面，书中记载了人工杂交育种技术。将早蚕（一年孵化一次）的雄蛾和晚蚕（一年孵化两次）的雌蛾杂交，便引起蚕种变异，从而育出品质优良的新蚕种。而将黄茧蚕蛾和白茧蚕蛾杂交后，育出的下一代是褐茧蚕。这项杂交蚕蛾、定向变异以改良蚕种的先进技术，是中国古代蚕桑业的重大成就，其原理对于生物学进化论也有重大启示。

近代科学方法的应用

宋应星在写作《天工开物》的过程中已经应用了一些重要的近代科学研究方法，比如通过实验得出结论，利用收集的数据说明道理。

> 滇南车马，纵贯辽阳，岭徼宦商，衡游蓟北。为方万里中，何事何物不可见见闻闻？（《天工开物·序》）

“耳食者，不足取信。”宋应星认为，只有通过亲自试验得出的结论才是最靠得住的。他在调查研究的过程中细心观察，记录了130多项技术数据，提出了一系列的理论和概念。这些数据包括农业方面的农时、田间管理、单位面积产量，手工业方面的各种生产工具的大小尺寸、材料消耗、使用寿命、材料配方、经济效率，以及不同物质的物理性能等，奠定了《天工开物》的科学价值。

《天工开物》第一次明确记载了水稻插秧的比例，将水稻秧田和本田的比例定为1∶25，即一亩秧田苗可以分摊到25亩本田中。三百多年之后，中国的某些地区还在依照这个比例进行插播。

宋应星是中国古代最早系统研究油料作物出油率的学者。《膏液》篇中列举了各种油料作物的出油率，以每百斤作物的出油斤数表示，通过出油率和油质判断将油料作物分为上、中、下、次等多个等级，形成了科学的分类标准。

南方榨:《天工开物》· 日本明和八年（1771）菅生堂刊本

贵五谷而贱金玉，重生产而忌空谈

卷分前后，乃贵五谷而贱金玉之义。(《天工开物·序》)

《天工开物》的章节编排体现了作者“贵五谷而贱金玉”的思想，以《乃粒》开篇，而将《珠玉》放在最后，先讲与民众日常生活密切相关的粮食和衣服的生产，后讲酒食金玉等社会上层阶级专属的奢侈品。在序言中，宋应星自署堂号“家食之问堂”，所谓“家食之问”就是关于农业生产的学问，他在遗训中也告诫子女不要追求功名利禄，而要重视农业生产，并将这一精神作为家训传承下去。

丐大业文人，弃掷案头，此书于功名进取毫不相关也。

纨绔之子，以赭（zhě）衣[①]视笠蓑；经生之家，以农夫为诟詈[②]（lì）；晨炊晚饷，知其味而忘其源者众矣。(《天工开物·乃粒》)

① 赭衣指古代囚衣，以赤土染成赭色，亦指囚犯、罪人。

② 诟詈指辱骂，责骂。

宋应星一生讲求实学，反对士大夫轻视生产的态度，他在《天工开物》的序言中表达了自己与功名划清界限的决心。当时，富家子弟将农民视同罪人，儒生把“农夫”一词当作贬义词。宋应星对此既感到鄙视，又深为痛心，他创作《天工开物》的一个重要原因，就是想通过展现先进的农业科学技术引起世人对于实学的重视。

由表及里，引人入胜

> 宋子曰：气至于芳，色至于靘[①]（qìng），味至于甘，人之大欲存焉。芳而烈，靘而艳，甘而甜，则造物有尤异之思矣。世间作甘之味，十八产于草木，而飞虫竭力争衡，采取百花，酿成佳味，使草木无全功。孰主张是，而颐养遍于天下哉？（《天工开物·甘嗜》）

《天工开物》的写作形式别出心裁，在每卷卷首都有一段点明主题的论述，先描述自然之物的美好特征，强调其是由上天所赋予的；然后提出人们从自然界中提取精华，以巧妙的技术创造出了可与自然媲美，甚至超过自然的事物；继而话锋一转，提出问题“这是如何做到的？”或“其中的奥秘在哪里？”引起读者的好奇，为具体论述科学技术做铺垫。

生产场景，形象呈现

《天工开物》以120余幅插图生动地展示了中国古代农业、手工业的生产技术状况，既便于读者理解内容，又具有极高的艺术价值。

《天工开物》的农业插图大致可以分为两类：一类是对生产工具的描绘，重在呈现各种工具的形态、结构和功能，如《乃粒·水利》中的筒车、牛车、牛力转盘和拔车等；另一类是对生产技术的描绘，主要是呈现生产过程中的各个场景、环节和各项技术，如《乃粒·麦工》中的“北耕兼种”“南种牟麦”等。

---

① 靘指青黑色。

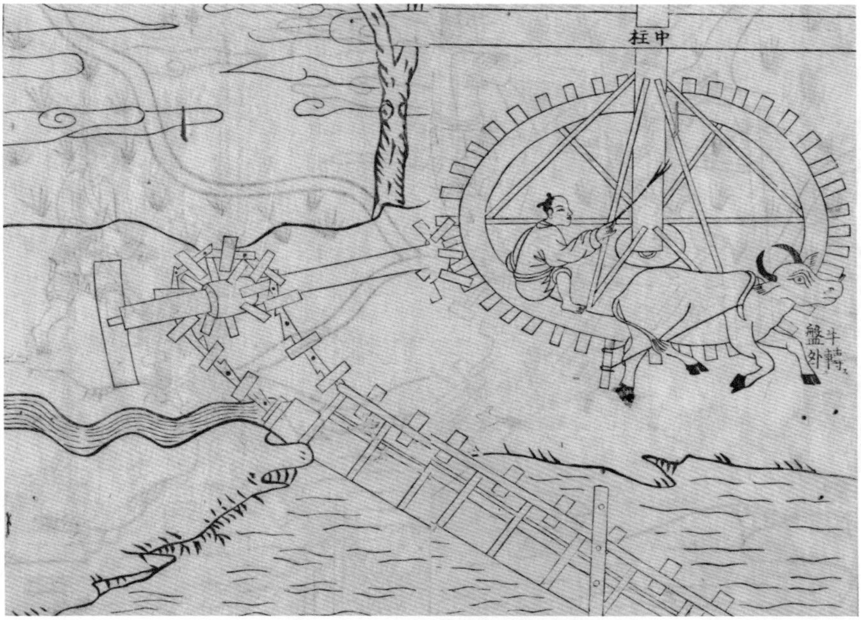

牛力转盘:《天工开物》·日本明和八年（1771）菅生堂刊本

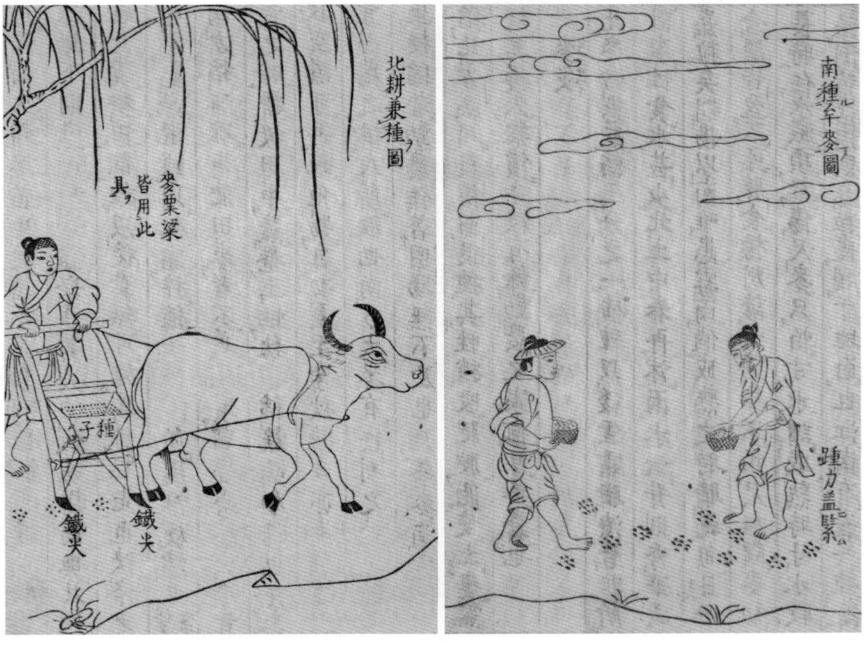

北耕兼种图（左），南种牟麦图（右）:《天工开物》·日本明和八年（1771）菅生堂刊本

赶棉，弹棉，擦条，纺缕（从左至右）:《天工开物》· 日本明和八年（1771）菅生堂刊本

农具插图为《王祯农书》首创，农桑生产图像在南宋楼璹（shú）（1090—1162）《耕织图》最先出现，《天工开物》则将两者共同呈现，其中对生产技术的描绘大多是宋应星的原创，尤为精妙。书中部分插图采取“组图”的形式，对各个生产环节的呈现环环相扣，就像连环画一般，如《乃服 · 布衣》中的《赶棉》《弹棉》《擦条》《纺缕》四图组成了制作布衣的小漫画；书中还首次描绘了制糖、制曲等技术图像;《甘嗜》中的《轧蔗取浆》和《曲蘖》中的《长流漂米》《凉风吹变》等生产场景图像内容既形象又丰满，令人印象深刻。

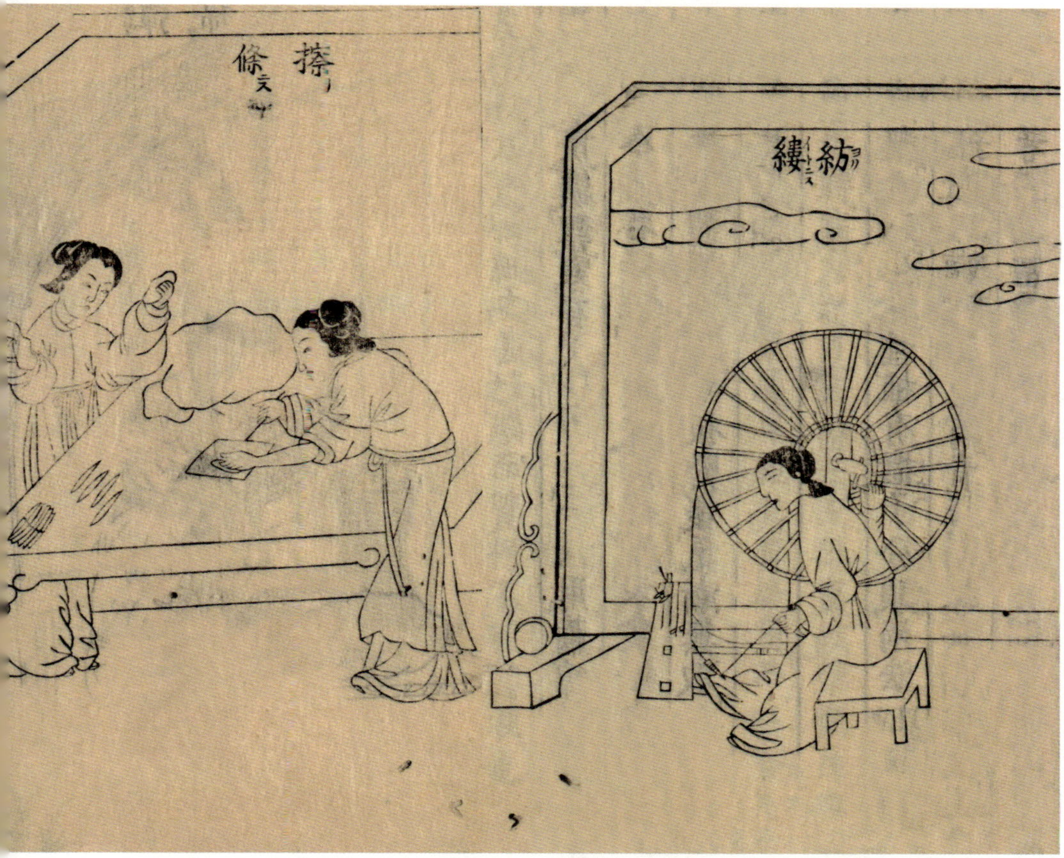

影响深远，震撼世界

《天工开物》的国际影响极其广泛，先后被译成日、英、法、德等文字，被西方科技史学界誉为“中国 17 世纪的工艺百科全书”。

在日本，受《天工开物》的影响，实学派学者佐藤信渊依据《天工开物》提出富国济民的“开物之学”的思想：“夫开物者乃经营国土，开发物产，富饶宇内，养育万民之业者也”，在哲学和经济学界掀起热潮。著名科学史家三枝博音认为：“《天工开物》不只是中国，而且是整个东亚的一部代表性技术书，其包罗技术门类之广是欧洲技术书无法比拟的。”

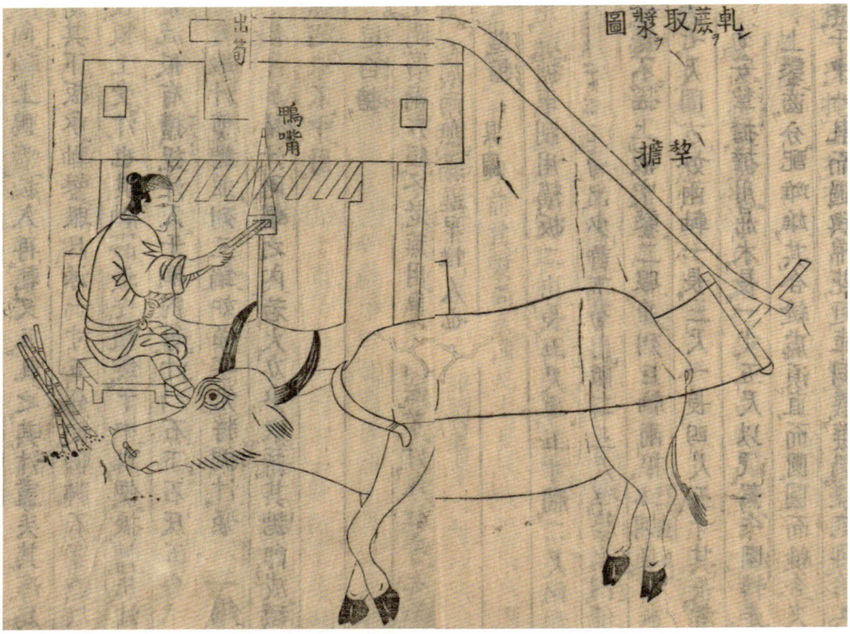

轧蔗取浆:《天工开物》·日本明和八年（1771）菅生堂刊本

凉风吹变:《天工开物》·日本明和八年（1771）菅生堂刊本

在朝鲜,《天工开物》受到李朝后期知识界尤其实学派学者的重视。《林园经济十六志》《五洲书种博物考辨》《五洲衍文长笺散稿》等重要科技作品中都多次引用《天工开物》，均受惠于宋应星的力作。

在法、英、德、意、俄等欧洲国家和美国大图书馆都藏有此书不同时期的中文本，其中巴黎皇家文库（今法国国家图书馆前身）早在 18 世纪即入藏明版《天工开物》。英国生物学家达尔文、俄国植物学家贝勒等，都在自己的著作中引用《天工开物》的内容，科学家和科学史家李约瑟对宋应星的评价是“中国的狄德罗”，认为《天工开物》足可与狄德罗主编的《百科全书，或科学、艺术与手工艺分类字典》相媲美。

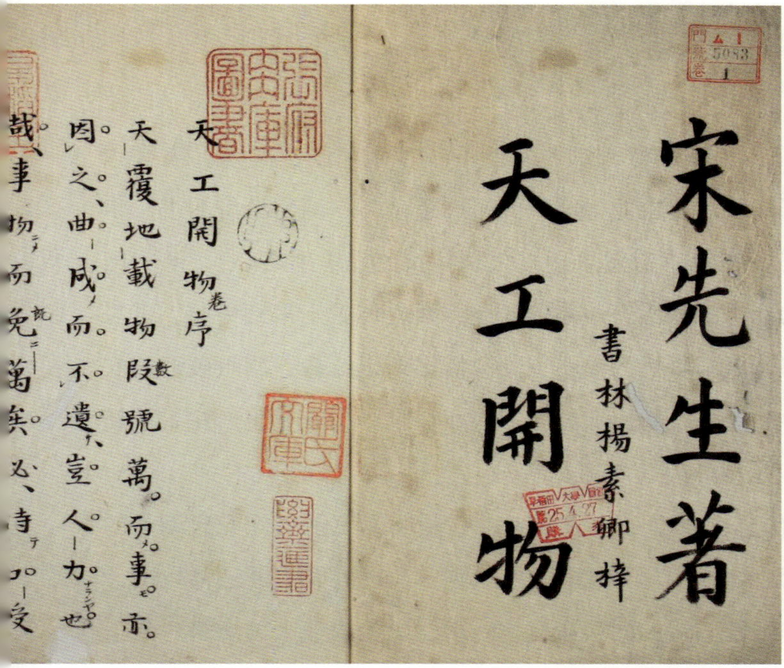

《天工开物》· 日本和钞本

《天工开物》· 日本明和八年（1771）菅生堂刊本

第四节 中国传统农学的集大成者——《农政全书》

农为政本，政为农纲。

圣皇勤政重农事，玉札颁来须整治。

——明代夏原吉《踏车叹·东吴之地真水乡》

明朝末期，国家处在多事之秋，农业生产举步维艰。朝政腐败、灾害频仍、战乱不断等一系列问题都使农业生产遭到了严重破坏；商品经济的进一步发展，促使大量百姓弃农从商，“商贾享逐末之利，农民丧乐生之心”，对中国传统农业产生了强烈的冲击；随着新航路的开辟，西方传教士来到中国，带来了西方先进的科学知识。风雨飘摇的大明王朝急需丰产以续命，凋敝破败的农业亟待国家政令的指导和保障，新传入的西方农业科技则为农业生产注入了新的活力，《农政全书》正是由此应运而生。

《农政全书》是中国传统农学的集大成者，它是明末大学士徐光启编著的大型农学专著，不仅系统地总结了中国古代农业技术的精华，更是将与国计民生相关的农业政策作为核心，如同救命良方一般，为治农业大国之病对症下药。《农政全书》在中国农学史上的地位，就如同古典诗歌中的《诗经》和中医药学中的《本草纲目》，堪称中国传统农学的代名词。

空前绝后的《农政全书》

《农政全书》共60卷，分为12目，《农本》3卷、《田制》2卷、《农事》6卷、《水利》9卷、《农器》4卷、《树艺》6卷、《蚕桑》4卷、《蚕桑广类（麻、棉）》2卷、《种植》4卷、《牧养》1卷、《制造》1卷、《荒政》18卷，通行版本50余万字。书中涉及与农业相关的方方面面，从农业政策、制度到农田水利、土壤肥料、选种、播种、果木嫁接、防治害虫、改良农具，以及食品加工、纺织手工业等，一一全面论述。

书中利用文献多达200多种，做到了取其精华、去其糟粕，又以夹注或评论的方式，融入作者亲身实践所得的理论。全书含徐光启原创内容6万余字，是他反复试验总结的成果，具有极高的应用价值。《农政全书》是一部空前绝后的农学巨著。

《农政全书》的版本

《农政全书》初稿成于崇祯元年（1628）。《农政全书》是徐光启晚年凝聚一生所学形成的著述，在病床之上他仍笔耕不辍，叮嘱后人一定要完成他的遗愿。在他辞世之后，弟子陈子龙对此书初稿进行校订润饰，在保持原稿体系、论点和基本内容的基础上进行了部分增删，最终于崇祯十二年（1639）得以出版发行。书中议论标注“玄扈先生曰”的为陈子龙所加，此版本即平露堂刊本。后有清《四库全书》本、贵州粮署刊本、山东书局刻本、曙海楼刻本、文海书局石印本、民国《万有文库》本等。

西学先驱徐光启

徐光启（1562—1633），字子先，号玄扈，谥文定，松江府（今上海市）人，明代农学家、天文学家、数学家，中西方科技文化交流的先驱之一。

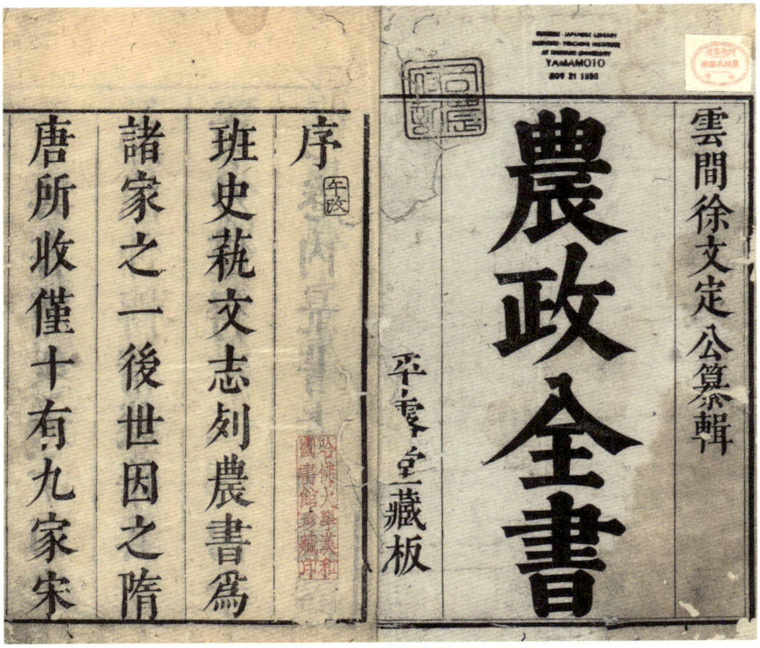

《农政全书》· 明崇祯陈子龙平露堂刊本

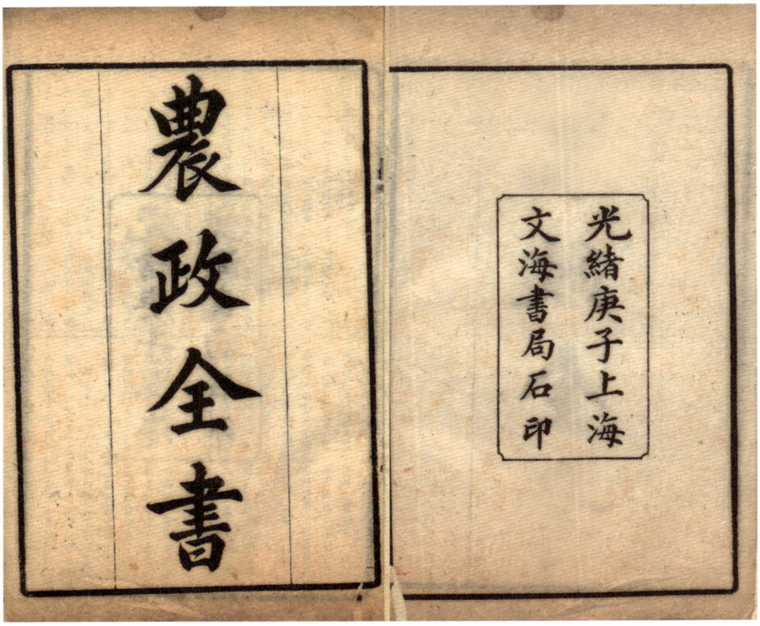

《农政全书》· 清光绪庚子上海文海书局石印本

明万历三十二年（1604），徐光启考中进士，先后任翰林院庶吉士、河南道监察御史、礼部尚书等职，官至文渊阁大学士、内阁次辅，相当于宰相的职位。虽官居高位，徐光启的政治建树并不十分突出。他曾提出不少军防建议，但因同僚嫉妒而未受重视；晚明奸臣当道，先有魏忠贤，后有周延儒，徐光启不能实现他的政治抱负，于是把精力放在了科学研究上。

徐光启是天主教徒，他向西方传教士利玛窦学习西方自然科学。在数学方面，他与利玛窦合译了古代希腊数学家欧几里得的著作《几何原本》前六卷，还将中国古代的《九章算术》与《测量法义》进行对比研究，写下《测量异同》《勾股义》等著作；在水利学方面，他结合中国传统水利器械的特

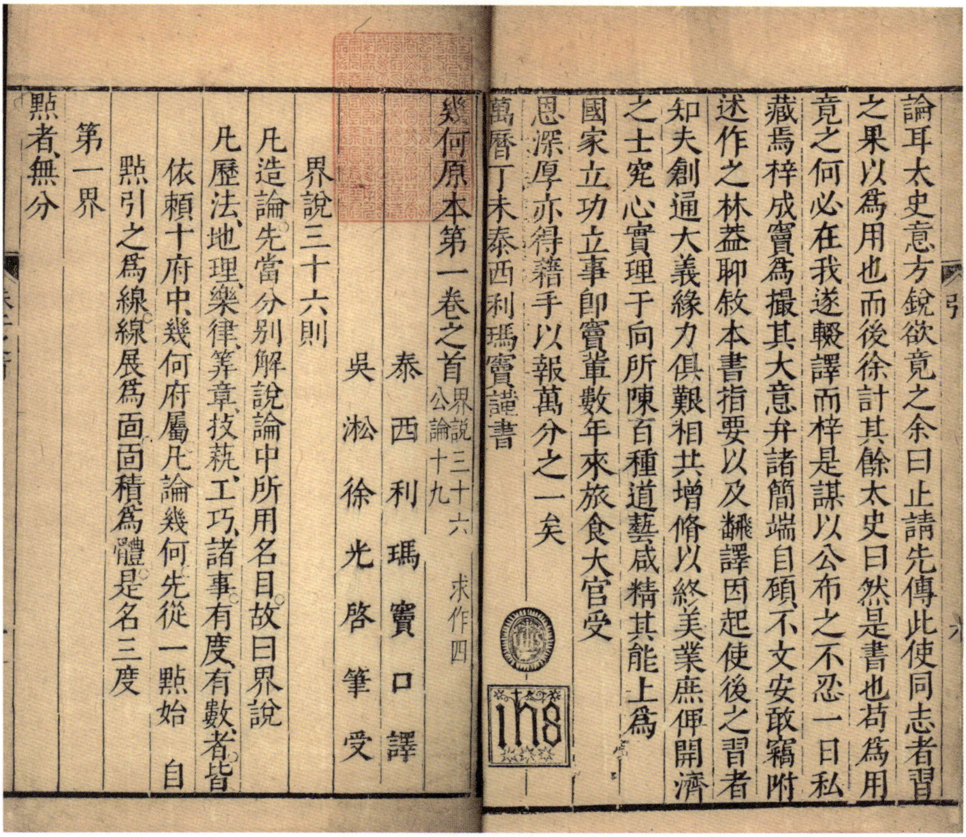
論耳太史意方銳欲竟之余曰止請先傳此使同志者習
之果以爲用也而後徐計其餘太史曰然是書也苟爲用
竟之何必在我遂輟譯而梓是謀以公布之不忍一日私
藏焉梓成竇爲撮其大意弁諸簡端自顧不文安敢竊附
述作之林葢聊敘本書指要以及緐譯因起使後之習者
知夫創通大義緣力俱艱相共增脩以終美業庶俾開濟
之士究心實理于向所陳百種道藝咸精其能上爲
國家立功立事即竇輩數年來旅食大官受
恩深厚亦得藉手以報萬分之一矣
萬曆丁未泰西利瑪竇謹書

幾何原本第一卷之首 界說三十六 公論十九 求作四
泰西利瑪竇口譯
吳淞徐光啓筆受
界說三十六則
凡造論先當分别解說論中所用名目故曰界說
凡歷法地理樂律筭章技藝工巧諸事有度有數者皆
依賴十府中幾何府屬凡論幾何先從一點始 自
點引之爲線線展爲面面積爲體是名三度
第一界
點者無分

《几何原本》·明万历三十五年（1607）初刊本

点，与意大利传教士熊三拔共同翻译整理了西方水利著作《泰西水法》；在天文学方面，他编译了《崇祯历书》，吸收西方先进的天文学知识，对中国传统历法进行改革。此外，还制造了天盘、地盘、定时衡尺等天文仪器。

徐光启自号"玄扈"，扈鸟是一种农桑候鸟，古人曾将管理农业生产的官员称为"九扈"。九种扈鸟之中夏扈名为"窃玄"，是一种出现在夏天且毛色浅黑的扈鸟，夏扈一来，意味着农官要"趣民耘苗"，即督促百姓锄田除草。以"玄扈"自号，足见徐光启对农业有着深厚的感情。

徐光启生于农业发达的松江府，自幼就对农事活动兴趣浓厚，踏上仕途之后依然坚持农学研究，在为父守孝、辞官休养、告病还乡期间，他曾在北京、上海、天津等地积极开展农业实验和研究，并在此基础上写成了《甘薯疏》《种棉花法》《农遗杂疏》《北耕录》等著作。

广其术而以之治水、治田之为利钜，为务急也。(《题测量法义》)

徐光启致力于天文、数学的研究，也是为了发展农业而服务，他希望能够将这些学科的知识运用到农学研究中来，使农业发展方法更加高效。他研究天文历法，正可便于观象授时、校正历法，让春耕、夏耘、秋收、

徐光启像

冬藏“不违农时”，研究数学几何，可利于治理田地、修建水利，采用跨学科的方法来研究农学。

立国之本，农政为纲

> 文定此书，大抵于民之营治、耕劳、器具、作用、树畜、种植则详焉晰焉，纤悉不遗；于长民者之兴除利弊，开垦屯田，水利荒政，则谆焉复焉，再三不倦。（清代任树森《农政全书·序》）

在《农政全书》之前，中国古代综合性农书中大部分是以记载农业技术为主。虽然《齐民要术》《王祯农书》等也有一些农业政策的讨论，但篇幅较小，内容和深度不够，且多限于对“重农”思想的论述，实用性不足。

徐光启位高立远、视野开阔，他的《农政全书》从农业技术与农业政策两方面论述。农业政策是治国纲领，农业技术是实现纲领的具体措施，两者紧密结合，不可分割。《农政全书》中始终贯穿着治国济民的“农政”思想，注重保障农业生产顺利进行和保护农民生命安全的政治措施，牢牢抓住屯垦立军、水利兴农和救荒救民三项最基本的农业政策。

屯垦立军，守国之边

在《农事》部分，徐光启以两卷内容讨论开垦荒田的问题。明代，北方边疆地区战事不断，京师和军队的粮食需求量都很大，主要依靠长江中下游地区的农业生产得以保障。但在南粮北调的长途运输中，粮食的损耗十分惊人。与此同时，北方地区却有许多未经充分利用的土地。针对这一问题，徐光启提出开发西北荒地，在京师东面种植水田，以增加北方粮食产量，既可供给军队，又可增加赋税收入，减少国家财政支出，解决南粮北调劳民伤财之苦。

然而，开垦田地并非易事，除了生产技术问题，更有不少政策管理上的难题，徐光启都在书中一一提出应对的策略。例如，在开垦田地的过程中，豪强地主和贪官污吏都可能从中作梗，牟取暴利，徐光启提出了严厉的惩罚措施。

开垦成熟之田，不许地方豪右用强夺占，用价勒买。违者，赴合于上司陈告处治。其垦田纳米之外，获有余米，许依时价粜卖，各衙门不许指以官价为名，减值勒买。违者，亦听被害人陈告处治。如衙门人役指官抑买者，告发计赃论罪。(《农政全书·农事·开垦下》)

水利兴农，解洪之害

“水利者，农之本也，无水则无田矣。”《水利》部分共9卷，约占全书内容的五分之一。分为《总论》《西北水利》《东南水利》《浙江水利》《水利疏》《灌溉图谱》《利用图谱》《泰西水法》8个部分。

徐光启认为水是农业生产的命脉，是提高土地生产率的重要条件，是解决开垦和救荒等诸多问题的关键；而在南粮北调的过程中，水路运输也是最重要的途径。这是他重视水利工程的根本出发点。

《农政全书》针对不同区域水利工程的重点提出了相应的策略。例如，西北地区缺乏降水，而水利工程匮乏且荒废已久。为此，徐光启积极倡导凿井开发地下水，同时注意在秋冬季节蓄水保墒，为抵御春旱做准备。而东南地区水资源丰富，但洪涝灾害严重，太湖一带尤甚，徐光启参考前人政策，主张疏导太湖、排泄洪涝，冲刷淤泥、畅通水路。

在用水理论上，徐光启提出：“水弃之则为害，用之则为利。”这个主张合理用水，变害为利。根据历史经验，他吸收当时西方科学技术成就，结合亲身实践体会，因地制宜，提出了著名的“用水五术”：一为“用水之源”，充分利用山上的流泉、平地的喷泉及山涧的溪流；二为“用水之流”，利用江河干支流的水源；三为“用水之潴（zhū）”，从沼泽荡漾的水源中取水；四为“用水之委”，引用入海河口段的水源；五为“作潴作源以用水”，即通过挖水井、建水库等开发地下水，利用雨水、雪水。通过这些方法，达到“水无涓滴不为用”的目标，主张把治水用水、治水治田紧密结合，寓除害于兴利之中。

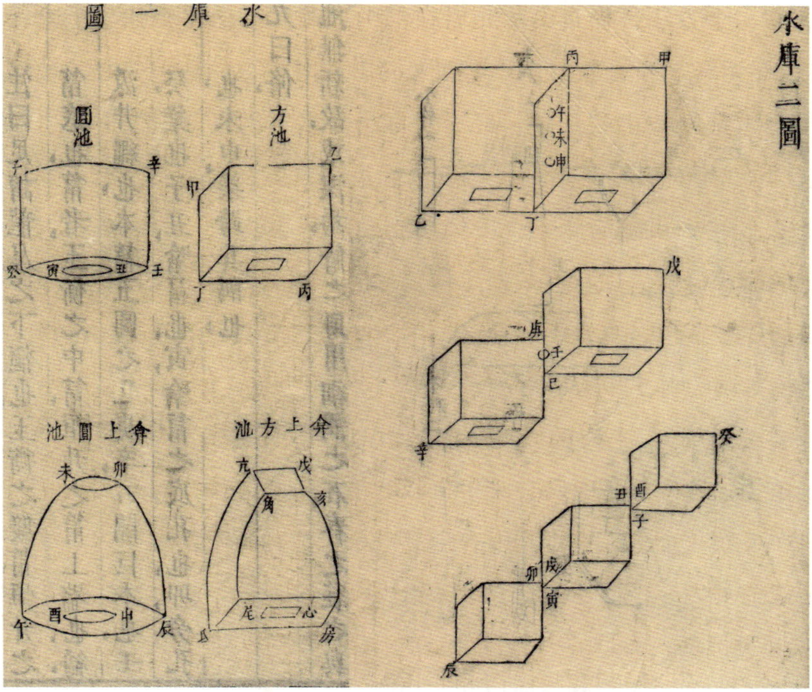

水库一图（左），水库二图（右）：《农政全书》· 明崇祯时期陈子龙平露堂刊本

救荒救民，化农之苦

《荒政》部分共 18 卷，约占全书内容的三分之一，是《农政全书》所占篇幅比重最多的一目，其中综述了历代“备荒论”及相关政策，统计了历代灾情，分析了相应救灾措施的利弊，为制定切实有效的救荒政策提供了系统的参考。

徐光启在《农政全书》中科学运用统计学知识，收集、总结、分析数据，并据此为农业发展问题提供应对方案。例如，《备荒考》的《除蝗疏》对从春秋到元代有记载的 110 次蝗灾发生的时间和地点进行分析，得出了蝗灾为害最严重的时期是在“夏秋之间”，蝗灾的盛发地是在“幽涿以南、长淮以北、青兖以西、梁宋以东”，诸郡中“骤盈骤涸之地”的“涸泽”则是蝗虫的滋生地，提出从蝗虫滋生地根除以扑灭蝗害的意见。这个用统计分析得出的结论，至今仍然具有参考价值。

消灭蝗虫的一个方法是捕食，徐光启在书中提到了蝗虫“质味与干虾无异”“食蝗与食虾无异”等。事实上，早期人们出于对蝗虫的恐惧，并不敢吃蝗虫。关于中国古代吃蝗虫的记录，最早来自唐太宗李世民。据传贞观二年（628），长安大旱，蝗灾爆发，李世民为表治蝗决心，生吞蝗虫，开启了捕蝗为食的先河。人们将蝗虫蒸后晒干，去掉翅膀和爪子再食用。蝗虫富含蛋白质，具有一定的营养价值。现在在云南等地区，油炸蝗虫还是一道独特的风味小吃。将蝗虫炸成金黄色，拿来下酒最好，因为蝗虫很酥脆，肢体上容易挂上辣椒面、孜然粉等调味料，味道很不错。

朱橚的《救荒本草》、王磐的《野菜谱》两部著作中记载了灾荒之年可用以充饥的野生植物，这些都是农民在灾年自救的珍贵书籍。徐光启认识到它们的重要价值，在《农政全书》中将其内容全部收录，成为荒政篇的主体。徐光启并非单纯记载前书内容，他还亲自尝试并给出评价。例如，在“马兰头”条目中，他说：“叶可恒蔬，尝过。”对“小桃红”注：“尝过，难食”；对“百合”注：“根本佳蔬，何必救荒？”对“槐树芽”注：“花性太冷，亦难食。”这些体现了徐光启亲尝本草的实践精神和爱护百姓的仁者情怀。

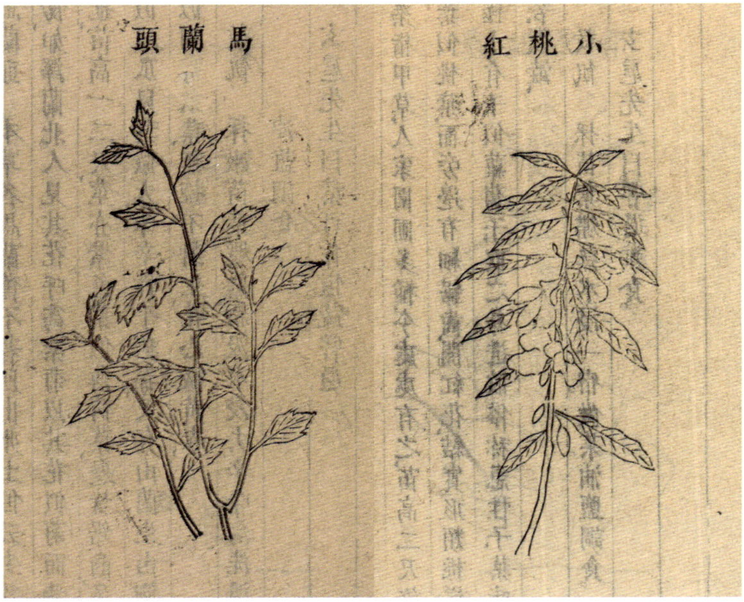

马兰头（左），小桃红（右）：《农政全书》·明崇祯陈子龙平露堂刊本

提出“生人之率”概念

徐光启根据对明朝人口变迁资料的分析，提出了“生人之率”的概念。

> 夫谓古民多，后世之民少，必不然也。生人之率，大抵三十年而加一倍，自非有大兵革，则不得减。(《农政全书·田制·玄扈先生井田考》)

这是在明朝当时的政治、经济和社会环境下，计算出的人口增长率，是在他任庶吉士（皇帝近臣，负责起草诏书、讲解经籍）期间所写的《处置宗禄查核边饷议》中提出的。在《农政全书》之前，中国古代虽有对人口数量的记载和对人口问题的讨论，但明确提出人口增长率概念并进行一定分析的，徐光启是第一人。这一观点在当时及后世都引起了一定的关注和讨论，促使人们更加重视人口增长与社会经济、资源环境、农业生产等方面的关系，对明清时期乃至近代的人口思想理论发展产生了一定的影响。

这一观点与英国经济学家马尔萨斯关于人口每 25 年加一倍的说法十分相似，在时间上则早了近两个世纪。徐光启的“生人之率”，可以说是在世界人口思想史上第一次正式确立了“人口增长率”的概念。

美洲引进高产作物的记载

明朝中后期，玉米、甘薯、土豆等美洲高产粮食作物的传入和推广，不仅推动了中国 16—19 世纪四百年的移民潮和农业开发，更促进了中国人口的持续增长。很多原本不适合粮食生产，无法养活大量人口的地区，生产状况得以改善，拥有了更加坚实的农业基础。而且，玉米、甘薯等成为中国人的主要粮食作物后，使中国人的饮食乃至生活方式也发生了改变，一直影响至今。《农政全书》将这些重要的域外作物收录其中。

土芋，一名土豆，一名黄独。蔓生，叶如豆，根圆如鸡卵，肉白皮黄，可灰汁煮食，亦可蒸食。又煮芋汁，洗腻衣，洁白如玉。《农政全书·树艺·蓏部》

别有一种玉米，或称玉麦，或称玉蜀秫，盖亦从他方得种。（《农政全书·树艺·谷部上》）

园地实验，技术发明

农业技术源自生产实践，在传统农业的演变过程中，其创造、发展和成熟往往是一个自发的过程。在社会动荡时代，国防和民生对农业技术提高的需求极其迫切，徐光启为此专门建立了种植园地，开展有针对性的农事活动，在此基础上进行分析、论证和总结，推动新技术的快速发展。这种做法与今天的实验农业非常相似，他据此发明了许多有价值的农业技术。

甘薯留种越冬技术

甘薯原产于美洲，明代万历年间引入中国，并在福建一带广泛种植。徐光启注意到甘薯在生产和加工上具有很多优点，提出“甘薯十三胜”，即产量高、味道好、可酿酒、可生食、易收藏、御荒年等。当时，长江流域曾一度发生严重的旱灾，为此徐光启开始积极从事甘薯的引种工作。

当时，从福建地区引种甘薯的最大问

玉蜀黍（玉蜀秫）:《植物名实图考》· 清道光二十八年（1848）刻本

（《植物名实图考》是清代吴其濬所撰大型植物学著作，仿《本草纲目》分谷、蔬、山草、隰草、石草、水草、蔓草、芳草、毒草、群芳、果、木 12 类。附图 1805 幅，绝大多数系写生而成。书中一般一物一图，图文对照。其文字内容介绍植物的文献记载出处、产地、形态、颜色或性味、用途等。所收植物以见于前人本草者居多，亦收有新增品 519 种。）

题在于长江以北冬季寒冷，而甘薯种子怕潮湿和寒冻。徐光启在自己的种植园中反复实验，终于总结出了甘薯的留种越冬技术，提出利用稻草藏种的三种方法：一是用稻草堆成一个实底空心的小房子，上面用竹架支撑，覆盖稻草，将甘薯种子放置其中；二是用稻草铺底撒上石灰，放上种子，再盖上厚厚的一层稻草；三是用甘薯的老藤作种，用干稻草壳裹住藤枝放入坛子中，用稻草封口，然后在地上挖浅坑，用稻草壳铺底，将坛子倒扣其中，填满土，等待来年春天老藤发芽。

在甘薯藏种的时间方面，徐光启经过实验提出，“藏种必于霜降前，下种必于清明后。更宜留一半于谷雨后种之，恐清明左右尚有薄凌微霜也”，这也保证了种子生长能够有适宜的温度环境。

在徐光启解决了保种这一关键技术问题之后，甘薯向长江以北地区大面积推广终于取得成功，这为解决北方民众口粮问题发挥了重要作用。

棉花培植十四字诀

松江府（徐光启的故乡）地处江南，是当时全国棉纺织业最发达的地方。徐光启在种植园地中非常重视棉花种植。他结合自身实践经验，对当地的植棉和棉田管理技术加以总结，提出了棉花培植的十四字秘诀，“精拣核，早下种，深根短干，稀料肥壅”，认为依此诀行事可创造“遍地花王”的高产局面。

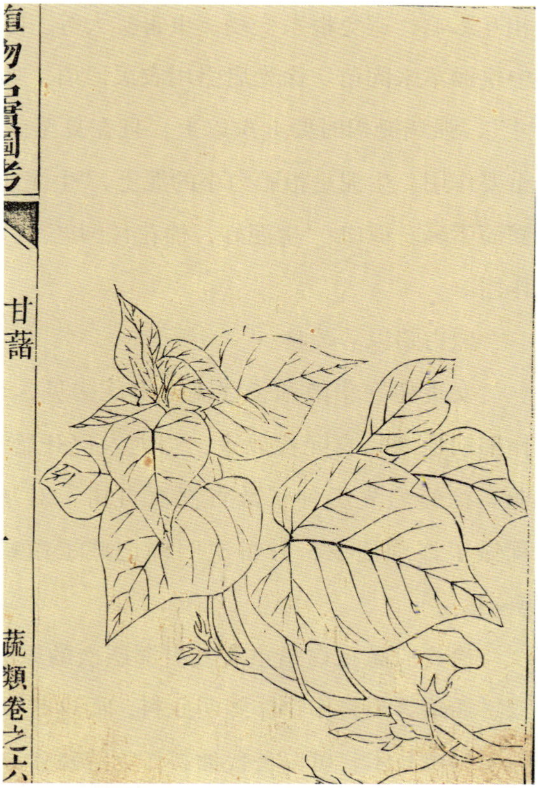

甘薯:《植物名实图考》· 清道光二十八年（1848）刻本

“精拣核”指精选种子，这是棉花种植获得高产的根本。徐光启提出多个选种方法，其中“水选法”最常用，即将棉花种子放入水中，坚实不损者会沉下去，就是好种子。

“早下种”是要提早播种。在棉花成熟的八月常常出现大风暴雨天气，会影响棉花的产量。而尽量提前播种就可以早一些获得收成，即便是在严重的风潮之年，也能获得一定产量，不至于完全荒芜。

“深根短干”是要令棉花扎根深入坚实，枝干短而有力。根系坚实可增强棉花的抵抗力，从而防止其在刚发芽时因天气寒冷而冻死，要通过选择好的种子、种植稀疏等方式来实现。而要实现“短干”，则要给棉花摘“冲天心”，即打顶尖。通过摘掉棉株顶尖上的嫩枝，控制棉株的过度生长。

“稀料肥壅”是要种植稀疏和加强施肥。种植稀疏可以减轻棉花植株间的相互影响，避免根系变浅、虫害扩大等。除了播种时要稀疏以外，还可以通过中耕锄草来间苗。徐光启引用农民谚语，如“锄花要趁黄梅信，锄头落地长三寸”，强调锄棉时要七次以上，且在夏至前多锄为佳，说明锄地对棉花生长有重要作用。生泥是指肥力小的泥土，“生泥能解水土之寒，能解粪力之热，使实繁而不蠹。谚曰：‘生泥好，棉花甘国老。’”先下粪、后加生泥，可提升粪料的作用。

取白蜡以节蔬食

女贞树在华南和长江流域地区多见，可用于放养白蜡虫来获取白蜡，用作照明原料。自元代以来，当地农民开始大量种植女贞树，形成一种新兴产业。徐光启先后种了数百棵女贞树，对从取子、寄子、养树到收蜡等全过程做了详细记录，并首次明确记载了白蜡虫的生活史，填补了此前农书的空白。

徐光启重视白蜡虫有其更深层次的原因。以往，百姓日常生活中多以麻、豆、油菜等油料作物作照明原料，而这些作物均可供食用。推广种植女贞树饲养白蜡虫技术，可以替代油料作物等蔬食原料，为备荒做准备。徐光启在书中记载种乌桕树取桕油也是出于同样的目的。

女贞树:《植物名实图考》· 清道光二十八年(1848)刻本

以图释文，依文绘图

《农政全书》继承了以图释文、依文绘图的古农书特色，书中有插图近千幅，其原图大部分来自《王祯农书》《救荒本草》《野菜谱》三部著作，并在此基础上对其中一些插图进行了改绘。难能可贵的是，作者还依据文字记载发挥想象，创作了许多插图。例如，在《农政全书》的《水利》部分，作者根据西方水利设施的文字记载，描绘了龙尾、玉衡、水库等图像；在《田制》部分，作者根据历代文献记载考证了井田制中的计量单位和计算方式，并一一绘制出示意图进行说明。

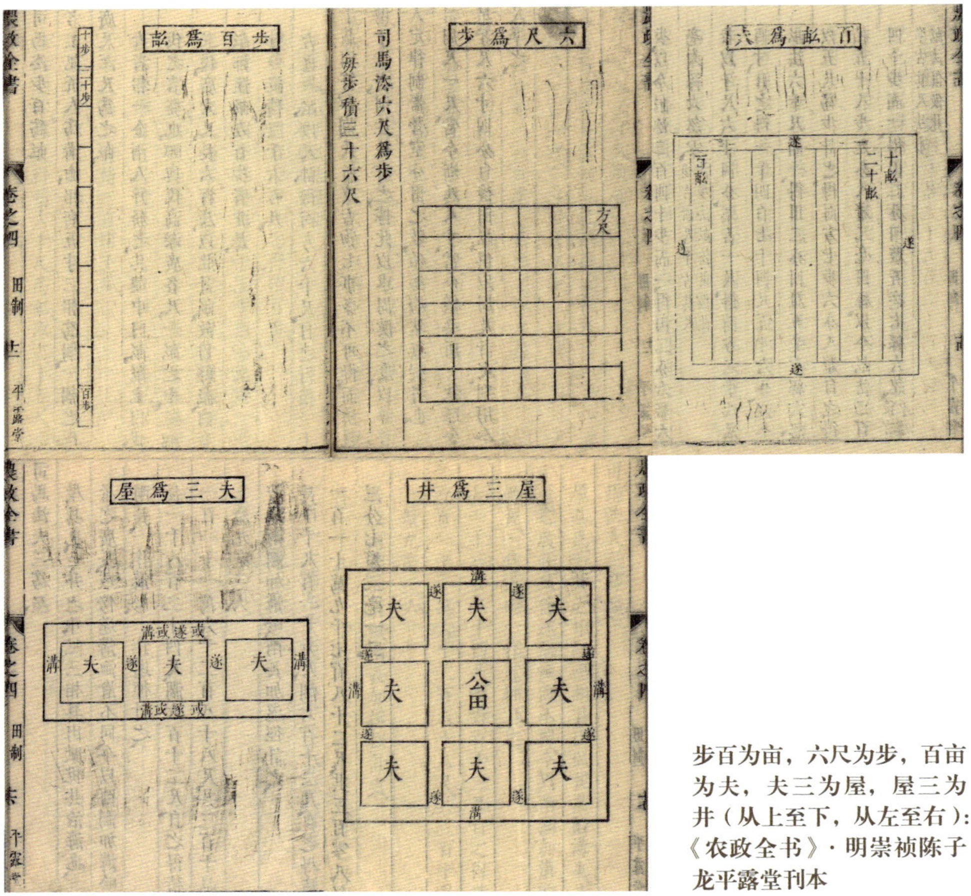

步百为亩，六尺为步，百亩为夫，夫三为屋，屋三为井（从上至下，从左至右）：《农政全书》·明崇祯陈子龙平露堂刊本

贯古通今，中西合璧

《农政全书》考证和收录了历朝历代与农业相关的大量文献，可谓“博古通今”的“集大成者”。作为中西方文化交流的先驱成果，《农政全书》融入了大量西方科学知识和技术方法，将西方世界的天文、数学、水利等成就融汇到中国的农业科技与理论体系之中，在凝练中华民族数千年农耕文明结晶的同时，也为中国传统农业的进一步发展注入了新的活力。

《农政全书》问世后受到当权者的高度重视，曾多次翻印。清代官撰的《授时通考》大量引录其中内容，乾隆帝称赞其“用意勤而民事切”。《农政全书》推动了明清时期农业技术的传播，为国家农业政策的制定提供了重要参考。

《农政全书》颇具国际声誉，传到日本后，农学家宫崎安贞参照《农政全书》的体系、思想和内容，于1697年编著了《农业全书》10卷，此书对日本农业发展的影响很大，被称为“人世间一日不可或缺之书”；在朝鲜，《农政全书》深受著名思想家朴趾源的推崇，并在其所著《课农小抄》中再三引用此书内容；在欧洲，《农政全书》的蚕桑、植棉部分很受重视，先后被翻译成法、英、俄、德等国语言，并作为单行本多次刊行，产生了巨大影响。

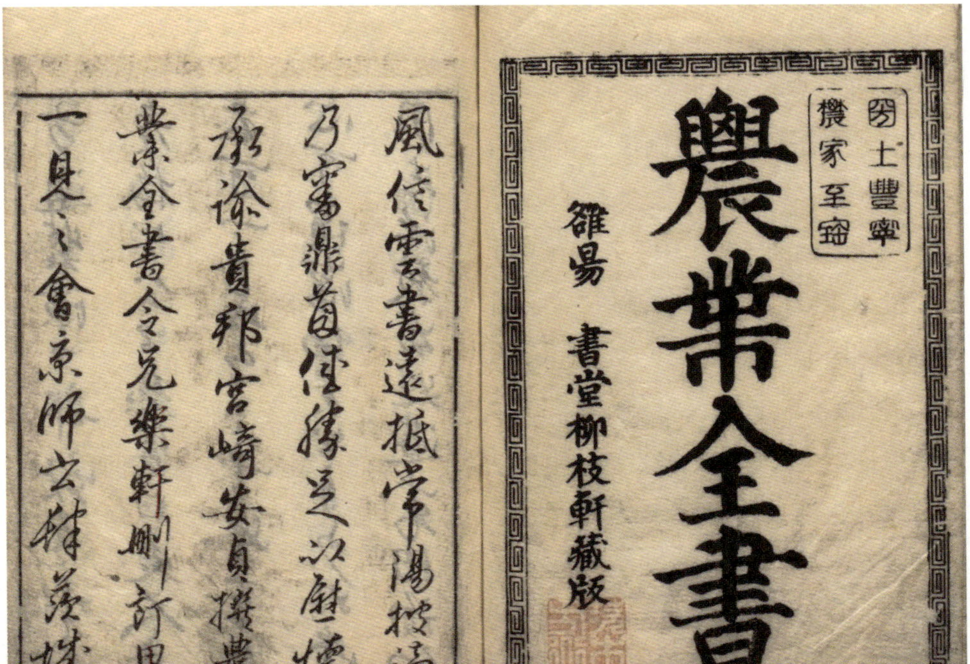

《农业全书》· 书堂柳枝轩藏版

第五节 皇家绘制的农业科普画册——《御制耕织图》

图绘其状，诗尽其情。

非图，不能举要。
非图，无以通要。
非图，无以别要。
——宋代郑樵《通志·图谱略》

中国古人常常通过绘画的形式来表现农业生产的技术和过程。在先秦、战国的青铜器上，两汉的画像石和画像砖上，唐代石窟壁画上均有大量的农耕图、纺织图。但这些图像多是单幅的、比较分散，尚未形成一个完整的体系。南宋楼璹绘制的《耕织图》是中国历史上最早的、完整而系统的耕织图，被誉为“世界第一部农业科普画册”，引领了古代《耕织图》的第一次风潮。但遗憾的是，原书已失传。

清代康熙年间的《御制耕织图》形象地宣传并普及了农业生产和农业技术知识，推动了耕织生产的发展。自康熙倡导，雍正、乾隆、嘉庆等时期均出现了各具特色的宫廷《耕织图》，推动了第二波《耕织图》热潮，民间随之涌现出许多相关作品。《耕织图》也很快进入商品经济和生活装饰领域，实用性和艺术性大大提高，具有了较高的社会地位。

楼璹《耕织图》风潮

楼璹，字寿玉，又字国器，鄞县（今浙江省宁波市）人，生于北宋元祐五年（1090）。楼璹出身名门，家学深厚，其父是北宋金紫光禄大夫楼异，祖父楼郁是著名的教育家，与杨适、杜醇、王致、王说并称“四明庆历五先生”。楼璹先后任婺州（今浙江省金华市）幕僚、潜县（今浙江省杭州市临安区）令、朝议大夫，政绩出色、广受好评。他为官清廉，体恤百姓，常常深入田间、出入农家，与农夫蚕妇探讨耕作、蚕桑技术经验，深感他们劳作之辛苦。绍兴三年（1133），楼璹在其长期研究、观察的基础上绘成了《耕织图》。

《耕织图》系统地记录了中国宋代耕织生产的全过程，分“耕”和“织”两大部分，共45幅图。“耕图”系统地描绘了粮食生产从浸种、耕、耙耨到舂碓、筛、入仓的具体过程，共21幅图。“织图”则描绘了蚕桑生产的各个环节，从浴蚕、下蚕、喂蚕到攀花、剪帛的具体过程，共24幅图。每幅配五言诗一首，“图绘以尽其状，诗歌以尽其情”。

楼璹将《耕织图》献给宋高宗赵构，赵构观后大加赞叹，亲自召见，予以嘉奖，并“宣示后宫，书姓名屏间”；同时下旨“郡县官府大门两壁皆画《耕织图》，使民观之”。《耕织图》一经问世便受到政府的青睐和农民的欢迎，兴起了中国历史上的《耕织图》风潮。一时间，各种形式的《耕织图》令人瞩目、家喻户晓，成为农业生产技术的知识普及宣传画，对农业生产技术的改进与发展发挥了巨大作用。

楼璹之后，历代《耕织图》均以临摹、改编他的作品为主，其中明代邝（kuàng）璠所编的《便民图纂》较为知名。《便民图纂》前两卷的《农务》15幅图、《女红》16幅图参考《耕织图》，简化、合并了一些内容，稍加改绘，并将原来的古体诗变为江浙通俗易懂的吴歌，在民间流传甚广。其中也有一些邝璠的原创，如《农务》中的《田家乐》就是《耕织图》中所没有的。

田家乐

明·邝璠

今岁收成分外多，更兼官府没差科。

大家吃得醺醺醉，老瓦盆边拍手歌。

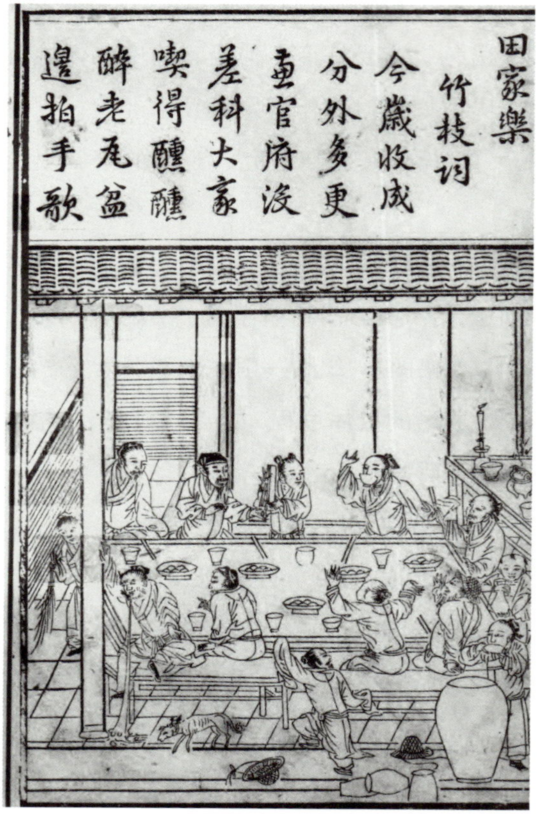

田家乐:《便民图纂》·明万历二十一年（1593）于永清刊本

图诗互映的《御制耕织图》

令人遗憾的是，楼璹所绘《耕织图》早已失传，无法复现其原貌，但其中所附 45 首诗被流传下来。康熙“南巡”时见到《耕织图》诗，感慨织女之寒、农夫之苦，故命宫廷画家焦秉贞重新绘制。

《御制耕织图》同样分为“耕图”与“织图”两部分，每部分有图 23 幅，绘画内容略有变动，“耕图”增加《初秧》《祭神》二图，“织图”删去《下蚕》《喂蚕》《一眠》三图，增加《染色》《成衣》二图，图的顺序也有变化，每幅除保留楼璹的五言诗外，还附有康熙亲笔书写的七言诗一首。康熙还亲自写了序文。

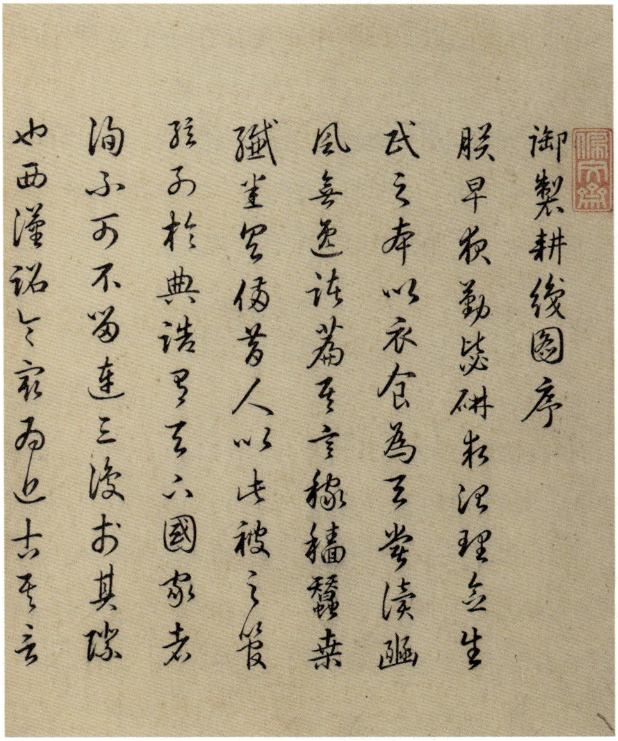
御製耕織圖序
朕早夜勤毖研求治理念生
民之本以衣食為天嘗讀豳
風無逸諸篇其言稼穡蠶桑
纖悉備具昔人以此被之管
弦列於典誥有天下國家者
洵不可不留連三復於其際
也西漢詔令最為近古其言

《御制耕织图·序》· 清康熙三十五年（1696）彩绘本

宫廷画家焦秉贞

焦秉贞，字尔正，山东济宁人，生卒年不详。天主教传教士汤若望的门生，康熙时期，官钦天监五官正，掌观天象，推算节气，制定历法。他同时还是一位宫廷画家，擅长画肖像，以画“御容”称旨，供奉内廷，是开创人物肖像“西学派”的著名画家。清廷作画机构中有西方传教士，焦秉贞虚心学其西方画法，逐渐融会贯通。故所作透视明暗得法，高下远近合度。张庚《国朝画征录》称之曰：“工人物，其位置之自近而远，由大及小，不爽毫毛，盖西洋法也。”焦秉贞一生画作不多，除《御制耕织图》外，还有《张照肖像》轴、《秋千闲戏图》册页，等等。

作为一名宫廷画家，焦秉贞对绘画艺术了如指掌，但在农事生产经验方面却较为欠缺，因此《御制耕织图》中难免存在一些问题。例如，“织图”中，《捉绩》原本应处于《分箔》与《采桑》之后。因为“捉绩”意味着蚕已至老熟阶段，食量锐减，此时应减少桑叶的采摘，转而关注蚕的吐丝情况，适时引导其上簇吐丝。若将《捉绩》提前至《分箔》与《采桑》之前，违背了蚕的生长规律与养殖需求，因为此时蚕仍需大量桑叶喂养。

《御制耕织图》的版本

《御制耕织图》以楼璹《耕织图》为祖本，影响面大。清代焦秉贞《御制耕织图》之后，雍正、乾隆朝均有官方绘制的《耕织图》，且附有皇帝题诗，印刷方式有多种，木刻雕印、木印填色、石印等。《御制耕织图》的版本有康熙三十五年（1696）彩绘本、乾隆三十四年（1769）北京刻朱墨印套本、光绪五年（1879）上海点石斋石印本、民国时武进陶兰泉刊本等。

《御制耕织图》的特色

焦秉贞所绘康熙《御制耕织图》具有极高的艺术水平，在内容编排、作画手法、艺术风格上都体现出鲜明的时代特色，引领了清代皇家耕织图的热潮，为后世艺术创作提供了经典范例。

内容编排——故事叙事

焦秉贞并不照搬楼璹《耕织图》的结构，而是依照自己理解加以增减，赋予其一些独特之处。焦秉贞不是简单按照农桑生产流程进行绘制，而是在一定程度上进行了艺术加工。例如，“耕图”除增加了《初秧》《祭神》，又把《入仓》放到了《祭神》之前，使《祭神》作结尾。这样表达了人们经过艰辛劳动之后，赢得丰收的虔诚、感激之情油然而生，于是心理上产生一种层层递进的获得感和满足感。而在“织图”中以《剪帛》《成衣》作为结尾，突出了制成衣服的结果，能使人深切体会到蚕桑生产满足了百姓生活的需要。画面如此增减、重组，大大增强了图书内容的故事性、完整性和连续性，构建了一系列男耕女织的美好生活场景，完美实现了鼓励百姓参与农桑活动的目的。

作画手法——焦点透视

《御制耕织图》的绘画手法融入了西方的“焦点透视法”。中国传统绘画往往运用“散点透视法”，将移动视点所见的多角度景物描绘下来形成组合，张择端的《清明上河图》就是其中的经典之一。这一手法长于展现绘画的意境，不足是画面中的景物缺乏立体感且彼此空间关系不甚明确。焦点透视则是从一个集中的视角出发描绘景物，能够充分体现视觉的真实感。

以“耕图”中的《插秧》为例，不断曲折延伸的田埂最终汇聚在一点，观者就能分清远近，农田的面积大小也随着视野的推移而发生变化。在植物和人物的描绘上也具有清晰的空间关系，近景中的人物和树木刻画得极为细致，而稍远处的人物则只是简单勾勒。对光影变化的处理也体现出这一特点，画面中树干上不同部位因受光程度的不同呈现出不同层次的阴影，使树更有立体感。

艺术风格——情透纸背

运用含蓄的绘画手法体现出人物细腻的感情是《御制耕织图》的另一大艺术特色。以“织图”中的《祀谢》为例,《祀谢》描绘的是中国传统农耕社会民间祭祀蚕神的场景。以往的画作往往以描绘蚕神为主，重点体现祭祀的神圣；《御制耕织图》则更加关注人物的情感表达，图面对蚕神作了巧妙遮掩，使其含而不露，而将焦点放在参拜的人身上。祭拜人群中男女老少皆有，人物神情的描绘极为丰富，男人聚精会神、热衷叩拜，妇女的目光却被活泼玩耍的孩童所吸引，脸上流露出柔和的爱意……这些景象令画面趣味横生，富于生活的真意。

初秧：《御制耕织图》· 清康熙三十五年（1696）彩绘本

入仓：《御制耕织图》· 清康熙三十五年（1696）彩绘本

祭神:《御制耕织图》· 清康熙三十五年（1696）彩绘本

剪帛:《御制耕织图》· 清康熙三十五年（1696）彩绘本

成衣:《御制耕织图》· 清康熙三十五年（1696）彩绘本

插秧:《御制耕织图》· 清康熙三十五年（1696）彩绘本

祀谢:《御制耕织图》· 清康熙三十五年（1696）彩绘本

两代《耕织图》诗

楼璹《耕织图》诗为五言八句诗，而康熙《御制耕织图》为七言四句诗，尽管两者体裁有所不同，但都形象生动地描述了农家日常的生产活动场景，令人有身临其境之感。

耕诗：

收刈①

宋・楼璹

田家刈获时，腰镰竞仓卒。
霜浓手龟坼，日永身罄折。
儿童行拾穗，风色凌短褐。
欢呼荷担归，望望屋山月。

收刈

清・康熙

满目黄云晓露晞，腰镰获稻喜晴晖。
儿童处处收遗穗，村舍家家荷担归。

织诗：

采桑

宋・楼璹

吴儿歌采桑，桑下青春深。
邻里讲欢好，逊畔无欺侵。
筠篮各自携，筠梯高倍寻。
黄鹂饱紫葚，哑咤鸣绿阴。

① 刈指割（草或谷类）。收刈，即收割粮食。

收刈:《御制耕织图》· 清康熙三十五年（1696）彩绘本

采桑

清·康熙

桑田雨足叶蕃滋，恰是春蚕大起时。
负筥携筐纷笑语，戴鵀飞上最高枝。

耕织图化民疾苦

楼璹作《耕织图》的目的是让皇帝知晓民众的疾苦，引起权贵注意体恤下层民众并重视农业生产，楼璹的侄子楼钥就说："此图此诗，诚为有补于世。夫沾体涂足，农之劳至矣，而粟不饱其腹。蚕缫丝织，女之劳至矣，而衣不蔽其身。"

康熙帝为《御制耕织图》作序说，"生民之本，以衣食为天""农事伤，则饥之本也；女红害，则寒之源也"。绘制《耕织图》是要提醒人们，"衣帛当思织女之寒，食粟当念农夫之苦"，并"用以示子孙臣庶，俾知粒食维艰，授衣匪易……欲令寰宇之内皆敦崇本业，勤以谋之，俭以积之，衣食丰饶……"

楼璹《耕织图》是向上谏言，康熙《御制耕织图》则是向下教化。两者所处地位不同，但都是为让世人了解农业生产劳动的艰难，要为农民的生产生活提供保障，以推动农业生产发展。

"男子采桑"居多

"男耕女桑""男耕女织""男耕女馌[①]（yè）"，体现了中国古代农耕社会中劳动分工的情形。实际上这种分工并不是绝对的，而是男女间既有分工也有合作，合作的时候往往更多。

① 馌指给在田里耕作的人送饭。

采桑：《御制耕织图》· 清康熙三十五年（1696）彩绘本

中国古诗词中“采桑女”的形象早已深入人心，而历代《耕织图》所绘采桑者却以男子居多。这是因为，古代桑树以高干的乔木桑为主，蚕在大眠之前对桑叶的需求量还不大，采摘桑叶较少的低干桑便能满足，女子就能胜任工作；但大眠之后蚕的食量大增，就需要登上桑梯或上树用斧头或叶刀砍下桑条采摘大量桑叶，这类工作往往由男子承担。后来，随着桑树矮化技术的成熟，女子也能借助桑几采摘足量的桑叶。所以说，农业生产的实际需求决定着劳动力分工的变化，而非拘泥于刻板的性别分工，不违农时、提高效率才是农民最关心的事情。

新型耕织图——《棉花图》

在《御制耕织图》引领第二波古代耕织图编纂高峰之时，涌现出了一种全新的耕织图类型，即《棉花图》。

随着元明时期棉花的引进和种植技术的发展，到了清代，棉花已经成为极为重要的纺织用品。据说，乾隆帝曾来到河北保定观察棉花生产，并且非常感兴趣这项生产技术。于是当时的直隶总督方观承以此为背景，主持创作了一套讲述从种植、灌溉到织布、练染全过程的精美图画，每幅图有简要的文字说明，并附上康熙帝的《木棉赋》和乾隆帝为每一幅图亲题的七言诗，后来又将其刻于碑石之上。《棉花图》与《耕织图》中的“织图”可谓是有异曲同工之妙。嘉庆时期又将此图以木刻雕版印刷，并更名《授衣广训》，对于棉纺织业的发展起到了重要的指导作用，也为研究当时的棉纺织生产状况提供了珍贵的资料。

摘尖

清·乾隆

尖去条抽始畅然，趁晴避雨摘炎天。
爱之能勿劳乎尔，万事由来一理诠。

摘尖:《御题棉花图》· 清乾隆时期绘本

《耕织图》名扬四海

日本室町时代，《耕织图》流布日本，为日本狩野画派所接纳和摹绘，用以作为粉本模仿中国的水墨绘画来彰显统治者的文化品位，后逐渐形成极具日本民族特色的《四季耕作图》《养蚕机织图》。

随着18世纪“中国风”在欧洲的盛行，中国的文化、艺术等都对欧洲产生了重大影响。早在1745—1746年，瑞典出版仿制《耕织图》铜版画3幅，此版本与中国的版本构图上保持一致，只是将图画镜像反转，保持了原作气息。18世纪中后期，英国人用铜版翻刻了《耕织图》中的“耕”部分，构图也是镜像反转。这些版画忠实再现了18世纪中国的风土人情、艺术面貌，引发当时欧洲民众对神秘的东方世界的无尽想象。

第六节 古代农学文献的宏大汇编——《钦定授时通考》

鸿篇巨制，农学集萃。

乃命羲和，钦若昊天，历象日月星辰，敬授民时。

——先秦《尚书·尧典》

明末清初，兵乱不断，百姓流离，生产败坏。清军定鼎中原以后，历代皇帝注重发展经济，重农兴业，以固邦本：康熙帝诏令绘制《耕织图》，雍正帝亲自下田耕作，乾隆帝组织编纂农书。清政府大力倡导开荒垦田、兴修水利、引进良种、减轻赋税，推动中国传统农业生产进入高峰，古农书的编纂也如同泉涌一般喷薄而出，而其中最具代表性的就是《钦定授时通考》(简称《授时通考》)。

《授时通考》是清政府组织编纂的一部大型官修综合性农书，系统阐述了中国古代农学发展的历史，对农业科技进行了全面的总结。在中国古农书中，它的资料最丰富、规模最大，可以说是集中国古农书之大成，为中国农学史的研究提供了重要的参考资料。

总括诸书的《授时通考》

《授时通考》全书78卷，共98万字，内容以大田粮食生产为中心，兼及林牧副渔各业，除了辑录历代农书，还征引了经、史、子、集、方志中有关农事的记载，配图 512 幅，共分 8 门。

一为《天时门》，按照四时讲述农民一年之中从事的农事活动。二为《土宜门》，介绍土地利用方式，包括辨方、物土、田制、水利等。三为《谷种门》，详细记述各类粮食作物的品种名称及历史考源等，以水稻品种最为详细，但不涉及栽培技术。四为《功作门》，记录从耕垦到收藏各生产环节所需工具与操作方法。五为《劝课门》，汇辑国家重视农业的政令、诏令、口谕、御制诗文、耕织图等。六为《蓄聚门》，讲述仓储、积谷及备荒制度与政令等事宜。七为《农余门》，为篇幅最大的一门，记述大田以外的蔬菜瓜果的种植、畜牧业的经营等。八为《蚕桑门》，讲述养蚕缫丝技术、棉花及其他纤维作物种植方法等。

《授时通考》的版本

《授时通考》的祖本是乾隆七年（1742）武英殿本。之后乾隆九年（1744）江西巡抚陈弘谋据殿本刊《授时通考》江西本。道光六年（1826）四川藩署又刊一本，人称四川藩署本。此本远不及殿本精良，较之江西本也差了很多。《授时通考》有两个石印本，一石印本是光绪二十八年（1902）富文书局本，另一石印本据《中国农学遗产文献综录》记载，是上海实业研究社印，西北农业大学农史研究室藏，并注明此本据江西本印。

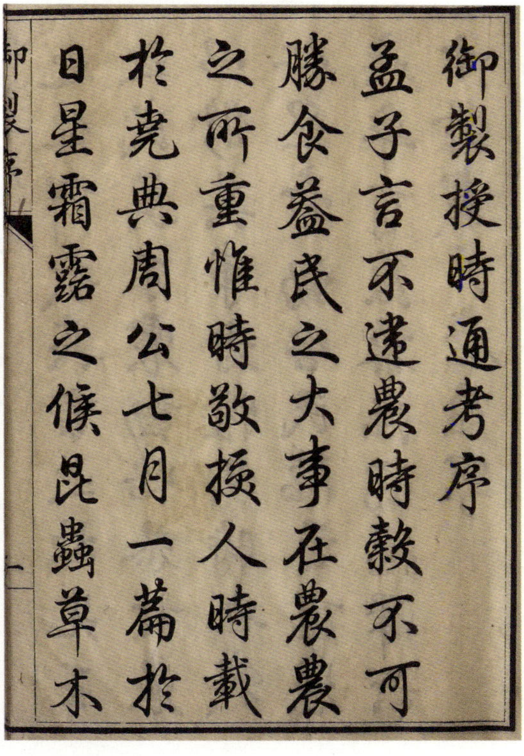
御製授時通考序
孟子言不違農時穀不可
勝食蓋民之大事在農農
之所重惟時敬授人時載
於堯典周公七月一篇於
日星霜露之候昆蟲草木

《授时通考·序》清乾隆七年（1742）武英殿刊本

资料浩繁，历史空前

（朕）日与中外臣工，为斯民筹食用至计，胼胝[①]（pián zhī）机杼之作苦，日廑于怀。因检前人《农桑通诀》《农政全书》诸编，嘉其用意勤而于民事切，命内廷词臣，广加搜辑。举物候早晚之宜，南北土壤之异，耕耘之节，储备之方，蚕织畜牧之利。自经史子集及农家者流，凡言之关于农者，汇萃成编，命之曰《授时通考》。（《授时通考·序》）

《授时通考》由鄂尔泰、张廷玉奉旨率臣 40 余人，从经、史、子、集、方志、诗文、诏令中收集、辑录前人有关农事的文献记载，历时 5 年，于乾隆七年（1742）编纂、刊刻而成。

《授时通考》的编纂者大多官居高位，他们缺乏农业生产的实践经验，对农业生产的理解远不及元代官修农书《农桑辑要》那般亲身“劝农”的作者。因此，《授时通考》缺少编纂者对农业技术的理解，在思想层面上没有太多创新，但是由政府组织编写为其提供了充足的人力、物力和财力保障。官方掌握着历代皇家珍藏的图书及当朝征集的大量文献，因此在文献汇集、博引考证等方面，《授时通考》都比以往一般著作内容涉及更广。纂修人员经过严格选定，具有较强的文献编写能力，而且是集体编纂，引用文献通常不是某个编者的意见，而要经过多人商酌后决定。编纂者在短短五年内就能完成如此浩大的农书编纂工程，充分体现了官修农书的优势。

《授时通考》是中国历史上文献搜集最多的一部古农书，篇幅达 98 万字，超过《农桑辑要》10 倍，其中征引文献多达 3500 余条，来自 550 余种典籍，超过上一部大型综合性农书《农政全书》一倍之多，500 余幅插图的数量也创下历代农书之最。

---

① 胼胝指老茧，喻义劳动人民的辛苦劳作。

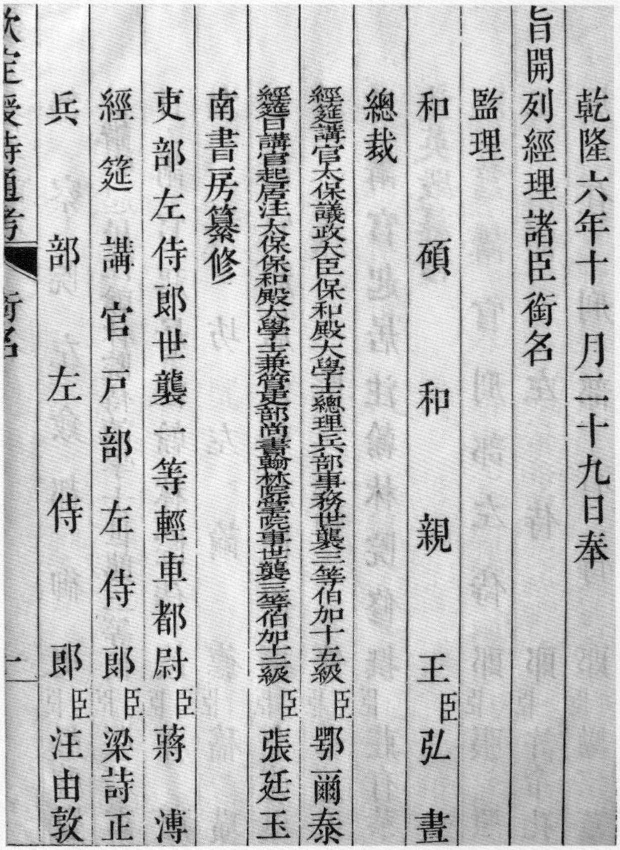
乾隆六年十一月二十九日奉
旨開列經理諸臣銜名
監理
和碩和親王臣弘晝
總裁
經筵講官太保議政大臣保和殿大學士總理兵部事務世襲三等伯加十五級臣鄂爾泰
經筵日講官起居注太保保和殿大學士兼管吏部尚書翰林院掌院事世襲三等伯加十二級臣張廷玉
南書房纂修
吏部左侍郎世襲一等輕車都尉臣蔣溥
經筵講官戶部左侍郎臣梁詩正
兵部左侍郎臣汪由敦
欽定授時通考　銜名　一

《授时通考》的部分编纂团队：
清乾隆七年（1742）武英殿刊本

次序分明，脉络清晰

《授时通考》每一门的第一目都为《汇考》(《天时门》中为《总论》)，汇总考证历代的有关文献，对这一门进行总体说明，为接下来各目的论述作背景介绍；在各目之中征引相关材料，每条引文不论字数多寡都清晰地注明出处；同一门目、事项的材料总体按照时间先后排列，次序分明、脉络清晰。作为汇集农学文献的最后一部大型综合性古农书，《授时通考》在文献学上的地位卓著。令人赞叹的是，《授时通考》每一门的综述都能做到追根溯源，从上古文献中找到相关记载，展现了中国源远流长的农业的辉煌历史。

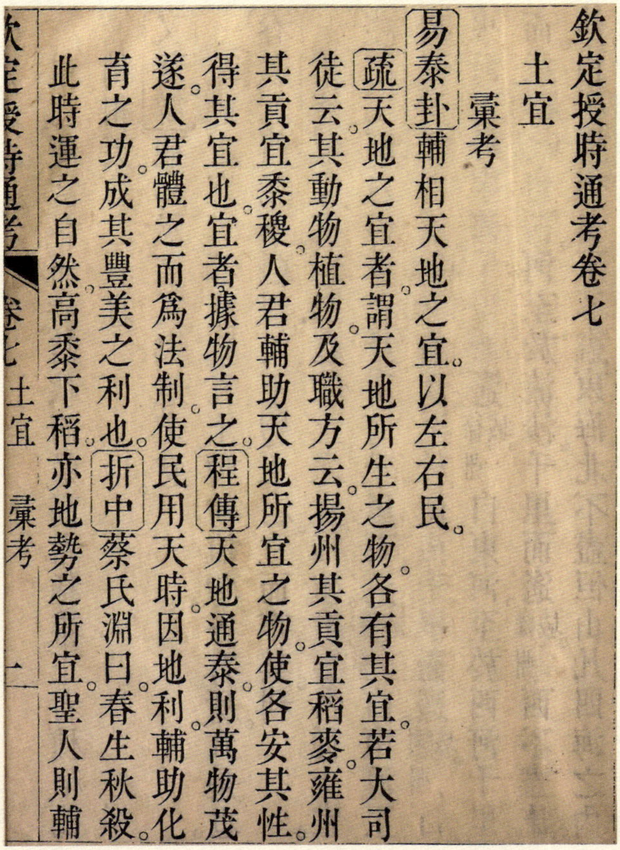

欽定授時通考卷七

土宜

彙考

易泰卦 輔相天地之宜。以左右民。

疏 天地之宜者謂天地所生之物各有其宜若大司徒云其動物植物及職方云揚州其貢宜稻麥雍州其貢宜黍稷人君輔助天地所宜之物使各安其性。得其宜也宜者據物言之。程傳 天地通泰則萬物茂遂人君體之而爲法制使民用天時因地利輔助化育之功成其豐美之利也。折中 蔡氏淵曰春生秋殺。此時運之自然高黍下稻亦地勢之所宜聖人則輔

欽定授時通考 卷七 土宜 彙考 一

土宜门—汇考:《授时通考》· 清乾隆七年（1742）武英殿刊本

《易 · 泰卦》：辅相天地之宜，以左右民。(《土宜门》)

《诗 · 豳风》：黍稷重穋[1]（tóng lù），禾麻菽麦。(《谷种门》)

《诗 · 周颂》：载芟[2]（shān）载柞，其耕泽泽。千耦其耕，徂隰徂畛[3]（zhěn）。(《功作门》)

《易 · 井》：君子以劳民劝相。(《劝课门》)

《诗 · 小雅》：我仓既盈，我庾维亿。(《蓄聚门》)

---

① 重穋，作物先种后熟叫“重”，后种先熟叫“穋”。

② 芟指割（草）。

③ 畛指井田沟上的小路。

政治色彩浓厚

《授时通考》的“授时”，出自《尚书·尧典》载：“历象日月星辰，敬授人时。”这句意思是由朝廷“敬授民时”，把适宜的耕种时令，布告给大众知道。作为一部官修农书，《授时通考》的政治色彩浓厚，在农业资料的选择和编排上充分反映出统治者的要求。在分类方法上，不是以农活分篇，也不是以作物分篇，而是从政府的角度，以影响农业生产的各种因素进行划分；在《土宜门》中，将各省的范围以图示的形式标出，以方便对农业生产进行行政管理。书中专设《劝课门》，把国家政令在综合性古农书中的地位提到了空前的高度，而对农业技术的描述则退居次位；以大量篇幅论述了历代土地制度和土地税、仓储政策方面的内容，为国家农业政策的制定提供了参考；将《嘉禾瑞谷

直隶全图：《授时通考》·清乾隆七年（1742）武英殿刊本

瑞麦》，即“上天恩赐作为祥瑞的谷子”作为一个独特的项目，排在《谷种门》内容的前列，体现了弘扬太平盛世的政治思想。

> 《农政全书》载（明）周宪王《救荒本草》，多至四百余种，固仁者之用心，然使政事克修，自可无忧捐瘠。(《授时通考·凡例》)

在《农政全书》中，屯垦、水利、备荒是三大重要内容。而在《授时通考》中，则根据统治者的意图进行了调整。屯垦被视为国家专利，众人不得妄议，所以干脆砍掉了；水利被作为《土宜门》的附属，不再处于突出地位；而关于备荒，除仓储制度外，对于救荒植物相关的记载进行大幅删减，原因是当时“政事克修”，无此需求。

以粮食生产为重

粮食生产是农事活动的首要任务，自古以来皆是如此，这在《授时通考》中也尤其突出。《谷种门》位列全书各门类之第三位，仅次于《天时门》和《土宜门》。而畜牧、树艺、蚕桑等则统统被放到了倒数的位置，并且篇幅上也压缩得很小。这与当时的社会背景密切相关。

清代人口呈现出爆炸式增长的态势，在清初时尚不足7000万，到了乾隆末期已经突破了3亿，这一增长速度在中国古代史中是绝无仅有的。在开明统治者创造的太平盛世之下，人们生活安定；域外高产作物的引进和培植，提供了更加丰富充足的口粮；除此之外还有一个重要因素，雍正时废除了人头税制度，采取了“摊丁入亩”的政策，减轻了农民的压力，同时也放松了对户籍的控制。在这样的背景下，人口迅速增长，粮食需求也随之增加，因此清政府对于粮食生产非常重视，这种思想也体现在《授时通考》的编纂之中。

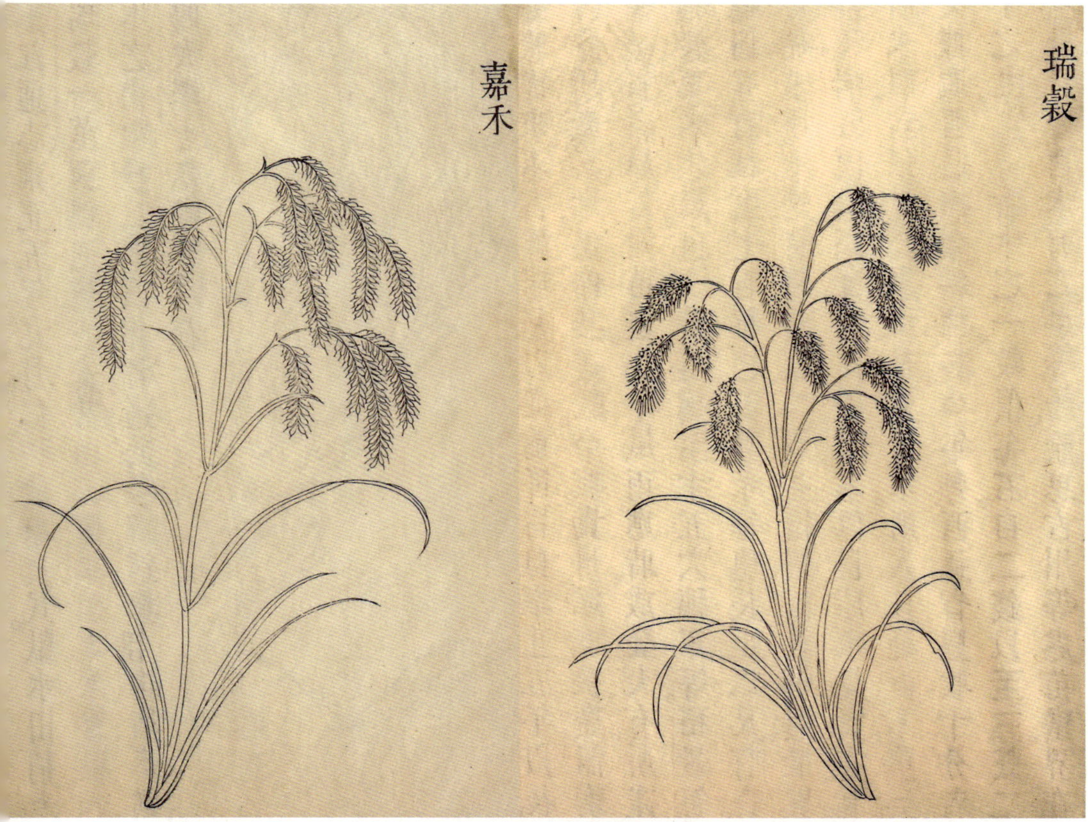

嘉禾（左），瑞谷（右）:《授时通考》·清乾隆七年（1742）武英殿刊本

“牧事”“畜牧”之别

在以粮食作物生产为重的《授时通考》中，畜牧业被归到了《农余门》中，篇幅较小。然而在《功作门》中却又单列《牧事》一目，显得似乎有些重复。实际上,《功作门》的《牧事》只论述与耕作有关的牲畜——牛的饲养和医护方法，耕牛的使用是粮食作物生产的重要一环，因而归入此类。其他诸如羊、马、鸡等畜禽养殖是为了提供相关的农产品，并非是为粮食生产服务，地位远不及耕牛，所以放入《农余门》中。

牛:《授时通考》· 清乾隆七年（1742）武英殿刊本

康熙培育的“御稻米”

《授时通考》十分重视作物品种记载。明清时期，水稻的产量在粮食作物中占据主要地位，书中汇集了来自 16 个省 233 个府、州、县方志的水稻品种 3000 余个。其中，康熙帝栽培的“御稻米”列首位，《谷种门》引用圣祖御制《几暇格物编》内容，记载了康熙发现“御稻米”的故事。

北京皇宫中有一处名为“丰泽园”的农场，康熙闲暇时常去那里散心。有一年六月下旬，丰泽园中玉田稻正抽穗，康熙偶然发现田中央有一株稻穗高出众穗之上，穗上的稻粒已然快要成熟。玉田稻本应九月成熟，这一株稻为何成熟得这么早呢？康熙断定这是不同于玉田稻的新品种，于是立即叫人将其采下，妥善保藏，第二年用这株稻种试种，结果六月中旬又成熟了，比玉田稻早了两三个月。康熙命人将其单独收割、脱粒、贮藏，留待第三年继续栽培。经过三年时间，一种新的早熟稻品种终于培育出来，其米色微红，米粒细长而饱满，味道清香。康熙将这个由皇家丰泽园培育出来的新稻种命名为“御稻米”，供宫中人食用。

康熙是一位对科学有着浓厚兴趣的皇帝，《几暇

御稻米:《授时通考》· 清乾隆七年（1742）武英殿刊本

格物编》就是康熙帝亲身考察和研究的心得记录。其涵盖了树木、药材、物产资源、山野动物、江河鱼类、风云雷电、潮汐、地震等丰富的内容。这部书也成为《授时通考》中作物品种内容的重要资料来源之一。

清晰完备的农具分类法

《授时通考·功作门》中记载了一百多种农具，大多来自《农政全书》《王祯农书》《天工开物》等著作，并在分类标准上做了调整，按照各种农事作业把农具分为垦耕具、耙劳具、播种具、淤荫具、耕耘具、灌溉具、收获具、攻治具、牧牛具和蓄聚具等10门，相较《王祯农书》将形制与功能混合分类的方法更为简化，是历代古农书中最清晰、最完备的分类法。

耕图（左），垦图（右）:《授时通考》· 清乾隆七年（1742）武英殿刊本

（与《王祯农书》相比,《授时通考》增加了两幅新图，一幅为《垦图》，另一幅为《耕图》，恰与标题《垦耕》相合。《垦图》画面是两农夫合作垦田，一个人手持铁搭，另一个人手持长蝗;《耕图》画面是一农夫扶曲辕犁赶牛耕田。）

细致入微的殿版版画

清代，宫廷出版机构正式设立于康熙十九年（1680），为内务府统领下的武英殿修书处。这里刊刻的书籍称为“武英殿刻本”，简称“殿版”，书中所附精美的插图，称作“殿版版画”。这些版画作品大多构图饱满、笔法流畅、精工细作、精美绝伦，具有很高的艺术水平。

《授时通考》中的插图都是经典的殿版版画，画面描绘富有生活情趣，绘刻极为细致工整。以《蓄聚门》的“窦[①]图”为例，相较于《王祯农书》《农政全书》中的“窦图”,《授时通考》将原本的两个年轻农夫改为一老一少，体现了老少共同参加农业生产的画面，更加贴合实际；图中还增加了劳动场景的刻画，窦旁的农舍、远处斜坡上两株挺拔的苍松和山间潺潺流淌的河水，与农夫的劳作场景融为一体，构成了一幅动人的乡村风景画。

---

① “窦”是一种椭圆形的地穴，用于储存粮食。

窦图（左）:《王祯农书》· 明嘉靖九年（1530）山东布政司刊本；
窦图（右）:《授时通考》· 清乾隆七年（1742）武英殿刊本

历代重要古农书列表

表 1　先秦时期重要古农书

时代	作者	书名
西周至春秋	佚名	《夏小正》
西周至春秋战国	佚名	《尚书·禹贡》
战国	吕不韦及其门客	《吕氏春秋·上农》等四篇
战国	农家	《神农》
战国	农家	《野老》
战国至秦汉	管仲学派	《管子·地员》

表 2　秦汉、魏晋南北朝至隋唐时期重要古农书

时代	作者	书名
汉	董安国	《董安国》
汉	尹氏	《尹都尉》
汉	蔡癸	《蔡癸书》
汉	氾胜之	《氾胜之书》
汉	崔寔	《四民月令》
晋	嵇含	《南方草木状》
晋	戴凯之	《竹谱》
北魏	佚名	《魏王花木志》
北魏	贾思勰	《齐民要术》
北魏	崔浩	《食经》
唐	武则天（主持编纂）	《兆人本业》
唐	陆羽	《茶经》
唐	李石	《司牧安骥集》

续表

时代	作者	书名
唐	李德裕	《平泉山居草木记》
唐	韩鄂	《四时纂要》
唐	陆龟蒙	《耒耜经》

表 3　宋元时期重要古农书

时代	作者	书名
宋	赞宁	《笋谱》
宋	宋真宗（主持编纂）	《授时要录》
宋	欧阳修	《洛阳牡丹记》
宋	陈翥	《桐谱》
宋	蔡襄	《茶录》
宋	蔡襄	《荔枝谱》
宋	王观	《扬州芍药谱》
宋	秦观	《秦观蚕书》
宋	曾安止	《禾谱》
宋	刘蒙	《菊谱》
宋	赵佶	《大观茶论》
宋	陈旉	《陈旉农书》
宋	林洪	《山家清供》
宋	王灼	《糖霜谱》
宋	韩彦直	《橘录》
宋	范成大	《范村梅谱》
宋	董煟	《救荒活民书》
宋	曾之谨	《农器谱》
宋	楼璹	《耕织图》
宋	赵时庚	《金漳兰谱》
宋	陈仁玉	《菌谱》
宋	陈景沂	《全芳备祖》
宋	陈思	《海棠谱》
宋	吴怿	《种艺必用》
元	司农司	《农桑辑要》

续表

时代	作者	书名
元	王祯	《王祯农书》
元	鲁明善	《农桑衣食撮要》
元	忽思慧	《饮膳正要》
元	汪汝懋	《山居四要》
元	佚名	《居家必用事类全集》

表 4　明清时期重要古农书

时代	作者	书名
元末明初	娄元礼	《田家五行》
明	俞宗本	《种树书》
明	朱橚	《救荒本草》
明	邝璠	《便民图纂》
明	黄省曾	《稻品》
明	黄省曾	《蚕经》
明	王磐	《野菜谱》
明	马一龙	《农说》
明	王世懋	《学圃杂疏》
明	袁黄	《宝坻劝农书》
明	喻仁、喻杰	《元亨疗马集》
明	王象晋	《群芳谱》
明	戴羲	《养余月令》
明	宋应星	《天工开物》
明	徐光启	《农政全书》
明	沈氏	《沈氏农书》
明	陈继儒	《陶朱公致富奇书》
清	张履祥	《补农书》
清	刘应棠	《梭山农谱》
清	陈玉璂	《农具记》
清	陈淏子	《花镜》
清	康熙（题诗） 焦秉贞（绘图）	《御制耕织图》

续表

时代	作者	书名
清	蒲松龄	《农桑经》
清	汪灏	《广群芳谱》
清	孙宅揆	《教稼书》
清	陆曾禹	《康济录》
清	鄂尔泰、张廷玉等	《钦定授时通考》
清	杨屾	《豳风广义》
清	杨屾	《知本提纲》
清	丁宜曾	《农圃便览》
清	张宗法	《三农纪》
清	方观承	《棉花图》
清	陈世元	《金薯传习录》
清	程瑶田	《九谷考》
清	佚名	《鸡谱》
清	郝懿行	《宝训》
清	傅述凤	《养耕集》
清	包世臣	《齐民四术》
清	汪志伊	《荒政辑要》
清	倪倬	《农雅》
清	黄繡谷	《相牛心镜要览》
清	吴邦庆	《泽农要录》
清	李彦章	《江南催耕课稻编》
清	祁寯藻	《马首农言》
清	杨秀元	《农言著实》
清	钱炘和	《捕蝗要诀》
清	黄辅辰	《营田辑要》
清	何刚德	《抚郡农产考略》

参考文献

［1］曾雄生．中国农学史［M］．福州：福建人民出版社，2012.

［2］马小乐．齐民要术：中国古农学史话［M］．贵阳：贵州教育出版社，2013.

［3］钟祥财．中国农业思想史［M］．上海：上海交通大学出版社，2017.

［4］本书编委会．中国学术名著提要［M］．上海：复旦大学出版社，2019.

［5］黄世瑞．中国古代科学技术史纲：农学卷［M］．沈阳：辽宁教育出版社，1996.

［6］梁家勉．中国农业科学技术史稿［M］．北京：农业出版社，1989.

［7］石声汉．中国古代农书评介［M］．北京：农业出版社，1980.

［8］章楷．中国古代农学家和农书［M］．上海：上海人民出版社，1987.

［9］西北农学院古农学研究室．中国古代农业科学家小传［M］．西安：陕西科学技术出版社，1984.

［10］中国农业博物馆农史研究室．中国古代农业科技史图说［M］．北京：农业出版社，1989.

［11］阎万英，尹英华．中国农业发展史［M］．天津：天津科学技术出版社，1992.

［12］吴昌华．自然科学发展史话［M］．沈阳：辽宁科学技术出版社，2018.

［13］姚伟钧，刘朴兵，鞠明库．中国饮食典籍史［M］．上海：上海古籍出版社，2012.

［14］柏芸．中国古代农业［M］．北京：中国商业出版社，2015.

［15］贺耀敏．中国古代农业文明［M］．南京：江苏人民出版社，2018.

［16］路兆丰．中国古代农书的经济思想［M］．北京：新华出版社，1991.

［17］杨常伟．农业史话［M］．上海：上海科学技术文献出版社，2019.

［18］肖克之．农业古籍版本丛谈［M］．北京：中国农业出版社，2007.

［19］张秉伦．张秉伦科技史论集［M］．合肥：中国科学技术大学出版社，2018.

［20］周昕．中国农具发展史［M］．济南：山东科学技术出版社，2005.

［21］中国农业博物馆．汉代农业画像砖石［M］．北京：中国农业出版社，1996

［22］天野元之助．中国古农书考［M］．北京：农业出版社，1992.

[23] 何新.《夏小正》新考[M]. 沈阳：万卷出版公司，2014.

[24] 吕不韦. 吕氏春秋[M]. 任明，昌明，译注. 上海：书海出版社，2001.

[25] 氾胜之. 氾胜之书辑释[M]. 万国鼎，辑释. 北京：中华书局，1957.

[26] 崔寔. 四民月令辑释[M]. 缪启瑜，辑释. 北京：农业出版社，1981.

[27] 贾思勰. 齐民要术[M]. 惠富平，解读. 北京：科学出版社，2019.

[28] 陆羽. 茶经[M]. 郑红峰，校注. 北京：科学普及出版社，2022.

[29] 韩鄂. 四时纂要选读[M]. 缪启愉，选译. 北京：农业出版社，1984.

[30] 蔡襄，等. 历代荔枝谱校注[M]. 彭世奖，校注. 北京：中国农业出版社，2008.

[31] 秦观. 蚕书[M]. 北京：中华书局，1985.

[32] 朱肱. 北山酒经[M]. 高建新，译注. 北京：中华书局，2021.

[33] 陈旉. 陈旉农书选读[M]. 缪启愉，选译. 北京：农业出版社，1981.

[34] 司农司. 农桑辑要译注[M]. 马宗申，注. 上海：上海古籍出版社，2008.

[35] 王祯. 东鲁王氏农书译注[M]. 缪启愉，注. 上海：上海古籍出版社，1994.

[36] 鲁明善. 农桑衣食撮要[M]. 王毓瑚，校注. 北京：农业出版社，1962.

[37] 朱橚. 救荒本草译注[M]. 王锦秀、汤承彦，译注. 上海：上海古籍出版社，2022.

[38] 喻仁，喻杰. 元亨疗马集[M]. 于船，等校注. 明代丁宾序本. 北京：中国农业大学出版社，1990.

[39] 宋应星. 天工开物[M]. 钟广言，注释. 广州：广东人民出版社，1976.

[40] 徐光启. 农政全书校注[M]. 石声汉，校注. 上海：上海古籍出版社，1979.

[41] 焦秉贞. 御制耕织图[M]. 天津：天津古籍出版社，2015.

[42] 鄂尔泰，张廷玉，等. 授时通考校注[M]. 马宗申，校注. 北京：农业出版社，1991.

[43] 康君奇. 略论中国古代农书及其现代价值[J]. 陕西农业科学，2007(6)：185–188.

[44] 郭文韬. 试论中国古农书的现代价值[J]. 中国农史，2000(9)：93–102.

[45] 王永厚. 中国农书在国外[J]. 农业考古，1983(1)：270–275.

[46] 郭文韬. 试论《夏小正》及其天地人物的和谐与统一[J]. 古代文明，2002(1)：290–297.

[47] 冷鹏，盛邦跃.《夏小正》所见植物的整理与考证[J]. 安徽农业大学学报（社会科学版），2021(2)：119–127.

[48] 袁礼华. 论《吕氏春秋》的“上农”思想[J]. 农业考古，2006(1)：80–83.

[49] 王宝卿，马刚. 氾胜之其人其书及其影响研究[J]. 中国农史，2019(5)：50–59.

[50] 李根蟠. 读《氾胜之书》札记[J]. 中国农史，1998(4)：3–16.

[51] 孙振民. 氾胜之灾害防治思想研究[J]. 农业考古，2019(4)：120–125.

[52] 孙振民，郭远.《氾胜之书》的源流、内容与价值考论 [J]. 泰山学院学报，2023（2）：101–106.

[53] 付娟. 再论《氾胜之书》及其农学思想贡献与历史价值 [J]. 古今农业，2023（4）：69–79，17

[54] 徐福举. 读《四民月令》札记两则 [J]. 农业考古，2020（1）：183–188.

[55] 霍耀宗. 农家"月令"的发端：从《礼记·月令》到《四民月令》[J]. 太原师范学院学报（社会科学版），2019（6）：7–11.

[56] 张景书.《四民月令》农业教育思想初探 [J]. 西北农林科技大学学报（自然科学版），2003（1）：177–180.

[57] 张楠.《四民月令》中农业商品交易研究三题 [J]. 农业考古，2019（4）：51–58.

[58] 陈越，沈志忠，郭安宁. 崔寔《四民月令》成书原因考论 [J]. 文教资料，2012（25）：1–5.

[59] 惠富平，孙雁冰.《齐民要术》农耕文化价值的再认识 [J]. 中国农史，2020（2）：50–57.

[60] 杨博. 论《齐民要术》在古代东亚地区文化交流中的贡献 [J]. 农业考古，2020（3）：224–230.

[61] 李兴军.《齐民要术》农学思想科学精神内涵及当代价值 [J]. 古今农业，2017（2）：62–59.

[62] 杨九龙.《齐民要术》农学体系结构研究 [J]. 西北农林科技大学学报（社会科学版），2007（3）：136–140.

[63] 王鹏福，朱宏斌. 从六镇之乱到北魏灭亡:《齐民要术》成书背景新探 [J]. 农业考古，2018（4）：203–209.

[64] 范国荣. 陆羽著《茶经》有关问题研究 [J]. 农业考古，2021（2）：193–196.

[65] 施由明. 论《茶经》与陆羽的人生哲学 [J]. 农业考古，2019（5）：172–176.

[66] 刘垚瑶. 论陆羽的饮茶观——以《茶经·六之饮》为视角 [J]. 武汉理工大学学报（社会科学版），2018（4）：128–132.

[67] 夏霖，王俊勇.《茶经》的生态哲学思想研究 [J]. 西南林业大学学报（社会科学），2021（2）：6–11.

[68] 李浩.《四时纂要》所见唐代农业生产习俗 [J]. 民俗研究，2003（1）：132–139.

[69] 王福昌.《四时纂要》所见唐五代农村社会 [J]. 农业考古，2007（6）：67–76.

[70] 王星光，郑言午.《四时纂要》所见唐代乡村的疾病防治 [J]. 青海民族研究，2018（2）：118–122.

[71] 陈季卫. 蔡襄《荔枝谱》研究 [J]. 福建农业大学学报，1994（1）：108–111.

[72] 彭世奖. 历代荔枝谱述评 [J]. 古今农业，2009（2）：107–112.

[73] 陈灿彬. 地域文化的竞争：闽粤荔枝优劣论及其演进 [J]. 地域文化研究，2019（4）：91–100，155.

［74］惠冬．宋代荔枝种植格局的变化与成因［J］．中国农史，2013（5）：18–25.

［75］魏东．论秦观《蚕书》［J］．中国农史，1987（1）：82–88.

［76］秦子卿．论《蚕书》及其作者秦少游［J］．扬州师院学报（自然科学版），1992（1）：65–70.

［77］许赣荣．古代杰出的黄酒酿造专著——《北山酒经》［C］．首届国际酒文化学术讨论会论文集，1991.

［78］王慧敏．论《北山酒经》中的制曲及酿酒技术［J］．中国酿造，2013（7）：148–151.

［79］范楚玉．陈旉的农学思想［J］．自然科学史研究［J］．1991（2）：169–176.

［80］慕亚芹，崔江浩，李群．《陈旉农书》的“宜”和“法”对现代农业的借鉴意义［J］．农业考古，2015（4）：11–14.

［81］袁名泽．《陈旉农书》之农史地位考［J］．农业考古，2013（3）：316–320.

［82］莫铭．陈旉的农学理论和营农思想［J］．古今农业，1994（3）：11–14.

［83］杨成．《陈旉农书》中的土地利用智慧——以《地势之宜篇》为例［J］．国土资源科普与文化，2016（3）：43–44.

［84］程美明．《农桑辑要》与元代经济［J］．中南民族大学学报（人文社会科学版），2003（2）：125–126.

［85］缪启愉．王祯的为人、政绩和《王祯农书》［J］．农业考古，1990（2）：326–335.

［86］丁建川．《王祯农书·授时图》与二十四节气［J］．中国农史，2018（3）：127–135.

［87］柴福珍．《农器图谱》中诗歌的农学意蕴［J］．中国农史，2006（1）：41–48.

［88］刘克明．王祯《农书》的图学成就及其历史地位［J］．古今农业，2005（2）：36–43.

［89］尚衍斌．鲁明善《农桑衣食撮要》若干问题的探讨［J］．中国农史，2012（3）：132–141.

［90］张克武．鲁明善的《农桑衣食撮要》及其经济思想［J］．民族研究，1982（6）：58–62.

［91］高栋梁．鲁明善的家世及其生平事迹考述［J］．新疆大学学报（哲学社会科学版），2008（3）：56–62.

［92］范延妮．《救荒本草》的历史成就及海外传播考略［J］．西部中医药，2021（4）：67–70.

［93］周启基．《救荒本草》的通俗性实用性和科学性［J］．中国农史，1988（1）：99–110.

［94］阎现章．明代《救荒本草》编纂特色试探［J］．河南大学学报（社会科学版），1993（4）：109–114.

［95］汪德飞．《救荒本草》若干问题的探讨［J］．中国农史，2013（3）：132–142，145.

［96］李会娥．《救荒本草》中野菜利用方法初探［J］．农业考古，2004（3）：214–217，220.

［97］杨宏道．《元亨疗马集》及其作者［J］．兽医科技资料，1980（5）：40–41.

［98］乌兰塔娜．《元亨疗马集》的价值简述［J］．内蒙古农业大学学报（社会科学版），2010（6）：

204–205.

[99] 葛雯，李群. 从《元亨疗马集》、《活兽慈舟》看明清兽医学发展特点 [J]. 古今农业，2017（3）：66–71.

[100] 宗德生.《天工开物》是研究我国古代农业的科技全书 [J]. 农业考古，1987（1）：317–319.

[101] 赖晨.《天工开物》作者宋应星的家世 [J]. 文史天地，2023（12）：59–62.

[102] 潘吉星. 徐光启著《农政全书》在国外的传播 [J]. 情报学刊，1984（3）：94–96.

[103] 吴平.《农政全书》编辑思想浅析 [J]. 华中农业大学学报（社会科学版），2017（1）：1–7，140.

[104] 游修龄. 从大型农书体系的比较试论《农政全书》的特色和成就 [J]. 中国农史，1983（3）：9–18.

[105] 陈宏喜. 浅议《农政全书》成书之社会环境 [J]. 西安电子科技大学学报（社会科学版），1999（2）：55–57.

[106] 赵美岚，黎康. 徐光启农学研究中的科学方法辨析——以《农政全书》为中心的考察 [J]. 2012（6）：111–115.

[107] 钟彦亮. 总括古今农书，会通中西农技：徐光启与《农政全书》[J]. 2024（7）：69–81.

[108] 陈桂权.《耕织图》中的男子采桑 [J]. 文史知识，2013（9）：81–84.

[109] 曾昕. 焦秉贞《耕织图》中二十四节气图像叙事及其艺术特色 [J]. 美术大观，2020（4）：58–61.

[110] 杨扬潇. 探考康熙版《御制耕织图》中的儒家教化思想 [J]. 美术教育研究，2023（14）：21–23.

[111] 郭跃山. 道藏于农:《授时通考》所见清代皇帝的农学思想 [J]. 农业考古，2020（4）：125–131.